Theodor Pressel

Ambrosius Blaurer

Theodor Pressel

Ambrosius Blaurer

ISBN/EAN: 9783743311985

Hergestellt in Europa, USA, Kanada, Australien, Japan

Cover: Foto ©Thomas Meinert / pixelio.de

Manufactured and distributed by brebook publishing software (www.brebook.com)

Theodor Pressel

Ambrosius Blaurer

Ambrosius Blaurer.

Nach

handschriftlichen und gleichzeitigen Quellen

von

Dr. Theodor Pressel,
Archidiaconus in Tübingen.

Elberfeld.
Verlag von R. L. Friderichs.
1861.

Vorwort.

Als mir der ehrenvolle Antrag gestellt wurde, in den Heldensaal der Väter und Begründer der reformirten Kirche das Lebensbild Blaurers zu zeichnen, war eben meine seither bei S. G. Liesching in Stuttgart (1861) erschienene ausführliche Biographie dieses schwäbischen Reformators im Druck. Da sie die erste Lebensbeschreibung dieses hochverdienten und liebenswürdigsten Reformators war, konnte es nicht umgangen werden, das reiche, in den verschiedenen Bibliotheken und Archiven Schwabens und der Schweiz zerstreut liegende Material hiezu ausführlicher mitzutheilen, so daß die Arbeit zu einem starken Bande anschwoll, der sich einen größeren Leserkreis nicht wohl versprechen darf. Um so willkommener hieß ich die mir gewordene Aufforderung, das Leben dieses Reformators, der es wenn irgend Einer verdient, vom evangelischen Volk in gutem Gedächtniß bewahrt zu werden, nochmals in einer dem Zweck dieser Sammlung entsprechenden kürzeren Weise zu bearbeiten. Mit Beziehung auf das größere Quellenwerk war mir die Mitführung eines Beiwagens von Anmerkungen und Citaten erspart; diejenigen, welche sie vermissen, finden sie in der genannten größeren Schrift. Die Zeit, welche zwischen dem Erscheinen jener und dieser verlief, war zu kurz, um viel neues Material zu bieten. Nur verdient eine dankende Erwähnung die unterdessen veröffentlichte Schrift von Prof. Dr. Th. Keim: Ambrosius Blarer, Stuttgart 1860. Nach dieser übersichtlichen Darstellung des Lebens Blaurers habe ich meine auf eine kurze handschriftliche Notiz gegründete Angabe über das spätere Leben und Wirken des Sohnes, welchen Ambrosius hinterließ, leider umändern müssen, wie ich dankbar bekenne, auch manches Andere durch die genannte Arbeit für die meinige gewonnen zu haben. Was die Schreibart des Namens des Reformators betrifft, so glaubte ich bei derjenigen bleiben zu sollen, welche Ambrosius selbst in seinen Briefen und Schriften angenommen hat; die Lesung des Namens bleibt sich jedenfalls gleich; wie mir auch Herr Rector C. F. Vierordt schreibt: „Das u in der Schreibart Blaurer wurde niemals ausgesprochen und bezeichnete bloś die Länge des vorstehenden a, wie in Grauf (comes), Aucht (proscriptio). Die Konstanzer Chronisten lassen es oft weg; viele Zeitgenossen, z. B. Melanchthon, haben es nie."

Tübingen, 1. December 1860.

Der Verfasser.

Erstes Kapitel.

Jugend- und Lehrjahre. 1492—1525.
1. Das Elternhaus.

Die Familie Blaurer, auch Blaarer, Blarer geschrieben, während unser Reformator in seinen Briefen und Schriften stets die Form Blaurer aufrecht erhält, zählte zu den ältesten und angesehensten Patriciergeschlechtern der Reichsstadt Konstanz und bekleidete in ihr seit dem Beginn des dreizehnten Jahrhunderts, in welchem ein Ulrich Blaurer das reiche Konstanzer Hospital gegründet hatte, die hervorragendsten Stellen. Sie theilte sich in zwei Linien: die Blaurer von Gyrspag, einem Edelsitze in der Nähe von Emmishofen, und die Blaurer von Wartensee. Zu ersterer Linie gehörte das Geschlecht unseres Ambrosius, das einen Hahn in seinem Wappenschild führte. Der frühzeitig verstorbene Vater des Reformators war der Konstanzer Rathsherr Augustin Blaurer, seine Mutter Katharina, eine geborene Mäßlin. Augustins Brüder waren Gerwik, der später als Abt von Weingarten und kaiserlicher Rath seiner Familie Schmach und Herzeleid, seiner Vaterstadt großen Schaden bringen sollte, und der schon im Jahre 1532 als Reichskammermeister gestorbene Christoph, der gleichfalls zweideutigen Charakters gewesen war. Um so ehrenhafter hielten die fünf verwaisten Kinder Augustins zusammen, unter ihnen insbesondere das seltene Geschwisterkleeblatt, zu welchem außer dem erstgeborenen Ambrosius der spätere Rathsherr und Bürgermeister Thomas und die Archidiakonissin Margaretha gehörten. Aus der Reformationszeit werden noch zwei andere Blaurer erwähnt: Diether ein Vetter Augustins, Abt zu St. Gallen, und Ludwig, Abt zu Einsiedeln.

Ambrosius wurde den vierten April im Jahre 1492 zu Konstanz geboren. Seine Eltern ließen ihm eine sorgfältige christliche Erziehung angedeihen, während die reichen Anlagen des Geistes und des Herzens ihres Sohnes sie zu den schönsten Hoffnungen berechtigten. Der Vater sollte die Erfüllung derselben nicht mehr erleben. Um so schwerer mußte es der verwittweten Mutter fallen, als sie in ihrem Erstgeborenen, der des Hauses Stütze werden sollte, einen entschiedenen Hang zum Klosterleben erwachen sah. Der gleichzeitige Biograph Mangolt berichtet hierüber Folgendes: „Als Ambrosius nachmals fast jung war, thät man ihn zur Schule, wo er überkam einen wunderbarlichen Verstand und übertraf im Studiren alle seine Schulgesellen. Daneben war er eines abgezogenen und eingethanen Wesens, derhalben ihn die Mutter in ein Kloster zu thun gesinnt ward. Da solches ein ehrsamer Rath vernahm, waren sie übel zufrieden, vermeinten, es würde besser sein, er würde zum Regiment der Stadt aufgezogen, und schickten deshalb eine Rathsbotschaft zur Mutter, sie wolle von ihrem Fürnehmen abstehen. Weil sie aber vermeint, ihr Rathschlag sei aus Gott, schlug sie dem ganzen Rath seine Bitte ab und that ihn ins Kloster Alpirsbach im Land Würtemberg." Nach einer andern Nachricht wäre auch die Mutter mit dem Verlangen ihres Sohnes nicht einverstanden gewesen und hätte nur mit Widerstreben ihre Zustimmung ertheilt. Sicher ist, daß Ambrosius nur dem inneren Zuge seines Herzens folgte, als er mit Verzichtleistung auf die Aussichten zu einer glänzenden Laufbahn im Dienste seiner Vaterstadt das stille einförmige Klosterleben erwählte, um ungestört Gotte und den Wissenschaften leben zu können.

2. Der Klosterbruder.

Das Benedictinerkloster Alpirsbach in einem tiefen Thale des wildesten Schwarzwalds am Anfang der Kinzig gelegen, war im Jahr 1095 von Rottmann von Hannsach und den Grafen Adelbert von Zollern und Alwick von Sulz gestiftet, auch sogleich mit vielen Gütern in Dornhan, Hohen-Mößingen, Essenburg und Hausen begabt worden. Schirmvögte des Klosters waren zuerst die Grafen von Zollern, dann die Herzoge von Teck gewesen, von denen Friedrich von Teck die Schirmvogtei an den Grafen Eberhard von Württemberg abtrat. Schon im Jahre 1101 hatte das Kloster päpstliche Schutz- und Privilegienbriefe und später von verschiedenen Edelleuten reiche Schenkungen erhalten. Graf Eberhard im Bart hatte unter die verwilderten Mönche Ordnung zu bringen versucht, und da dies nicht gutwillig ging, mußten im Jahre 1451 alle Mönche auf fünf Jahre das Kloster verlassen. Erst im Jahr 1481 wurde nach dreißigjährigem Kampfe die Ordnung wieder hergestellt, und durch Anschluß an die Bursfelder Congregation die verfallene Klosterzucht gehoben. Ein merkwürdiges Privilegium des Klosters war das s. g. Hagestolzenrecht, dem zufolge dasselbe alle Leibeigenen beerbte, welche über fünfzig Jahre alt und unverheirathet starben.

Dieses Kloster Alpirsbach, das von Konstanz nicht allzu entfernt lag und in welchem mehere Freunde der Blaurer'schen Familie bereits ein Unterkommen gefunden hatten, nahm den jungen Ambrosius gegen das Jahr 1510 auf. Das Mönchsleben sagte der beschaulichen Natur des von Herzen frommen Jünglings vollkommen zu, wenn er auch in der Wirklichkeit Manches gar anders finden mochte, als es ihm zuvor seine altgläubige

Phantasie vorgespiegelt hatte. Seiner Schwester Margaretha schreibt der Novize, um sie gleichfalls zum Eintritt in ein Kloster zu bestimmen, u. A. Folgendes: „Du sollst nicht ansehen, daß etwa viel Unordentlichkeit in den Klöstern ist, denn es ist so von Anfang der Welt gewesen, daß die Bösen bei den Guten gewohnt haben; denn Gott verlanget Solches seinen Auserwählten zu Nutz und Mehrung ihres Lohnes. Auch sollst du dich nicht hindern lassen die Liebe zur Mutter, daß du vielleicht wolltest denken, du wollest ihr nützlich sein im Hause, daß sie auch Ergötzlichkeit und Trost von dir haben möchte; denn du kannst ihr nirgends nützlicher sein als in einem Kloster, in dem du fleißig für sie und die anderen Schwestern beten kannst, daß Gott sie stärke, und ihr ohne Zweifel nützer sein, denn so du alle menschliche Geschicklichkeit und Fleiß brauchest. Aber hiemit ist meine Meinung nicht, daß ich dich nöthigen wolle, oder daß du sonst nicht selig mögest werden als in einem Kloster, sondern ich will dich als ein treuer Bruder ermahnt und dir solches gerathen haben: Denn du weißt wohl, daß es mir viele Leute widerrathen haben und schier niemand gerathen hat, aber ich habe es dennoch gewagt; es hat mich auch von Gotts Gnaden nie gereut, ich hoffe auch, es soll mich nimmer gereuen; und hätte ich es nicht gethan, so wollte ich es noch thun."

In Anerkennung seines Wissensdrangs und seiner vielversprechenden Anlagen wurde Bruder Ambrosius von seinem Orden auf die Universität Tübingen gesandt, um hier eine wissenschaftliche Ausbildung zu erlangen. Dieser Aufenthalt auf der Hochschule übte auf Blaurers Entwicklung und Geistesrichtung den nachhaltigsten Einfluß. Zwar entsprach damals noch die hohe Schule zu Tübingen, obwohl eine spätgeborene (1477) Tochter der Scholastik, ganz ihrem Ursprung: Realisten und Nominalisten übten sich in eitlem Wortgezänk, die Lehrstühle waren größeren Theils mit höchst mittelmäßigen Persönlichkeiten besetzt, die theologische Facultät ganz in die Fesseln des alten Papstthums geschlagen; aber Ambrosius hatte hier zu Commilitonen strebsame Jünglinge, welche unter Melanchthons Vortritt mit glühender Begeisterung dem Studium der klassischen Literatur oblagen, in Vereine für lateinische und griechische Sprache zusammentraten und auf dem Boden der Wahrheit frischen Muthes neue Entdeckungsreisen wagten. Als solche Studienfreunde Blaurers werden uns außer seinem herzlieben Philipp noch Oecolampad, Matthäus Alber, Johannes Knoder, der nachmalige Kanzler des Herzogs Ulrich, Caspar Kurrer und Bernhard Maurer genannt. Im Jahr 1513 erwarb sich Ambrosius den Magistergrad in der philosophischen Facultät. Von der größten Bedeutung für den Entwicklungsgang des äußeren und inneren Lebens des späteren Reformators war der innige Freundschaftsbund, welchen er auf der Universität mit dem frühreifen Melanchthon geschlossen hatte. Als Jener in sein Schwarzwaldkloster Alpirsbach zurückgekehrt war, entspann sich ein fleißiger Briefwechsel zwischen beiden Jünglingen, aus welchem uns noch mehrere, die zarteste Liebe duftende Briefchen Melanchthons aufbewahrt sind. In anspruchsloseſter Beſcheidenheit ſieht der jüngere Melanchthon an Blaurers Gelehrſamkeit und gediegenem Charakter hinauf und ermuntert ihn, im Kloſter den Muſen nicht ungetreu zu werden.

Nach Erlangung der Magiſterwürde kehrte Ambroſius in ſein Kloſter zurück voll reiner Begeiſterung für alles Wahre und Edle, ohne Ahnung, daß es ihm bald in ſeiner Zelle zu enge werden ſollte. Das Amt eines Priors ward ihm trotz ſeines Widerſtrebens des Oeftern übertragen. Nur dem Erforſchen der Wahrheit zu leben, war ſein Ehrgeiz. Aber bald ſollten Luthers Schriften auch in die Kloſtermauern bringen. Thomas, der Bruder unſeres Ambroſius, welcher während ſeines Studiums der Rechtswiſſenſchaft in Freiburg unter der Leitung eines Zaſius in anhaltendem Briefwechſel mit Alpirsbach geſtanden hatte, war zur Vollendung ſeiner Studien nach Wittenberg übergeſiedelt und hatte von dort aus ſeinem Kloſterbruder nicht nur Briefe, welche die tiefſte Verehrung für den Wittenberger Doctor der Theologie athmeten, ſondern auch die verbotene Waare von Luthers Schriften zugeſandt. Dieſe äußerten auf Ambroſius einen überwältigenden Einfluß. Schnell legte er ſeine „herzluſtigen" claſſiſchen Studien bei Seite und vertiefte ſich ganz in die neue Anſchauung, welche die lutheriſchen Schriften an der Hand des Gottesworts vor ſeinen Augen öffneten. Hören wir, wie ſich Ambroſius ſelbſt über ſeine Umwandlung in der Schrift ausſpricht, in welcher er ſeine Flucht aus dem Kloſter vertheidigt und rechtfertigt:

„Als in nächſt verruckten Jahren die Schriften und Bücher Martin Luthers ausgegangen und erſchollen, ſind ſie auch mir, vor und ehe ſie von geiſtlicher oder weltlicher Obrigkeit verboten und verdammt, zu Handen worden, welche ich dann wie auch andere und ausgedruckte Geſchriften beſehen und geleſen; habe mich alſo gebraucht der Freiheit, ſo uns der heil. Paulus (1 Theſſal. 5.) gegeben und gegönnt hat, daß wir alle Dinge probiren und erſuchen und aber uns nachmal des Guten, ſo wir daran finden, halten und demſelbigen anhängig ſein ſollen. Als mich aber anfänglich ſolche Lehre etwas fremd und ſeltſam, auch mißhellig und entgegen bedacht langzeit hergehaltener Theologia und kluger Schullehre, auch etlichen Satzungen und Ordnungen des päpſtlichen geiſtlichen Rechts, desgleichen langen und, als mich bedünkt, löblichen und von unſern Voreltern auf uns erwachſenen Herkommen und Bräuchen, und ich aber nichts deſto minder dabei ſcheinbarlich merkte, daß dieſer Mann allenthalben in ſeiner Lehre anziehe helle klare Sprüche der hl. Schrift, nach welcher denn alle andern menſchlichen Lehren gerichtet, geurtheilt, auch angenommen oder verworfen werden ſollen, ward ich durch große Verwunderung veranlaßt, ſolche Lehre nicht ein oder zwei ſondern zum öftern Mal fleißig und mit ernſtlicher Aufmerkſamkeit zu leſen, zu erwägen und gegen evangeliſcher und apoſtoliſcher Geſchrift (auf welche ſie ſich mehrmals referirt und bezieht) zu halten, ob sie derselbigen zulauten und im Grund gleichförmig sein wollte. Aber je mehr, länger und fleißiger ich Solches that, je mehr ich verstand, wie dieser hochgelehrte erleuchtete Mann so mit großer Würdigkeit die hl. Geschrift behandelte und tractirte, so ganz rein und säuberlich mit umging, sie so klug und zierlich allenthalben anzog, so hübsch und künstlich zusammen verglich und mit einander vergattete, die finstern schweren Texte mit Einziehung anderer klarer verständlicher Sprüche erleuchtet und merklich gemacht hat, das dann in Handlung der Geschrift die größte Meisterschaft und zu einem recht gründlichen Verstand der allerzuträglichste Behelf ist, also daß auch ein jeder ziemlich verständige Laie, der seine Bücher recht besieht und fleißig liest, merklich greifen möchte, daß diese Lehre eine wahre, starke, ganz christliche Grundveste hat. Deßhalb sie auch mir ganz anmuthig worden und tief zu Herzen gegangen, ist mir auch nach und nach der Nebel viel anderen Mißverständnisses von dem Gesicht und die Schuppen wie dem hl. Paulo von den Augen gefallen, habe zuletzt mit großer Dankbarkeit erkannt, daß Gott unser Herr aus besonderer Gnade und väterlicher Barmherzigkeit zu uns gesehen und sich erbarmt hat unseres Elendes als derer, die er sah in Hunger und Durst des göttlichen Worts hin und her irre gehen, als die Schäflein ohne Hirten, in menschlicher, selbst fürgenommener Weise und Lehre, als in den blutten Bergen Gelboe, weder von Thau noch Regen gründlicher recht evangelischer Lehre befruchtet, und uns wiederum durch diesen geschrift- und gnaderleuchteten Mann aufgethan die Brunnen des lebendigen Wassers göttlicher hl. Lehre. Darum auch ich solche väterliche Gnadenbeweisung Gottes und vergebens aufgethanen Schatz und Seelenreichthum nicht versäumen, sondern mit durstigen, ganz hitzigen Begierden empfahen und annehmen habe wollen, auch schöpfen, wie der Prophet (Jes. 55, 12.) sagt, aus dem Brunnen des Behalters, damit ich als der selige Mann, von David beschrieben, sein möchte ein Holz gepflanzt neben dem Wasser und meine Frucht geben zu seiner Zeit. Denn mir diese Lehre keineswegs verdächtig oder argwöhnisch sein möchte als viel anderer Schullehrer, so ich vormals gelesen hatte, vonwegen daß sie weder auf Gewalt, Ruhm oder zeitlichen Genieß zielt, sondern bildet uns allein für den armen, verschmachteten, gekreuzigten Christum und lehrt uns ein rein, gedruckt, ganz gelassen und der Lehre Christi in allweg gleichförmig Leben; darum sie auch den geschwollenen, zerblasenen Doctoribus, die mehr ihre eigene Ehr und Ruhm denn den Geist Gottes in der Geschrift suchen, auch den gewaltsüchtigen, vielpfründigen Pfaffen unleidlich und zu schwer ist. Denn viel hundert Jahr her nie Keiner so viel schädlichen Irrthum und Geldstrick der Geistlichen entdeckt und ihre Finanzen und Heimlichkeit so scheinbarlich an das Licht gebracht, auch uns alle so fleißig, ernstlich und eindringlich zu einem recht unbetrogenen, kernhaften christlichen Leben und evangelischer Vollkommenheit gewiesen und vermahnt hat, als dieser treffliche Luther, daß auch die billig unsinnig und all ihrer Vernunft beraubt geachtet sollen werden, die da mit ihren unverschämten Lügenmäulern mit Lästerung Gottes und seines heiligen Wortes aus ganz freveler Durstigkeit sagen, er lehre Ungehorsam der Obrigkeit, fleischliche Wollust und Freiheit, Meisterlosigkeit, Verachtung Gottes und seiner Heiligen, Zerrüttung aller christlichen Ordnung u. dgl. Darum haben sie brüderliche Liebe so gar vergessen, daß sie ihm Solches aufrechnen und doch seine Geschriften selbst nicht haben gelesen oder hören lesen, sondern geben der leichtfertigen Menschen Gassengeschrei (das dann der Teufel ohn Unterlaß zu dieser christlichen Lehre Verhinderung anrichtet) hierin Glauben, wird ihre große Vermessenheit und Frevelurtheil billig unbrüderlich und sträflich geachtet. Haben sie aber seiner Lehre Wissen und Erfahrung und gießen doch nichts desto minder ihren unverdaulichen Magen dermaßen aus; ist ein gewiß Anzeigen, daß sie Gott der Herr geblendet hat. Zu dem Allem hat mich dieses Mannes Schreiben und Lehren mehr gefördert und gewiesen zu Verstand heiliger biblischer Geschrift, denn vormals all andere Lehrer, derer ich doch von Jugend auf viel und manchen gelesen habe; welches Lob ich ihm allweg ohn alles Entsetzen verleihe, will solche sonderliche Gnade Gottes in ihm erkennen, preisen und rühmen, so lange mir gegönnt wird Brauch meiner Zunge; werde auch bei solcher Lehre, wo sie sich (wie denn mehrmals) gründet in das göttliche Wort, allweg bleiben, eher Leib und Leben und all mein zeitlich leiblich Vermögen verlieren, denn mich davon bringen lassen, nicht von des Luthers wegen, dessen Person mir außerhalb seines Schreibens fremd und unbekannt, ist auch ein Mensch und mag derhalb wie andere Menschen, die David alle Lügner schilt, irren und fehlen, aber von des göttlichen Worts wegen, das er so hell und klar vor ihm hat, so mit großem Sieg und Triumph, mit freimüthigem unerschrockenem Geist redet und erhellt vor den Feinden des Kreuzes Christi, daß wir doch greifen müssen göttliche Gewalt und Beistand, so wir sehen, daß sich viel Fürsten der Erden, Geistlich und Weltlich, an ihm abgerennt, auch Etliche, so sich weise und gelehrt dünken und deßwegen sich angemaßt, dem Geiste Gottes, der sich in dieser Lehre hören läßt, mit Gegenschreiben Widerstand zu leisten, sich selbst zu Gespött und Gelächter gemacht und ihre Unwissenheit in hl. Geschrift aller Welt verrathen und entdeckt haben, denn wider göttlichen Rathschlag keine menschliche Gewalt oder Weisheit Fürgang haben und bestehen mag. Darum ich mich keineswegs dieses Schulmeisters äußern oder verziehen würde, so lange ich das Wort Gottes und dessen Verstand bei ihm finde, wie auch Paulus Timotheum vermahnt, daß er sich sein nicht schämen wolle. Denn wiewohl ich hl. biblischer Geschrift auch von Jugend auf etwas obgelegen bin und mich in derselbigen geübt, habe ich sie doch nicht mit vollem Gesicht, hell und in ihrem Glanz, sondern allein durch das Gewölke menschlicher Gebote, Lehre und Auslegung gesehen, wie denn noch heut bei Tag viel subtile hirnspitzige Doctores den lebendigen Geist Gottes in seiner hl. Geschrift nicht finden können, stoßen sich bei heller Sonne, denn ihnen, wie Paulus sagt, der Vorhang Mosis, d. i. der Rauchbuchstab, der sie tödtet, gespannt ist über die Augen ihres Herzens. Deßhalb sie uns unter anderem Irrsal viel strenge und grausame Gebote und Verbote gemacht haben in unnöthigen Dingen, die uns von Christo und den Aposteln freigelassen, und wiederum aufgelöst und willkürlich gemacht die rechten kernhaften Hauptstücke eines evangelischen Lebens, die uns von Christo zu halten ernstlich befohlen und geboten sind, haben gute Räthe daraus gemacht, die wir ohne Verlust unseres seligen Heils halten oder lassen mögen, das dann wahrlich das verfluchteste, schädlichste Gift ist, das der Teufel hat können oder mögen gießen in die Herzen der Christgläubigen, wie auch der treffliche Chrysostomus anzeigt, daß diese falsche Achtung die ganze Welt verführe, daß man dafür will halten, ein recht steif, streng evangelisches Leben gehöre allein den Mönchen zu, den Andern sei erlaubt, lau, liederlich und fahrlässig zu leben. Darum wir denn billig hochfleißigen Dank sagen sollen göttlicher Erleuchtung, uns durch diesen hochverständigen Mann bewiesen, der uns aus solchem Mißverstand geführt und wiederum verursacht hat zu trinken aus dem rechten Ursprung evangelischer Lehre. Wiewohl Etliche hierum ein groß Geschrei anrichten und laut berichten, man habe uns auch zuvor allweg das Evangelium gepredigt und aus diesem Brunnen getränkt, weiß man doch wohl und hat in frischem Gedächtniß, ob es ihnen vergessen ist, wie sie uns dieses reine Wasser oft mit den Füßen eigener Anmuthigkeit getrübt und ihre Träume und Fabeln oder, wie der Prophet (Ezech. 34.) sagt, ihre eigenen Herzengesichte darunter geschüttet, haben uns das Evangelium und andere hl. Schrift vorgewendet und hören lassen, aber dermaßen mit eigensinnigen, untauglichen Auslegungen verglöset und verglaset, daß wir unter ihrem Verschlag den Kern der Geschrift oft verloren haben, gleich als so uns ein Gaukler einen Apfel zeigt und läßt uns gähnen; wenn wir aber den Mund zuthun, empfinden wir, daß es Roßparten sind; also haben bisher viel Prediger uns oft mit ihrem Gaukeln schändlich betrogen, das sie denn jetzt nicht mehr so frei thun dürfen, dieweil der Verstand im gemeinen Mann dermaßen und also aufgewachsen ist, daß er selbst oft urtheilen und den Waizen von den Spreuen erkennen, auch auskutten kann, was ihm die Prediger Haar unter die Wolle schlagen. Das alles wir Gott zuvor und nachmals dem christlichen Luther zu danken haben, der sonst auch manchem gelehrten schriftverständigen Mann, der evangelische Lehre im Kopf gehabt, aber vor Entsetzen und Furcht der Gewalt (als denn unser Viele schwachmüthig sind) mit freiem Hals nicht heraus hat dürfen reden, Muth und Herz hat gemacht, also daß jetzt allenthalben wiederum erschallt und sich hören läßt das apostolische Getön und herfürglastet die Sonne geschristlicher Wahrheit des göttlichen Wortes, von welcher ungezweifelt verzehrt wird aller Nebel, alles Gewölke zeitlicher Gewalt und weltlicher Weisheit, das sich denn jetzmals untersteht zu unterfahren und aufzuheben ihren gnadenreichen Schein und ewigen göttlichen Glanz, und aller Welt kündlich werden, daß Gott allein Herr ist. Und also will ich mich so viel Guttat Gottes, uns durch diesen Mann bewiesen, versprochen haben, warum ich seiner Lehr hold und günstig, auch anhängig gewesen sei und allweg sein will, ich werde denn durch hl. Geschrift eines Andern und Bessern unterwiesen."

Es war für Blaurer Gewissensdrang und Herzensbedürfniß, das neu angezündete Licht der Wahrheit nicht unter den Scheffel, sondern auf den Altar des Gotteshauses zu Alpirsbach zu stellen, damit es Allen im Hause leuchte. Außer gemeiner Schuld brüderlicher Liebe erachtete er sich hiezu durch die Forderung seines Amtes verpflichtet. Nicht bloß als Prior im Kloster, sondern auch als Pfarrverweser zu Alpirsbach, wozu er eine Zeit lang gleichfalls verordnet war, hatte er die Aufgabe, das Gotteswort zu lesen und zu lehren. Da wollte er die ihm vertraute Gnade und Pfründe nicht in das Erdreich vergraben, sondern als fleißiger getreuer Knecht damit werben zum Wucher, indem er die Wahrheit allen Conventbrüdern und Laien, die seiner Unterweisung befohlen waren, mittheilte. Auch ließ er sich in der Erfüllung seines Amtes dadurch nicht beirren, daß diese von ihm vorgetragene Lehre alten Kirchengebräuchen und Satzungen zuwider war, denn, sagt er, „Christus sich nicht Gewohnheit, sondern Wahrheit genannt hat, auch befohlen war von dem Vater, daß er unser Schulmeister sein sollte, wie denn die Stimme vom Himmel herab auch uns geheißen, diesen seinen geliebten Sohn zu hören und folglich alle andere Lehre und Satzung, die seines Sohnes Lehre nicht zustimmen, fahren zu lassen."

Es konnte nicht ausbleiben, daß die Verkündigung der neuen Lehre unter den Klosterleuten vielfachen Anstoß und großes Aergerniß erregte. Wiederholt erbot sich Ambrosius, die von ihm gepredigte Lehre vor Jedermann zu verantworten, namentlich vor einer Universität zu Tübingen oder vor dem Vater der Karthaus zu Freiburg, denn, erklärte er, Gottes Wort wäre stärker denn Himmel und Erdreich und müsse ewig bleiben; wo er aber auf Grund heiliger Schrift eines Anderen berichtet würde, wolle er seinen Irrthum demüthiglich erkennen und widerrufen. Aber das Anerbieten wurde nicht angenommen. Die Gelehrtesten unter den Klosterbrüdern theilten Blaurers Ansichten; die übrigen erklärten sich zwar für untüchtig aus der Schrift zu handeln, redeten aber desto mehr von Anwendung der Gewalt und drohten mit Kerker. Ambrosius war nicht der Mann, sich durch solche Drohungen einschüchtern zu lassen. Muthig beharrte er auf der betretenen Bahn, da er eher in den Zorn und die Gewalt der Menschen, denn in die Hände des starken lebendigen Gottes fallen wollte und sich an dem Sprüchlein Davids aufrichtete: „Herr, sie werden fluchen und bannen, aber du wirst deinen Segen geben!" Je freimüthiger aber Blaurer Gottes Wort predigte, desto heftiger entbrannte der Unwille seines Herrn von Alpirsbach, auch Etlicher seines Convents wider ihn.

Zuletzt ward ihm aufs Höchste geboten, von seinem Vornehmen abzustehen, auch mit den übrigen Klosterbrüdern nichts mehr von der neuen Lehre zu reden, sondern in allweg zu sein wie ein anderer Conventsbruder. Dieses Schweigen konnte er sich nicht auferlegen lassen, denn es galt von ihm: ich glaube, darum rede ich! Die Uneinigkeit im Kloster aber nahm mittlerweile immer zu. Der Eine sagte, er wollte in dieser Ketzerschule nicht länger bleiben; der Andere, die Lutherischen müßten aus dem Kloster oder er wollte hinaus; der Dritte wandte vor, das Gotteshaus müßte eine üble Nachrede hören und zeitlichen Nachtheil leiden, da man sage, es seien Alle der neuen Meinung; der Vierte sagte von Schlägen, der Fünfte sonst etwas, so daß Blaurer nicht länger in solcher Zwietracht verharren wollte und alles Ernstes auf Mittel eines Ausweges sann. Er suchte darum die Gewährung eines Urlaubs auf ein oder zwei Jahre nach, während deren er sich ohne Kosten des Klosters auf einer Schule oder anderswo aufhalten wollte, in der Hoffnung, daß sich in der Zwischenzeit der Zwiespalt zu einem friedlichen Ende schicken würde. Er erklärte offen, daß er ohne Verletzung göttlicher Ehre und seines Gewissens länger nicht mehr bleiben könnte. Die Bitte ward ihm rund abgeschlagen, dagegen wurde er jetzt seines Amtes als Prior und Pfarrverweser entsetzt. Jetzt erst dachte er an Flucht, obschon ihn namentlich sein Bruder Thomas von Wittenberg aus zum Bleiben ermahnt und ihm zugerufen hatte: „Harre aus in deiner Lage; du weißt ja, daß wir des Herrn sind, und in ihm uns nichts schwer und unerträglich ist." Ambrosius läßt sich in der bereits genannten Vertheidigungsschrift also vernehmen:

„Als mir die Bitte um Urlaub auch von ihnen abgeschlagen, die ich doch allein um beider Theile mehr Glimpfes wegen gestellt, habe ich nichts desto weniger mein Herz und Gewissen keineswegs bei Frieden und zu Ruhe stellen mögen, sondern christlich gedacht, daß sich in allweg gebühre, Gott mehr denn den Menschen gehorsam zu sein, daß auch seinem Gebot alle andern Satzungen, Gelübbe und selbst vorgenommene Weisen stattgeben und weichen sollen. Bin also wohlbedachten Muths, mit weiser, hochverständiger und gottesfürchtiger Herren und Freunde gehaltenem Vorrath ganz guter christlicher Meinung, größeren Irrthum und Uneinigkeit zu verhüten, selbst gewichen, habe nach dem Geheiß Pauli dem Zorn Raum und Statt gegeben, und wie Christus seine Jünger heißt, weichen wollen von dem Orte, das sein Wort, von mir gelehrt, nicht annehmen wollte, des Willens und Fürnehmens, mich eine Zeit lang, nachdem dann endlicher Austrag jetzt schwebender Zweiung, so sich von christlicher Lehre wegen allenthalben erregt, geschaffen sein würde, außerhalb des Klosters zu enthalten, von meines Herrn von Alpirsbach, auch Etlicher seines Conventes und meiner mehr Ruhe und Friedens wegen, der Hoffnung ungezweifelt, kein Verständiger werde mir solche meine Handlung verargen, insonderheit eure fürnehme Weisheit (des Konstanzer Rathes) so bisher evangelischer Lehre und derselbigen Verkündigern allweg geneigt und günstig gewesen ist, werde mich dieser Sache halben in christlichen und bürgerlichen Schirm befohlen haben und nach Gelegenheit meiner Handlung und Forderung brüderlicher Liebe und Billigkeit ob mir halten, das ich dann auch mit höchstem Fleiß und Ernst ganz unterthäniglich von euch bitte und begehre, auch in Ansehung eures christlichen Gemüths zu erlangen ungezweifelt verhoffe. Nicht daß mir leibliche Furcht so hart angelegen und schwer sei, sondern daß ich zeitlichen Schirm, so ich jetzt ohne Verletzung göttlicher Ehre eher an der Hand mag haben, nicht ausschlagen, ja fleißig suchen und mit Dankbarkeit annehmen will, wie auch unser hl. Paulus, der doch allezeit begehrt zu sterben und zu sein bei Christo, auf eine Zeit Gefährlichkeit seines Leibs geflohen und in einem Korb über die Stadtmauer ausgelassen ist worden, auch sich ein anderes Mal zu seiner mehreren Sicherung auf Befehl des Amtmanns beinahe mit fünfzehnhundert Mann begleiten ließ gen Cäsaream. Denn wo es die Ehre des göttlichen Namens oder brüderlicher Liebe erforderte, würde ich nicht allein erbietig sein gefangen, sondern im Vertrauen göttlichen Beistands gar gemartert und erwürgt zu werden bei dem Wort Christi meines Herrn."

In den ersten Tagen Julis des Jahres 1522 bewerkstelligte Ambrosius seine Flucht aus dem Kloster. Sie war eine Glaubensthat, bei welcher sich der glaubensstarke Mönch nicht mit Fleisch und Blut besprach, sondern zufuhr, nachdem ihm nur die Wahl noch offen stand, entweder Menschensatzungen oder Gottes Wort zu gehorsamen. Unterstützt von gleichgesinnten Freunden gelang es ihm, den Klostermauern, die ihm zu Kerkermauern geworden waren, zu entkommen. Nur für die Flucht hatte er Kutte und Kappe abgelegt; noch hatte er die Hoffnung einer Rückkehr in das Kloster nicht ganz aufgegeben.

3. Die Morgenröthe der Reformation in Konstanz.

Ambrosius, dem Kloster glücklich entkommen, suchte eine Zufluchtsstätte in Konstanz. Aber lief er damit nicht seinen Verfolgern geraden Weges in die Hände?

Konstanz, seit der Mitte des sechsten Jahrhunderts Bischofssitz, war seit geraumer Zeit die Metropole des größten deutschen Bisthums, das sich über einen großen Theil von Württemberg, Baden und der Schweiz erstreckte und nicht weniger als 350 Klöster, 1760 Pfarreien und 17,000 Priester und Mönche zählte. Die Stadt Konstanz selbst gehörte nicht zum weltlichen Dominium des Bischofs, sondern war eine, übrigens gleichfalls mit Klöstern überreich gesegnete Reichsstadt. Bald nach Gründung des Dominicanerordens wurde in der ersten Hälfte des dreizehnten Jahrhunderts ein Kloster dieses Ordens zu Konstanz erbaut; zu derselben Zeit auch eines für die Franciscaner; in der zweiten Hälfte jenes Jahrhunderts ein gleiches für die Augustiner. Die zwei Nonnenklöster St. Peter und

Zofingen wurden um die gleiche Zeit, nemlich 1252 und 1253, das Stift St. Johann aber 1275 gegründet. Aus viel früherer Zeit datirt sich der Ursprung des Domstifts und des Stifts St. Stephan, sowie des Gotteshauses der Schotten und des Benedictinerklosters in der Vorstadt Petershausen. Seit dem Jahr 1275 hatte sich die Zahl der genannten geistlichen Stiftungen nicht mehr vermehrt, da die Stadt, trotz ihres mäßigen Umfangs, bereits 5 Mannsklöster, 2 Frauenklöster und 3 Stifter enthielt. In Konstanz war von 1414 bis 1418 das berühmte Concil gehalten worden, über welches der gleichzeitige Konstanzer Gebhard Dacher das Urtheil fällte: Alles, was der König von Deutschland auf diesem Concil von der Geistlichkeit habe erhalten können, sei ein Bekenntniß ihrer vielen Fehler gewesen; weiter habe man, außer der Verbrennung des Hus und Hieronymus, nichts gesehen, als Messen, Segenaustheilen, Ablaß, Processionen, Weihwasser, geweihte Kerzen u. s. w.; das Concil sei vergangen und trotz dem Begehren der deutschen Nation keine Reformation gemacht worden. Der edle Dacher ahnte nicht, welch eine Aussaat das Blut des Märtyrers Hus in der Stadt Konstanz bestellt hatte.

Zwar der Klerus beharrte nach wie vor in seiner Prachtliebe und Ueppigkeit, aber immer mehr entfremdete er sich dadurch auch das Volk der Stadt und Diöcese. Die geistlichen Stellen wurden mehr und mehr eine käufliche Waare, ja ein Kapital, das ihre Besitzer zu möglichst hohen Wucherzinsen umzutreiben bemüht waren. Urbanus Regius, der eben erst seine Stelle als Vicar des Bischofs in Spiritualibus zu Konstanz aufgegeben hatte, klagte im Jahr 1522: „Es ist ein Volk auf Erden, die heißen Curtisan; ist geschwind, wo Geld stehet, unnütz, wo man predigen soll; dieselben fallen die großen Pfarren an, und so eine ledig wird, so schmecken sie's über viele Meilen Wegs. Wenn er schon ein Eseltreiber zu Rom ist gewesen, das Deutschland muß ihn doch vor einen Herrn haben und sein Vicari muß Finanz treiben mit den Bauern." Wie den Geistlichen alle Kenntnisse und jeder sittliche Ernst in Führung ihres Wandels und Amts abgingen, mag ein ganz unverdächtiger Zeuge nachweisen, nemlich der seit 1496 erwählte Bischof Hugo von Konstanz. Dieser sah sich in der Einleitung zu der im Jahr 1499 von ihm veranstalteten neuen Ausgabe des Breviers veranlaßt, seinen Clerikern zu verbieten, während des Gebets sich mit Hunden, Vögeln oder anderen Thieren zu beschäftigen oder zu schwatzen, zu lachen und Possen zu treiben. Ebenso klagt er in einem Hirtenbriefe vom 3. März 1517 über das schamlose Gebahren der Cleriker in Städten und auf dem Lande, zumeist daß sie nicht nur ungescheut Beischläferinnen und andere verdächtige Personen in ihren Häusern beherbergten, sondern auch dem Würfel- und Kartenspiel zum Aergerniß für die Welt ergeben wären, in den Schenkstuben sich mit sittenlosen Gesellen herumtrieben, Raufereien anfingen, Gott und die lieben Heiligen mit Flüchen lästerten, Andere hingegen sich täglich berauschten, Waffen und unziemliche Kleider trügen und die Frauenklöster besuchten. Da nun wiederholte Mahnschreiben nichts gefruchtet hätten, so sehe er sich veranlaßt, eine bischöfliche Visitation anzuordnen, um den entarteten Zustand des Clerus genau untersuchen zu lassen. Hienach möge sich Jeder achten und sein Leben bei Zeiten bessern; denn er werde die Schuldigen ohne Schonung mit Suspension, Excommunication, Absetzung und Pfründentziehung bestrafen.

Bei dieser Sachlage mußte die Kunde von Luthers beherztem Auftreten wider die Mißbräuche der Kirche auch in der Stadt Konstanz ein freudiges Echo finden. Die Schriften, welche von Wittenberg ausgingen, fanden auch am alten Bischofssitze Eingang und begierige Leser. Der Erste, der auf der Kanzel zum Wort Gottes zurückkehrte, war der Helfer der St. Stephanskirche, Jakob Windner von Rütlingen; derselbe wurde sogar, als 1519 die Pfarrei an der St. Johanniskirche erledigt war, auf dieselbe befördert und auf ihr durch Einschreiten des Magistrats erhalten, obschon die Pfründe bereits von Rom aus einem Züricher, Namens Gölbli zugesagt war. An Windners bisherige Stelle trat ein ihm ganz gleichgesinnter Helfer, Bartholomäus Metzler aus Wasserburg in Baiern. Die Bürger, viele Geistliche und selbst der Bischof hatten Wohlgefallen an beiden Predigern; selbst der alte Dompfarrer Macarius Leopardi „trug an beiden kein Mißfallen außer daß er vermeinet, es gezieme dem Luther als einem Mönch nicht, sich wieder so hohe Gewalt und Herren wie der Papst zu setzen." An seine Stelle ward von dem Kapitel Johannes Wanner von Kaufbeuren angenommen, und sobald dieser ins Amt eingesetzt war, schloß er sich den beiden Vorgenannten in der Führung des Amtes an. Diese drei Prediger, Windner, Metzler und Wanner, waren die Vorläufer und später die Gehilfen unseres Reformators Ambrosius.

Ihnen gegenüber stand eine festgeschlossene Schaar von Anhängern des Alten, welche in der neuen Lehre nichts als eine verdammenswerthe Ketzerei erkannten, durch welche ihrem Einkommen und ihrer Herrlichkeit großer Abbruch erfolgen müßte. Von ihnen ließ sich bald auch der Bischof selbst mit seinen geistlichen Räthen ins Schlepptau nehmen. Bischof H u g o , aus dem altabeligen Hause von Hohen = Landenberg im Kanton Zürich, zeichnete sich vor allen damaligen Reichsfürsten durch seine herkulische Leibesgröße aus; er selbst war ungelehrt, aber ein Freund der Wissenschaften und Gelehrten, daneben ein Mann von mildem Character und friedlichem Sinn. Er hatte sich dem päpstlichen Legaten Samson offen widersetzt, als dieser die Schweiz bereiste, um in Ablaßzetteln Geschäfte zu machen, ja der Bischof hatte allen seinen Geistlichen, sowohl in der Schweiz als in Schwaben, verboten, diesen Ablaß zu verkündigen, und dagegen angeordnet, man solle dem Ablaßkrämer die Kirchen der ganzen Diöcese verschließen, was in Rom sehr übel vermerkt worden war. An Luthers erstem Auftreten hatte Bischof Hugo im Stillen sein Gefallen, und Alles hing davon ab, in welchem Lichte ihm seine nächsten Rathgeber die reformatorische Bewegung vorführten. Das kam zunächst seinem Generalvicar zu, und diese wichtige Stelle bekleidete damals Dr. Johann Faber oder Fabri. Dieser Mann, der bald als der gewandteste und gefährlichste Gegner der Reformation in Konstanz auftritt, war 1478 in der schwäbischen Reichsstadt Leutkirch als Sohn eines Schmieds Namens Heigerlin geboren und frühe in den Dominicaner-Orden eingetreten. Nachdem er Theologie zu Freiburg im Breisgau studirt und darin den Doctorgrad sich erworben hatte, ward er erst Vicar in Lindau und Leutkirch, dann bischöflicher Official in Basel und Canonicus an der dortigen Hauptkirche, und 1518 ernannte ihn Bischof Hugo zu seinem Generalvicar in Konstanz und Papst Leo X. verlieh ihm den Titel eines päpstlichen Protonotars. Faber war ein Mann von nicht gewöhnlichen Anlagen, von seltener Gewandtheit des Umganges, aber ohne Character und durch üppiges Leben in Schulden verstrickt, darum entschlossen, an diejenige Partei sich zu verkaufen, welche ihm den höchsten Preis böte. Der humanistischen Richtung zugethan, näherte er sich anfänglich den Männern der kirchlichen Reformpartei. Mit Zwingli wechselte er die freundschaftlichsten Briefe, versicherte ihn seiner Hochachtung und Liebe (1519), forderte ihn sogar zum Auftreten gegen das Ablaßwesen auf, übersandte ihm 1520 seine Homilien über das Elend des menschlichen Lebens und erbat sich Zwinglische Schriften als Gegengeschenk; ja noch 1521 sprach er gegen Vadian in St. Gallen seine Mißbilligung Dr. Ecks und sein Wohlgefallen an Luthers Schriften aus, wiewohl er daran Anstoß nahm, daß der Wittenberger Mönch die Wahrheit zu offen heraussage, als daß der rohe Magen des Volks sie zu verdauen vermöchte. „Besser, äußert er sich, hätte Luther geschwiegen oder die kranke Welt auf eine andere Weise zu heilen gesucht!" Einen völligen Umschwung in den Gesinnungen des Generalvicars bewirkte jedoch in demselben Jahr 1521 eine Reise nach Rom, welche derselbe nach dem Urtheil seiner bisherigen Freunde unternahm, um drückenden Schulden zu entgehen, die päpstliche Freigebigkeit zu kosten und dem Papst eine Schrift gegen Luther zu widmen, welche im darauffolgenden Jahre wirklich erschien. Nach mehrmonatlichem Aufenthalte in Rom kehrte er nach Deutschland zurück, um von nun an unermüdet mit Wort und Schrift in Predigten, Colloquien und öffentlichen Verhandlungen der evangelischen Lehre entgegenzutreten. In Betreff dieser schnellen Umwandlung rief ein Erasmus aus: Der arme Luther macht doch Manche reich! Wanner schrieb an Thomas Blaurer: „Faber kam als vollendeter Römling aus Rom zurück. Er verspricht, die lutherische Ketzerei in Kurzem ganz ausgerottet zu haben. Gegenwärtig veranstaltet er eine Sammlung der Irrlehren aus Luthers Schriften und will mehr als tausend Stellen gefunden haben, in denen Luther sich selbst widerspreche."

Während Faber um schnöden Lohns und Gewinns willen aus einem Freund der erbittertste Feind der reformatorischen Bewegung geworden war, tritt uns in dem Konstanzer Domkapitular Johann von Boßheim ein Mann von ernstem Streben und strenger Sittlichkeit entgegen, der gleichfalls die Morgenröthe des Reformationstages mit freudiger Hoffnung begrüßt hatte, aber später, als die Sonne höher und stechender stieg, ängstlich und scheu ihr den Rücken kehrte. Gebürtig aus Sasbach in der Ortenau, ein Schüler Wimphelings, hatte er nach Vollendung seiner Rechtsstudien in Bologna im Jahr 1512 zu Konstanz eine Domherrnpfründe erlangt und lebte von nun an hier in stiller Zurückgezogenheit im Umgang mit den Musen und in brieflichem Verkehr mit seinen auswärtigen gelehrten Freunden. Er zeichnete sich nicht bloß durch wissenschaftliche Kenntnisse vor den andern Domherren rühmlich aus, sondern auch durch Sittenreinheit und enthaltsame Lebensweise; weil er keinen Wein trank, nicht jagte, nicht spielte, hatte man ihm den Namen A b st e = m i u s gegeben. Gleichwohl stand sein Haus und Tisch Allen offen, die ihn besuchten, und ein Erasmus, der gegen Herbst 1522 in seinem gastlichen Hause weilte, weiß die geschmackvoll und sinnig eingerichteten Räume des Hauses und den liebenswürdigen Wirth nicht hoch genug zu loben. Boßheim bewunderte Luthers Auftreten aufrichtig und schrieb ihm im Jahr 1520 einen Brief voll Lobeserhebungen: „Nachdem du dir die Freundschaft der Welt oder wenigstens des besseren Theiles derselben, d. h. aller frommen und rechtschaffenen Christen erworben, so mußt du auch mein Freund sein, du magst wollen oder nicht. Deine Schriften gefallen mir so überaus wohl, daß mich nichts in gleich hohem Grade erfreut, und ich segne mein Geschick, das mich zu dieser Zeit leben läßt, in welcher nebst den übrigen Wissenschaften auch der mit dichter Finsterniß umhüllten Theologie ihr lichter Tag aufgeht." Daß aber Boßheim nicht blos mit Worten, sondern auch mit kräftiger That die Sache der Reformation anfänglich förderte, werden wir sofort hören.

Auch bei einigen Klosterbewohnern der Reichsstadt fand die Reformation lebhaften Anklang, besonders bei dem Benedictiner im Kloster Petershausen, Johannes Jung, der bis 1548 evangelischer Pfarrer in Konstanz war, und bei dem Franciscaner Sebastian Hofmeister, der damals Lehrmeister im Kloster seines Ordens zu Konstanz war, und später der Reformator seiner Vaterstadt Schaffhausen wurde. Letzterer schrieb am 17. September 1520 an Zwingli von Konstanz aus: „Hier lieben dich viele Unterrichtete und ermahnen dich, im begonnenen Werk fortzufahren."

So zählte die evangelische Lehre in den oberen Schichten der Bevölkerung einflußreiche Gönner; aber auch das Volk hatte für dieselbe offene Augen, Ohren und Herzen. Zahlreich strömte es zu den Vorträgen der drei genannten Prediger und stand denselben kräftig zur Seite, wo ihre

Person bedroht war oder ihr Wort gedämpft werden sollte, ohne der päpstlichen Bulle zu achten, welche im Jahr 1520 den Bann über Luther und seine Anhänger aussprach. Als im folgenden Jahr das kaiserliche Edict von Worms die Reichsacht über Jene ausgesprochen hatte und zugleich die Verbrennung der lutherischen Schriften befohlen ward, erschien am Bodensee zur Vollziehung des Edictes als kaiserlicher Commissär der Propst von Waldkirch bei Freiburg, Balthasar Merklin. Aber kaum war die Kunde seines Eintreffens in Konstanz verbreitet, als sich die Bürgerschaft auf dem Marktplatze zusammenrottete und laut drohte: der Propst solle nur zusehen, was er für einen Lohn empfange, wenn er einen solchen Befehl dem Magistrat überreiche. Merklin achtete es unter diesen Umständen für gerathen, die Stadt unverrichteter Dinge wieder zu verlassen, und das Wormser Edict ward in Konstanz nie verkündigt. Der Bischof gab seinen Unmuth über diesen Widerstand der Reichsstadt in einem um diese Zeit erlassenen Hirtenbrief Ausdruck. In demselben beschwerte er sich bitter, daß die Fastengebote und andere Haltungen und Gewohnheiten der Kirche an vielen Orten wenig Gehorsam mehr finden, wie daß längst verworfene Meinungen jetzt wieder hervorgeholt werden durch vorwitzige „Reiber des Friedens und Ausspreiter alles Unraths, die mit erschröcklichem zänkischem Aufruhr die christliche Kirche bewegen, so daß allenthalben Gelehrte und Ungelehrte von den geheiligten und erschröcklichen Heimlichkeiten unter einander streiten". Gleichwohl mehrten sich allenthalben die Zeichen des Abfalls. Unzweideutig beurkundete sich die Umstimmung der öffentlichen Meinung an dem geringen Zulauf am Gründonnerstage, an welchem der Bischof vor dem Jahr 1522 einer zahlreich herbeiströmenden Menge die Absolution für die seinem Stuhl vorbehaltenen Fälle zu spenden pflegte. Im genannten Jahre hatten mehrere Priester in der Schweiz in einer lateinischen Eingabe den Bischof angegangen, der Verkündigung des Evangeliums nichts in den Weg zu legen und den Priestern zur Beseitigung des Aergernisses die Ehe zu erlauben oder doch nachzusehen. In einer eigenen Vertheidigungsschrift verwahrte sich dann Zwingli gegen den Tadel, welchen der Bischof in einem Schreiben an den Rath von Zürich über die Grundsätze dieses Reformators ausgesprochen hatte. Schon mußte der schwache Bischof Hugo eine Bitte, worin Einwohner von Freiburg im Breisgau die Erlaubniß zur Feier des Abendmahls unter beiderlei Gestalt nachsuchten, mit Unwillen von der Hand weisen; schon wurden einzelne Pfarrer der Schweiz, welche wider den Priestercölibat eiferten, auf bischöflichen Befehl nach Konstanz abgeführt, aber auf Einsprache des Züricher Raths wieder in Freiheit gesetzt. Am Münster zu Freiburg im Breisgau fand man unten an den bischöflichen Hirtenbrief ein heftiges Pasquill angeheftet und ebenfalls gegen diesen Hirtenbrief ward nach allen Richtungen der Diöcese eine im bittersten Ton abgefaßte Flugschrift verbreitet. Ihr Verfasser war der 57jährige Dr. Sebastian Meyer, gebürtig aus

Neuenburg im Breisgau, damals Prediger in Bern. Er sagte darin u. A.: Während der Bischof so drohend die Beobachtung der Fastenmandate verlange, finde er sich für jedes uneheliche Kind seiner Diöcesangeistlichen mit vier Gulden ab und ziehe daraus eine jährliche Einnahme von sechs= bis achttausend Gulden. Das fleißige Lesen der hl. Schrift und die Be= kämpfung der geistlichen Prachtliebe und Habsucht nenne der Bischof Für= witz und Aufruhr gegen die Kirche; aber wenn jemals Kriege daraus entständen, so trügen diejenigen daran Schuld, welche ihre Menschensatzun= gen mit dem Schwert behaupten wollen. Selbst tausend Jahre Unrecht seien noch keine einzige Stunde Recht; sonst hätten die Heiden wohlgethan, bei ihrem uralten Glauben zu verharren. Und wenn doch bloß das Alte gelten solle, so müsse man hoffentlich fünfzehn Jahrhunderte für länger halten als fünf, das Evangelium Jesu für viel älter als alle Decrete römi= scher Hierarchie. Veraltete Stadtordnungen, ruft er schließlich aus, werden in unserer Zeit gebessert, aber in der Kirche sollen wir ewige Narren blei= ben, nie etwas ändern dürfen? Nein, all unser Fleiß und Ernst gehe darauf, daß wir mit Hilfe göttlicher Gnade nach dem Evangelio leben. Herr, wir bitten dich, du wollest deine evangelische Kirche gnädiglich erhören und den römischen Tyrannen mit einer gewaltigen Hand überwinden, auf daß wir dir in evangelischer Freiheit dienen können.

So tief und weit hatte bereits die reformatorische Bewegung allent= halben im Bisthum Konstanz Platz gegriffen — ein Zeugniß mehr, daß sie nichts Gemachtes, sondern etwas Gewordenes war. Ueberall dämmerte es; aber noch fehlte der Mann, welcher nach Geist und Herz befähigt und berechtigt war, die gährenden Elemente abzuklären und dem tiefen des Ziels noch unbewußten Drang nach Neuem das rechte Wort, die entspre= chende That zu leihen. Da klopfte der geflüchtete Alpirsbacher Mönch an die Thore seiner Vaterstadt, und er fand freundlichen Einlaß und willigen Eingang und ward erst von seiner Heimathgemeinde in Schutz genommen, um sofort diese zu schützen mit den Mauern des Gotteswortes und ihr Vor= fechter zu werden mit dem Schilde des Glaubens.

4. Die Prüfung.

Als Ambrosius aus dem Kloster flüchtete, hatte er sich keine Pläne für die Zukunft gemacht. Im Glaubensmuth hatte er die kühne That gewagt, in Glaubenszuversicht seine Wege dem befohlen, der ihm sein Wort zu seines Fußes Leuchte und zu einem Licht auf dem Weg seiner Pil= gerfahrt gesandt hatte. Dem Zug seines Herzens und einer inneren Stimme folgend, hatte er sich zunächst zur alten Heimath, zum verödeten Vaterhause gewandt, in welchem noch eine heißgeliebte verwittwete Mutter und eine in frommer Treue ergebene Schwester lebten. Liebe zu Gott, zur Familie und zur Vaterstadt waren die Grundzüge im Character unseres Ambrosius. Diese dreifältige Liebe führte ihn der Heimath zu. Auch die

Rücksicht der Klugheit hieß ihn seine Schritte vom Kloster aus gen Konstanz lenken. Sie deutet er im Eingang seiner Vertheidigungsschrift an: „Anfänglich, damit ich hinnehmen und aufheben möge falsche Achtung und folglich auch Aergerniß, so vielleicht in Etlichen meines Abschieds halb erwachsen ist, rufe ich Gott und mein eigen Gewissen zu Zeugen in meiner Seele an, daß mich kein Unwille oder unbegründete Ursache ausgetrieben und zu weichen gereizt hat, wie denn jetzt ein Gassengeschrei ist, Mönche und Nonnen laufen aus ihren Orden, und das aus Verdruß klösterlicher Ruhe und Stille, damit sie leben mögen in fleischlicher Freiheit und nachhängen ihrem Muthwillen und weltlichen Begierden; sondern ehrhaftig große Beschwerde und dringlich Geheiß meines Gewissens aus Grund und Anweisung des göttlichen Worts, wie ich denn hoffe, daß alle Gelegenheit und Umstände meines Abweichens keine Leichtfertigkeit, Frevel oder irgend welches unziemliches Fürnehmen anzeigen. Denn ich weder Kutte noch Kappe von mir gelegt, außer etliche Tage meines Abschieds zu meiner größeren Sicherheit, bis ich mein Gewahrsam erreicht habe; bin auch weder in Krieg noch mit einer hübschen Frauen hingezogen, sondern habe mich unverzüglich, so immer erst mir möglich gewesen, gethan zu meiner viellieben Mutter und Verwandten, welche ungezweifelt eines christlichen Gemüths und in einer Stadt Konstanz solcher Achtung der Ehrbarkeit sind, daß sie mir zu keinem unbilligen Fürnehmen berathen oder beholfen wären." Durch die Rückkehr in das im Ruf frommer Rechtschaffenheit stehende Elternhaus, unter die unmittelbare Aufsicht des Bischofs hatte sich der Flüchtling gegen böswillige Unterschiebung eines unehrenhaften Motivs gewahrt, das ihn zu seiner Flucht verleitet hätte. Wurde aber auch diese Klugheitsrücksicht mit entsprechendem Erfolge gekrönt, so wurde dagegen die Liebe zu den Seinigen auf eine desto härtere Probe gestellt, um in heißer Prüfung obzusiegen.

Mutter und Schwester waren über den unerwarteten Besuch des Sohnes und Bruders mehr bestürzt als erfreut. Die in den Satzungen der alten Kirche ergraute bedächtliche Mutter konnte sich in den kühnen Entschluß ihres Sohnes nicht alsbald finden; nur schwer konnte sie es verwinden, daß der Sohn, welcher bisher ihr gerechter Stolz gewesen war, nun ein Aergerniß für viele Altgläubige werden und sie selbst ihren alten Hausfreunden entfremden sollte. Die Ehre des alten Patriciergeschlechts schien ihr gefährdet, der Anstand verletzt, selbst der Ruf der Frömmigkeit in Frage gestellt. Auch Margaretha, die tugendsame Jungfrau, empfing den Bruder nicht, wie dieser gehofft hatte, mit freudiger Zustimmung zu seinem gelungenen Wagniß. War es zuvor der Mutter und Schwester schwer gefallen, ihren Liebling Ambrosius zu missen, so wurde es ihnen jetzt noch schwerer, ihn als Flüchtling und Abtrünnigen im eigenen Hause zu beherbergen. „Ein entlaufener Mönch" — das stand vor ihren Augen als ein Brand- und Schandflecken, den nichts von ihrem Gewissen und

der Ehre ihres Hauses abwischen könnte. Beide waren wohl schon geraume
Zeit mit dem neuen Pfingstgeiste, der durch die Kirche zu wehen begann,
vertraut und befreundet: aber sie wurden an ihm irre, als sie sehen mußten,
wie derselbe das ganze Haus Gottes erschüttere, wie der neue Most die
alten Schläuche zerreiße. Der Kummer, den seine Flucht der Mutter und
Schwester bereitete, ging dem zärtlich liebenden Sohn und Bruder tief
zu Herzen. Verfolgt von den Klosterbrüdern, mißverstanden von den eige=
nen Hausgenossen — wohin anders konnte sich Ambrosius wenden, um sein
volles Herz auszuschütten und Beruhigung zu suchen, als an die Stadt,
von der aus sein Herz verwundet worden war, und die es nun auch heilen
sollte, nach Wittenberg? Dort schlagen ihm zwei mitfühlende Herzen ent=
gegen, die ihn verstehen und denen er darum auch sein gepreßtes Herz frei
öffnen darf. Am 25. Juli 1522 schreibt Ambrosius an Thomas, seinen
„viellieben Bruder in Wittenberg" folgenden Brief: „Vor allen Dingen
sei dir kund gethan, daß ich unlängst (nemlich am 8. Juli) aus unserem
Alpirsbach, wo ich nur allzulang gleich einem Kinde unter den Elementen
der Welt diente, zu einer gemeinsamen und zugleich freieren christlichen
Lebensweise unter dem Schutz Christi zurückgekehrt bin. Wohl eine kühne
That, um welche mich Viele ins Angesicht schelten werden, aber die mir
gleichwohl kein Gutgesinnter (wenn er nur die näheren Umstände genau
kennt) übel auslegen mag. Denn was sollte ich thun? Der Abt war sehr
böse auf mich, deßgleichen auch einige Conventsbrüder. Dann, um die
übrigen Plackereien, denen ich fortwährend bloßgestellt war, mit Still=
schweigen zu übergehen — in Betreff ihrer konnte ich ja hoffen, daß sie
bald ihr Ende erreichen werden, oder sie mit ungebeugtem Muthe ertra=
gen —: verboten war mir die fromme Beschäftigung mit jenen Schriften,
welche mein in römischen Verordnungen ausgehungertes und vertrocknetes
Herz allein tränken und stärken konnten, verboten war mir die Predigt vor
dem armen Volke, durch welche ich dasselbe aus dem Rachen der gierigen
Wölfe mit aller Macht zu entreißen versuchte; verboten war mir die Vor=
lesung, durch welche ich die Brüder unter den Mönchen von Menschen=
satzungen abzubringen und für die wahrhaft christliche Freiheit zu gewinnen
gewohnt war; verboten war, um es kurz zu sagen, Christus selbst, der nir=
gends heller wiederstrahlt, nirgends gnädiger uns anblickt, als in jenem
von ihm uns aus dem Himmel hernieder gebrachten Gotteswort: solche
mehr als gottlästernde Gotteslästerungen konnte, ja durfte mein Herz nicht
länger ertragen. Der Abt bewies sich mir bereits um Luthers willen über=
aus feindlich. Schon war der Name Luthers von ihnen allen mit öffent=
lichem Fluch belastet. Das hätte ich immerhin standhaft ertragen, wenn
sie nur der Schrift die gebührende Ehre gezollt hätten. Aber so weit
erstreckte sich bereits ihr Vorurtheil, daß sie Alles, was ich aus dem Evan=
gelium oder aus Paulus mit Fleiß entlehnt hatte, verschrieen, als stamme
es von Luther und sei darum ketzerisch und gottlos, wie sie denn auch gar

keine Verantwortung meines Glaubens annehmen wollten. Eine Zeit lang übte ich mich wohl in christlicher Bescheidenheit und Geduld, so lange ich noch hoffen konnte, sie damit für Christum zu gewinnen. Darum beugte ich, obschon ich selbst zur christlichen Freiheit hindurch gedrungen war, meinen Nacken um ihretwillen gern unter das Joch des Gesetzes, ward den Juden ein Jude und wünschte mit Paulo ein Fluch für meine Brüder zu werden. Als ich aber gewahr werden mußte, daß ich damit gar nichts ausrichtete und daß sie meine Hoffnung Tag um Tag mit ihrer Hartnäckigkeit vereitelten (wie denn diese Art Leute überaus zäh an ihrem Aberglauben festhält), so erachtete ich es an der Zeit, an mich selbst zu denken, ehe ich durch längeren Verzug mich selbst mit ihnen ins Verderben stürzte. Diese Gefahr lag aber nahe. So ging ich denn gemäß dem Befehl Christi, der seine Jünger hieß, aus der Stadt zu ziehen, welche sein Wort nicht annehme. Im Vertrauen auf welchen Beistand und unter welchen Bedingungen ich aber schied, zu erzählen, das würde mich zu weit führen. Aber, höre ich dich entgegnen, du hättest das Aergerniß vermeiden sollen! Diesen Einwand habe ich mir oft und viel vorgehalten; da ich aber auch unter Jenen (wenn ich Christum nicht verläugnen wollte) ohne Anstoß nicht leben konnte, und die unwissenden Leute, die mir Tag um Tag vorwarfen, daß ich ihnen zum größten Aergerniß gereiche, mich fortwährend Ketzer schalten, bat ich sie wiederholt bei allen Heiligen um die Erlaubniß meines Abschieds. Da ich diesen nicht erhielt, ging ich auf das Dringen meines Gewissens, auf den Rath der Besten, mit der Hilfe Christi (denn daran darf ich nicht zweifeln) gegen ihr Wissen und Wollen, um vielleicht nie mehr zurückzukehren, wenn nicht zuvor dieser böse Geist aus den Mönchen durch den Geist Gottes ausgetrieben worden. Ob dieses jemals geschehen wird, weiß ich nicht; das aber weiß ich, daß der Aberglaube und die Werkgerechtigkeit sich bei ihnen bis zuletzt halten wird. Schreibe mir, welchen Lebensweg du mir einzuschlagen rathest. Mein höchster Wunsch wäre, bei dir zu leben. Könntest du unsere Mutter überreden, daß sie hiezu die Einwilligung gäbe, so würdest du mir hiemit den willkommensten Beweis deiner Bruderliebe ablegen. Lebe wohl. Bestelle tausend Grüße an unsern Philippus und ebenso viele an den großmächtigen Luther." Wenige Tage darauf (6. August) schrieb Ambrosius an Melanchthon selbst: „Wenn jemals, so verlangt es mich jetzt, mein hochgelehrter Philippus, an dich zu schreiben, denn schweres Geschick und unselige Lage bedrängen mein Gemüth. Kaum habe ich das Kloster verlassen, so komme ich in übles Gerede, daß ich dem Aergerniß nicht vorgebeugt habe; ja Einige meinen, ich solle dahin zurückkehren. Aber eher wollte ich sterben, als länger an diesem Heerd der Gottlosigkeit gefangen gehalten werden, da ich es zu keinem Frommen der Mönche und zu meinem eigenen größten Schaden thun würde. Ueber den Stand aller meiner Angelegenheiten und insbesondere in Betreff dieses Punktes wird dich übrigens mein Bruder ausführlicher berichtet. Dich bitte ich im Namen des allein guten und mächtigen Gottes und bei Allem, was dich rühren kann, daß du mir deine Ansicht mittheilest und mich genau wissen lassest, was du mir zu thun anrathest. Dein Rath soll mir die Stelle eines Orakels vertreten, denn ich weiß, daß du den Geist Christi hast und nichts rathen kannst, was gegen sein Gebot wäre." Zum Schluß bestellt Ambrosius Grüße an Luther, „unsern höchsten Vater, der uns wiedergebiert, bis er Christo in uns eine Gestalt gebe." Melanchthon ließ auch seinen Freund nicht lange auf Antwort warten; schon am 14. September schrieb er ihm einen zur Ausdauer auf dem eingeschlagenen Weg ermunternden Brief. Er ruft ihm das paulinische Wort zu: Halte an deinem Bekenntniß! und fährt fort: „Laß dich nicht bestimmen, zu jenen Schwarzröcken zurückzukehren, denn du kannst ohne öffentliche Schande und Schaden des Evangeliums deinen Fuß nicht mehr zurücksetzen. Die Feinde Christi würden es deuten, als ob du, vom Gewissen gedrungen, unter der Verdammung des Evangeliums der Freiheit deiner That dich gereuen ließest. Im Uebrigen bitte ich dich, falls deine Umstände nicht ein Anderes erheischen, du mögest dein Ordensgewand nicht ablegen, damit du wenigstens in diesem Punkt dem Unverstand der Menge Rechnung tragest, bis die Zeit ein Anderes gebietet. Denn hierin, dünkt mich, sollen die Besten so wenig als möglich von ihrem Rechte Gebrauch machen wollen, vielmehr den Anderen nachgeben und Aergerniß verhüten, so weit es immer angeht. Also hat Christus, also haben die Apostel gethan. Selbst Martin wollte Alles eher als sein Augustinerkleid ablegen oder in irgend einer, wenn auch noch so unwesentlichen Ceremonie, wenn sie nur dem Evangelium nicht zuwiderlaufe, einem Bruder Aergerniß geben. Du weißt, daß es bei euch einige fanatische Christen gibt, welche das Bekenntniß Christi nur ins Fleischessen und sonstigen heidnischen Wahn setzen. Sie nennen sich bald Lutheraner bald Evangelische, und doch belasten sie den Namen des Evangeliums mit solcher Schande, daß ich fast wünschen möchte, die Papisten sollen in ihrer Verfolgungswuth gegen die Bekenner des Evangeliums fortfahren, damit dadurch jener Bodensatz unseres Lagers abgeschreckt werde, sich fälschlich diesen heiligen Namen anzumaßen. Bedenke, daß du Christum bekennst, also das Kreuz tragen und dich auf das Aeußerste gefaßt halten mußt, nachdem du jenen Dickbäuchen den Rücken zugekehrt hast. Ich achte dich nicht für einen solchen Neuling im Christenthum, daß du meines Rathes bedürftest oder nicht wüßtest, in welcher Gestalt sich Christus uns zu erkennen gebe, nemlich in jenem verachteten und von der Welt verdammten Zeichen des Kreuzes."

Eines solchen Freundeszuspruchs bedurfte Ambrosius gar sehr in der schwierigen Lage, in welche er sich versetzt sah. Mußte er doch neben allem Schweren, das im eigenen Hause auf ihm lag, auch der Schritte gewärtig sein, welche von seinen Klosteroberen gegen ihn erfolgen würden. Wenn auch das Kloster sich im Stillen Glück wünschen mochte, den geistig überlegenen und glaubensstarken Bruder zu missen, welcher ihm je länger je mehr Verlegenheit zu bereiten drohte; so bedurfte es doch keines großen Scharfblicks, um zu erkennen, wie gefährlich die Anwesenheit Blaurers in einer Stadt und zu einer Zeit werden mußte, in und zu welcher eben das mit dem alten Papstthum zerfallene Volk sich nach einem Führer umsah, welcher ihren Ahnungen das bestimmte Wort, ihren Wünschen den beredten Ausdruck, ihren Forderungen den rechten Nachdruck gäbe. Darum scheint denn auch von Konstanz aus der Abt von Alpirsbach die Weisung erhalten zu haben, das Geschehene nicht unvermerkt hingehen zu lassen. Am Neujahrstage 1523 erschien der Licentiat Johann Kingsbach vor dem Rath in Konstanz, um Namens König Ferdinands und der Württembergischen Regierung die Rücksendung Blaurers ins Kloster zu fordern: das begehre der Abt, welchem Ambrosius Treue geschworen habe; das fordere der König; so zieme es dem Entflohenen mit Rücksicht auf sich und seine Familie. Doch der Rath war keineswegs gemeint, diesem Antrag ohne Weiteres nachzukommen und sich an Blaurer zu vergewaltigen; er entließ Kingsbach mit dem Versprechen, den Flüchtling zu einer schriftlichen Vertheidigung anzuhalten. Dieß war die Veranlassung zu der Abfassung der uns bereits bekannten „wahrhaften Verantwortung" Blaurers, welche an den Rath gerichtet und vor vollem Rath verlesen, einfach der Stuttgarter Regierung übersandt wurde, indem sich der Rath der Hoffnung hingab, „es sollte mit dem die Sach in Ruhen stehen und der Blaurer zu Konstanz bleiben, wie dann beschehen ist." In dieser Schutzschrift erklärte sich Ambrosius schließlich unter folgenden Bedingungen zur Rückkehr in die Klostermauern bereit:

„Am Ersten würde ich mir keineswegs wehren oder verbieten lassen meine vorbehaltene, auch alle andere Lehren, so aus hl. biblischer Schrift Grund haben, würde auch inhalts christlicher Schuld dieselben in brüderlicher Treue und Liebe allen Anderen, deren begierig und nothdürftig, fleißig ohne alles Entsetzen mittheilen. — Zum Andern insgemein zu reden, würde ich mir fürderhin keine Klostersatzung hinderlich lassen sein an göttlichem Befehl und Geboten, sondern wo und wann göttliche und menschliche Satzung auf einander stoßen, als denn jetzt in den Klöstern aus Schuld ungelehrter Prälaten oft geschieht, würde ich greifen nach dem göttlichen und das menschliche fahren lassen, wie denn wohl zu vermuthen, daß ich und ein Jeder, so sich guter Meinung in einem Orden begibt, des Willens und Fürnehmens sind, daß wir durch klösterliches Leben in dem Weg göttlicher Gebote geführt und nicht durch ungegründete menschliche Satzung davon gewiesen wollen werden. — Zum Dritten würde ich aus christlicher Pflicht allweg widerfechten die unleidlichen Beschwerden der Seelen in casibus reservatis abbati, d. i. in den vorbehaltenen Fällen etlicher Stücke, von deren wegen der Abt selbst um Absolution angesucht muß werden, so doch die begangene That mehrmals an ihr selbst und vor

Gott gar nicht Sünde ist, als das Schweigen brechen nach completer Zeit, auch mit guten nutzen Worten aus Forderung christlicher Liebe einen Apfel oder sonst etwas essen zwischen den Mahlzeiten ohne besonderen Urlaub, einen Brief empfahn oder hinschicken u. dgl., wie denn jeglicher Abt nach eigenem Wohlgefallen seiner Absolution vorbehält, welche und wie viele solcher Fälle er will. Doch mag ich wohl gedulden, zu Unterhaltung klösterlicher Ruhe und Ordnung, daß man leibliche Strafen darauf setze denen, so hieran säumig sein wollen; aber sonst würde ich alle Anderen dahin weisen, daß sie ihre Seele und Gewissen dieser Dinge halb frei behalten und allein Gott den Herrn daselbst durch sein Gebot und Verbot regieren lassen. — Zum Vierten würde ich der unerfahrenen Jugend, so des Ordens begehrt, wann sich die Zeit ihrer Profession verlauft, in allweg räthlich und beholfen sein, daß sie solche Seelenstricke nicht annehmen, will sonst gerne darob und daran sein, daß man sie da erziehe und behalte, so lange sie aus freiem, unangebundenem Geiste in klösterlichem Leben beharren wollen. Denn ich wohl erlernet habe, mehr an Andern denn eigener Person, was sorgliche Gefährlichkeit und Seelenmord aus solchem unbedachten Gelübde und ewigem Verbündniß erwachsen. — Zum Letzten, weil sich die geistlichen Ordensleute vor anderen Christen schelten lassen Anhänger und Vollzieher evangelischer christlicher Vollkommenheit, würde ich höchsten Vermögens daran sein, auch alle Anderen mit möglichem Fleiß dazu vermahnen, daß wir dieses Lob und Namen mit der Wahrheit behalten mögen, das Rechten und Fechten, so wir bisher um das Zeitliche mehr denn andere Leute getrieben haben, nach dem Geheiß Christi abstellen, weltliche Pracht und Herrlichkeit, auch eigene Leute sammt den ungöttlichen Beschwerden und Fällen fahren lassen, dieweil doch solches Alles so ganz hinderlich und entgegen ist klösterlichem und evangelischem Leben; deß= gleichen daß wir die armen Leute, des Gotteshauses Unterthanen, allent= halben mit tapferen, gelehrten, gottesfürchtigen Seelsorgern versehen, ob wir gleich von deßwegen die Incorporationes und Einlebungen der Pfrün= den übergeben und von der Hand lassen müssen, damit den Unterthanen durch kernhafte besserliche Hirten desto förderlicher gerathen werde; dann mehr an denselbigen gelegen und Gott löblicher ist, denn daß wir zeitlichen Ueberfluß und sie ihrer Seelennothdurft Mangel haben; auch der billig den Nutzen und Genieß hat, der die Bürde und Arbeit tragen muß. — Wo diese jetzt angezeigten Artikel von mir erlitten mögen werden, will ich nicht allein geneigt und erbietig sein wiederum zu kehren, sondern auch meine Herren, Väter und Mitbrüder höchsten Fleißes unterthänig bitten, daß sie mich wiederum in ihre Gemeine und geistliche Gesellschaft aufnehmen. Denn wahrlich klösterliches Leben wäre ein gut gottgefälliges Leben, wo etwas an der Reformation und Ordnung nach Gelegenheit unserer Zeit vorgenommen, die zeitliche Pracht und weltliche Herrlichkeit abgestellt, viel ungegründete Klostersatzung, durch welche die Ordensleute mit einer Un=

maffe befchwert und überladen find, gemildert und hingenommen, aber zuvor der graufame Seelftrick der Gelübde, in welchem die unverftändige Jugend oft verdammlich, als zu beforgen, verderben muß, aufgehoben würde, und die Klöfter, wie vor Zeiten, Zuchthäufer und Kinderfchulen wären, in denen die geile, muthwillige Jugend, die in der Welt (als wir vor Augen fehen) in aller Ueppigkeit und Büberei aufwächft, etwas gezähmt und zu gefchriftlicher Kunft und Gottesfurcht erzogen würde; deßgleichen die Prediger und Andere, fo der Lehre und göttlichem Worte mit freiem Gemüthe obliegen wollten, dafelbft ihre Ruhe und Gemach, von Männiglichem ungeirrt, in aller Stille haben möchten; denn alfo möchten Land und Leute fammt gemeiner Chriftenheit folcher gefchickter Leute, dafelbft erzogen, genießen und erfreut werden, fo man doch jetzt nicht fpüren oder wiffen mag, wozu fo viele Nonnen und Mönche nutz find, denn allein daß fie fich mäften und ihnen felbft leben, auch mit anderer Leute großer Befchwerde Gut und Geld fammeln, wie faft fie fich immer rühmen evangelifcher Armuth und Vollkommenheit. Wo mir aber obgemeldeter Vorbehalt jetzt verzeichneter Artikel abgefchlagen, würde ich mich weiter keineswegs meines Gewiffens halber in das Klofter begeben mögen, denn ich weder in Fried noch Einigkeit leben, möchte auch fürbaß weder mir noch Anderen nutz fein, fondern würde vorige Uneinigkeit wiederum erneuert und je mehr und mehr zunehmen; darum ich dann vorhin ausbleiben und einer anderen Zeit göttliches Einfehens erwarten, will nichts defto minder einem Gotteshaus Alpirsbach und deffen Verwandten in chriftlicher Liebe, wo ich Urfache haben mag, Gutes thun und freundliches Wohlgefallen beweifen, mich auch hin als her mit Hilfe des Herrn wohl und frömmlich, ich fei wo ich wolle, halten; denn mich das göttliche Wort allenthalben in Ruh und Stille gefangen und in die rechten Kloftermauern feiner Gebote verfchloffen hat, und auch der frömmfte Mönch vor den Augen Gottes nicht mehr fein kann, denn ein frommer Chrift, der ich von Gott allezeit ernftlich begehre im Leben und Tod erfunden zu werden."

Die Vertheidigungsfchrift blieb von Alpirsbach und Stuttgart aus zunächft unbeantwortet, und Blaurer überfandte fie auf den Wunfch vieler Freunde Anfangs März 1523 zum Druck nach Bafel. Oecolampad, den der alte Univerfitätsgenoffe um Beforgung des Druckes gebeten hatte, rieth zwar von der Veröffentlichung derfelben ab; „das Volk," fchrieb er, „ift der vielen Vertheidigungen überdrüffig; deine Ehre ift vollkommen gewahrt, wenn der Rath deiner Vaterftadt dich frei fpricht. Wir müffen es uns fchon gefallen laffen, daß es Leute gibt, die uns Böfes nachreden, uns verabfchenen und verdammen; wir müffen es uns gefallen laffen aus Liebe zu dem, der felbft unter die Uebelthäter gezählt ward. Wir müffen durch Sanftmuth und Geduld überwinden." Oecolampad beforgte auch, Blaurer möchte fich durch den Druck diefer Schrift neue Ungelegenheiten bereiten, und rieth daher jedenfalls zu einer Ueberarbeitung derfelben, etwa unter dem Titel: Wann ist es erlaubt in das Kloster ein= oder auszutreten? Gleichwohl erschien die Schrift in unveränderter Gestalt 1523 in Basel und erndtete insbesondere Capito's hohes Lob.

Gleichwohl hatte das Kloster Alpirsbach die Hoffnung noch nicht ganz aufgegeben, den abtrünnigen Bruder wieder einzufangen. Der alte miß= günstige Abt war im Februar 1523 gestorben und an seine Stelle Ulrich Hamma, ein Freund der Blaurer'schen Familie, insbesondere mit Ambrosius eng verbunden, gewählt worden. Er sollte mit einschmeichelnden Freundes= worten erreichen, wozu der Arm der Gewalt nicht ausgereicht hatte. Er traf Ende Augusts in Konstanz ein und ließ sich arglos zum Werkzeug bischöflicher List benutzen. Nicht bloß hielt er Blaurern die persönlichen Gefahren vor, gegen welche ihn allein das Kloster schützen könne, sondern auch das Aergerniß, welches er seiner Familie und Vaterstadt gebe; anderer= seits versprach er ihm volle Freiheit, ungefährdet im Kloster den früheren Studien obzuliegen, und die Erlaubniß, Alles, was ihm gutdünke, lesen und auch Anderen vertraulich mittheilen zu dürfen. Es gelang dem Abt, auch Blaurers Mutter und Schwester zu Verbündeten zu bekommen: aber Ambrosius durchschaute die List und weigerte sich, ins Kloster zurückzukehren, so lange der alte Ceremoniendienst bestehe: das Kloster sei kein Leben, es sei das Grab eines Menschen. Auch Bürgermeister Bartholomäus Blaurer und Reichsvogt Johann Schultheiß bestärkten ihn in seiner Weigerung, und als der Abt nach einigen Tagen noch einmal mit Versprechungen und Drohungen abwechselnd ihn bestürmte, auch Margaretha das Herz des Sohnes mit Hinweisung auf die arme Mutter, welche unter den Schmäh= reden gegen den abtrünnigen Sohn mit Kummer in die Grube fahren müßte, erweichte, so verstand sich schließlich Ambrosius zu dem Ausweg, sich für den Winter in die vier Wände des oberen Stockwerkes des elterlichen Hauses einzuschließen, so daß seine Anwesenheit in Konstanz außer den Familiengliedern nur den zuverlässigen Mägden bekannt sein sollte, wäh= rend der Abt überall aussagen wollte, er sei von ihm als Gesandter irgend wohin verwendet. Der Plan war ernstlich gemeint, aber auf die Länge nicht ausführbar. Bald sehen wir Blaurer aus der stillen Wartburg des oberen Gemaches, in welchem mütterliche Vorsicht ihn geborgen hatte, herab= treten auf den Kampfplatz seiner Vaterstadt mit dem Losungswort: Wer Vater oder Mutter mehr liebt denn mich, der ist meiner nicht werth!

5. Die Sammlung.

Ambrosius hatte es nöthig, erst sich selbst und seine künftigen Glau= bensmitstreiter im Gebetskämmerlein und in der Rüstkammer des Gottes= wortes zu sammeln, ehe er als der beherzte und entschlossene Vorkämpfer der Reformation in seiner geliebten Vaterstadt auftrat. Seine Glaubens= that war seiner Glaubenseinsicht vorangeeilt: treulich benutzte er nun die ihm vergönnte unfreiwillige Muße und Zurückgezogenheit, um seine theo=

logische Studien fortzusetzen und die neu gewonnenen Ueberzeugungen zu befestigen und zu begründen. Dieses geschah neben dem Lesen der Schrift durch die Bekanntschaft mit den Schriften und Personen der Reformatoren. Dem Rath Melanchthons Folge leistend, hatte er, um zu zeigen, daß er vom Klosterleben aufrichtig geredet, das Ordenskleid noch lange Zeit beibehalten, bis Oecolampad ihn auf Etlicher Ansinnen durch ein dringliches Schreiben aufmunterte, dasselbe abzulegen, da mit den Papisten an keine Aussöhnung mehr zu denken sei. Noch nahm Ambrosius eine Mittelstellung zwischen den Wittenbergern und Schweizern ein. Er selbst hatte vom Kloster aus nur auf Luther gesehen, auch in Konstanz ward die ganze reformatorische Bewegung von bischöflicher Seite als eine lutherische Ketzerei betrachtet; doch schrieb schon im Jahr 1523 der Generalvicar Faber an einen Bekannten: „Neues weiß ich dir nichts zu schreiben, als daß bei den Zürichern ein neuer Luther aufsteht, der um so gewaltiger ist, mit einem um so rauheren Volk er es zu thun hat. Ihm mich entgegenzustellen, werde ich, ich mag wollen oder nicht, gezwungen, wie du bald sehen wirst." Ambrosius verdankte nicht nur seine ganze neue Erkenntniß dem Lesen der lutherischen Schriften, sondern war auch durch seinen Jugendfreund Melanchthon an die Wittenberger gewiesen. Diese Verbindung ward verstärkt durch den Aufenthalt seines Bruders Thomas in Wittenberg. Beide Brüder standen unter der Einwirkung Melanchthons und hegten für Luther unbedingte und unbegrenzte Hochachtung und Verehrung. Zwar gibt Ambrosius in seiner Vertheidigungsschrift zu, daß es auch ihm oft mißfallen habe, daß Luther „so ganz kutzlich, sporraß, anfällig und bissig ist, seine Widersacher und namentlich auch die großen Fürsten, geistlich und weltlich, so mit frevler Durstigkeit antastet, schilt und lästert", aber, setzt er hinzu, er habe darum seine gut christliche Lehr nicht verworfen, auch seine Person in dem Stück nicht urtheilen wollen, „nemlich dieweil ich seinen Geist und das heimliche Urtheil Gottes (das vielleicht durch diesen einigen Mangel viel Leute von seiner Lehre abziehen will) nicht erkennen kann, und er nicht seine eigene Sache, sondern das göttliche Wort verfechten will; deßwegen ihm viel nachgegeben und Alles zu einem gotteifernden Zorn ausgelegt mag werden. Denn auch Christus, der Brunn und Bildner aller Sanftmüthigkeit, die verstockten, steinherzigen Pharisäer oft vor allen Anderen rauh angefahren, ihnen geflucht und sie falsche Gleißner, gemalte Todtengräber, Hurenkinder, blind und Blindenführer, auch des Teufels Kinder genannt hat, wie denn evangelische Historie anzeigt; deßgleichen seiner Gegenschreiber halber gedenkt er vielleicht des Spruchs Salomonis: Gib dem Thoren eine thörichte Antwort, damit er sich selbst nicht für witzig halte! Auch legte er vielleicht Manchem gern großen Titel zu, wenn es mit Wahrheit Fug möchte haben, vermeint aber, es schicke sich nicht, daß er die Befinsterten durchleuchtig, die reißenden Wölfe gute Hirten, die Ungnädigen gnädig nennen soll, denn ungezweifelt, wo ihm bisher Gott nicht gnädiger denn sie gewesen, wäre seines Gebeines nicht mehr auf Erden." Ambrosius zweifelte nicht entfernt daran, daß er ein guter Lutheraner sei und bleiben werde, obschon er sich alsbald nach seiner Heimkehr aus dem Kloster an Baron Theobald Geroldseck, Administrator zu Einsiedeln, gewandt hatte, um durch dessen Vermittlung auch in Zwinglis Freundschaft einzutreten. Dieser Wunsch ward zwar nicht sogleich erreicht, mochte aber durch Dr. Wanner und später durch Johann Zwick, die beide auch in der Lehre vom Nachtmahl Anhänger Zwinglis waren, noch bestärkt werden. Am 27. Juli 1523 hatte Ambrosius auf Antrieb des Arztes Manlishofer an Zwingli einen Brief geschrieben, in welchem er ihm Fabers Pläne enthüllte und schüchtern um eine Antwort bat, welche denn auch wirklich am 9. October in ziemlich kühler Form erfolgte. Mit Decolampad, der die alten Beziehungen auf der Universität zwar vergessen hatte, ward seit dem März 1523 die Verbindung hergestellt; mit Capito und den Straßburgern wurden seit April 1524 Briefe gewechselt. Noch hatte der seit 1524 entbrannte Abendmahlsstreit Blaurern weder den Wittenbergern noch den Schweizern entfremdet: mit beiden fühlte er sich eins in Glauben, Liebe und Hoffnung.

Im Herbst 1524 kam auch Thomas aus Wittenberg zurück, und mit ihm erhielt Ambrosius den entschlossensten Kampfgenossen. Ohnedem wurden die Beziehungen unseres Ambrosius zu den drei evangelischen Predigern in Konstanz immer inniger und herzlicher, so daß Jener schon am 14. September 1523 in einem Brief schrieb: „Faber und der von Faber geleitete Bischof sind noch immer bemüht, mich zur Rückkehr nach Alpirsbach zu bewegen, da sie wähnen, Alles, was in Konstanz zur Förderung des Evangeliums gesprochen und gethan wird, gehe von mir aus; auch der Schutz, den es von Seiten des Raths genießt, sei mein Werk." Aeußerlich vertrat die Sache des Evangeliums zumeist der schon erwähnte Domprediger Dr. Wanner, dem selbst ein Erasmus das Zeugniß „eines Mannes von evangelischer Reblichkeit" gab. Wanner hatte sich, namentlich in Folge einer Gesandtschaft nach Zürich im Frühjahr 1522 dem Evangelium zugewandt und war seither, unterstützt von Boßheim und Blaurer, in immer offneren Conflict mit der beschöflichen Curie getreten. Nachdem der Bischof seine Entfernung umsonst gefordert hatte, erschien er selbst am 11. Februar 1523 in Begleitung seines Generalvicars und mehrerer Chorherren und weltlichen Ritter vor dem Stadtmagistrat, diesen aufzufordern, gemeinschaftliche Sache mit ihm zu machen: sein väterliches Gemüth und Meinung sei, allenthalben bei den Prädicanten darauf und daran zu sein, daß sie auf den Kanzeln nichts Neues vorbringen, sondern wie von Alters her lehren und das Volk von der lutherischen Lehre auf den alten Glauben ziehen, wozu dienlich sein werde, wenn der Rath den Gemeinen gebiete, von den Dingen, die sie nicht begreifen, nichts zu reden,

den Glauben ihrer Ahnen zu behalten und den Oberen zu überlassen, davon zu handeln, damit Friede, Ruhe und Einigkeit erhalten werde und ein Jeder bei dem Seinigen wie von Alters her bleiben möge, dessen er sich in Gnaden gegen den Rath versehen wolle. Als der Magistrat unter Berufung auf den bevorstehenden Reichstag zu Nürnberg eine ausweichende Antwort gegeben hatte, stellte der Bischof an ihn das Gesuch, er möge in allen Gemeinden befehlen, daß man sich aller unziemenden Reden enthalte und der verdammten lutherischen Secte nicht weiter anhange. Als auch dieses Ansinnen abschläglich beantwortet worden war, verschärfte der Generalvicar seinerseits die von angehenden Priestern geforderte Eidesformel; dieselben sollten sich insbesondere verpflichten, daß sie allen neuen Ketzereien und verkehrten Lehren, am Meisten aber der lutherischen Erzketzerei nicht beistimmen wollten, vielmehr denselbigen allen und einem Jeden besonders Böses wünschten. Hiermit glaubte man wenigstens einer Vermehrung der evangelischen Prediger in der Stadt vorgebeugt zu haben; aber man wollte auch die bestehende Zahl verringern. Der Bischof vermochte den erst seit dem Jahr 1526 entschieden auf die Seite des Evangeliums tretenden Pfarrer Johann Spreter an der St. Stephanskirche seinem Helfer Bartholomäus Metzler den Abschied zu geben und dessen Stelle einem Gegner der Reformation, Johann Wobler, zu übertragen. Sobald aber dieser die Kanzel betrat, liefen Viele aus der Kirche, sagend, sie hätten vormals einen guten getreuen Hirten an Metzler gehabt, Wobler aber sei ein reißender Wolf. Schon drohten Einige, der Pfaffen Häuser zu plündern, wenn sie nicht die Obrigkeit fürchteten. Hiedurch sah sich der Rath veranlaßt, die Sache mit Ernst in die Hand zu nehmen, und setzte es nicht nur am 8. Juni 1523 durch, daß der neue Helfer entfernt und Metzler wieder angenommen wurde, sondern empfahl auch dem Letztern ausdrücklich, das Evangelium Christi klar und lauter zu predigen, indem er ihm in Allem, was aus heiliger Schrift zu erweisen sei, kräftigen Schutz zusagte. Ebenso nahm sich der Rath des Pfarrers Windner an, als dieser von dem bischöflichen Fiscalate zur Rechenschaft gezogen wurde, weil er in der St. Johanniskirche gepredigt habe: Ein Sünder möge auch ohne Ablaß getröstet werden, das Bannen wegen Geldschuld sei ungerecht, und die Taufe auch in deutscher Sprache erlaubt.

Doch der Konstanzer Rath beabsichtigte nicht bloß, die Zahl seiner evangelischen Prediger zu erhalten, sondern wollte sie auch vermehren. Als im September 1523 die Gemeinde Grund zu haben glaubte, sich über einen Prediger im Augustinerkloster zu beschweren, und an den Rath das Ansinnen stellte, daß man Ambrosius Blaurer zum Prediger daselbst bestelle, ward wirklich von den Augustinern begehrt, sie sollten, da ihr Prädicant eine undeutliche Aussprache habe, dem Blaurer ihre Kanzel einräumen. Das Ansinnen ward, wie sich erwarten ließ, rundweg abgelehnt. Die Mönche beriefen sich darauf, daß ihr Gotteshaus allein der geistlichen Obrigkeit unterworfen sei, daß es ihnen zur Schande gereichen müßte, wenn sie einen Fremden, der weder ihres Convents noch Ordens sei, auf ihrem Predigtstuhl das Wort Gottes verkündigen ließen, endlich, daß Blaurer der lutherischen Ketzerei verdächtigt sei. Als der Rath ihnen entgegenhielt, daß sie schon oft andere Laien- und Ordenspriester ohne vorgängige Erlaubniß ihres Provinzials hätten predigen lassen, und sie seines Schutzes gegen Diesen und Jedermann vertröstete, wandte sich das Kloster an seinen Provinzial zu Straßburg, welcher den Rath vor dem falschen Propheten alles Ernstes warnte. Der Rath aber beharrte gleichwohl auf seiner Forderung, und ein Conflict ward nur dadurch vermieden, daß Ambrosius selber sich weigerte, im Kloster zu predigen. Er wollte seinem Alpirsbacher Abt nicht neue Verlegenheiten bereiten, hielt auch seine Kräfte diesem Auftrage nicht gewachsen. Er setzte sich hiedurch den Vorwürfen Oecolampads, der ihn der Möncherei beschuldigte, und Zwinglis aus, welcher ihn zu thatkräftigem Auftreten in der Vaterstadt ermunterte.

Immer offener trat der Streit zwischen Bischof und Rath der Stadt zu Tage. Ersterer befahl seinem Fiscal Ludwig Köllen, daß er den Helfer Metzler wegen seiner Predigten vor Gericht laden sollte. Es wurden 34 Klageartikel aufgesetzt und Metzler auf den 20. October zu Anhörung der Klage vor den bischöflichen Vicar in den Kreuzgang vorgefordert. Die Gemeinde gerieth bei dieser Nachricht in große Erregung, obwohl der Helfer sie mit der Versicherung zu beruhigen versuchte, daß er sich wohl getraue, für seine Predigten einzustehen. Der Rath verordnete darum Etliche aus seiner Mitte, mit dem Helfer vor dem Consistorio zu erscheinen mit der Weisung, eine Abschrift der Klage und einen Aufschub zu begehren, da der Rath als die rechte Obrigkeit zu Konstanz sich mit dem Bischof verständigen werde, wo, wann und wie in dieser Sache vorzuschreiten sei. Zu der anberaumten Gerichtsstunde erschien Metzler mit Ambrosius Blaurer, Johann Wanner und Jakob Windner in Begleitung einer großen Volksmenge, des Vogtes und der Rathsfreunde vor Gericht. Nach Verlesung der Klageartikel richtete Bartholomäus Blaurer, der Bürgermeister, des Raths Botschaft aus. Demgemäß ward ein neuer Gerichtstag anberaumt; es knüpfte sich aber daran ein langer Competenzstreit zwischen Bischof und Rath, der so wenig als die wider den Helfer erhobene Klage zum Austrage kam.

Die Zwietracht ward eine offenkundige: von der Gerichtsstätte ward sie jetzt auf die Kanzeln übertragen, und zwar nicht nur in der Stadt, sondern auch in der Umgebung derselben. In der Vorstadt Petershausen predigte der Benedictiner Jakob Ruff: Wer die Heiligen nicht anrufe, sei des Teufels. In dem benachbarten Almannsdorf nannte der dortige Pfarrer Johann Brack alle diejenigen Leute Ketzer, welche Luthers Bücher lesen, und versicherte, lieber wolle er mit dem Henker als mit derlei Gesellen an einem Tisch sitzen. Insbesondere tobte der Ueberbringer

Pfarrer Johann Schlupf auf seiner Kanzel gegen die Neuerer. Er hatte gegen sie eine solche Erbitterung in seiner Gemeinde angeschürt, daß der Domherr von Boßheim und Ambrosius Blaurer, als sie einmal über den See in jene benachbarte Reichsstadt fuhren, dort nur mit Mühe der Gefangennehmung entgehen konnten!

Um das Zerwürfniß aufzuheben, erschien am 22. Januar 1524 eine eigene Gesandtschaft Erzherzog Ferdinands und überreichte ein Schreiben des Inhalts, ein Rath solle sich der Lutherei abthun und nicht gestatten, daß das Evangelium nach Luthers Auslegung geprediget werde. Der Rath nahm seine Prediger in Schutz und versicherte, ihre Lehre stimme nach Vorschrift des Reichstages mit dem Evangelium überein, wie denn dieselbigen auch bereit wären, dieses in einem Religionsgespräche zu beweisen. Sofort berief der Rath die acht Stadtprediger am 9. Februar vor sich und eröffnete ihnen, er habe einen B e g r i f f gestellt, welcher Gestalt in Konstanz das Evangelium solle geprediget werden. Eine Abschrift desselben ward auch der Gesandtschaft zugestellt, daß sie sie dem Herzog Ferdinand übergebe, welcher sich darüber zufrieden äußerte. Der Begriff lautete so: „Es wurde bei unseren Zeiten viel Zwiespältigkeit dem christgläubigen Volk, doch Alles unter dem Namen des Worts Gottes verkündet und aus dem groß Aergerniß der Einfältigen, viel Verwirrung der Gewissen, merkliche Zerrüttung brüderlicher Liebe und darnach allerlei Zank, Neid und Unwille verursacht. Zu welcher Fürkommung ist eines ehrsamen Raths dieser Stadt Konstanz ernstliche Bitte und Meinung, daß die Prädicanten allhier nun fürohin an den Kanzeln gar nichts predigen und dem Volk verkünden, denn nur das heilige Evangelium hell, klar und nach wahrem christlichem Verstand, ohne Einmischung menschlichen Zusatzes, der auf h. biblische Schriften nicht gegründet ist, sondern nur nach Auslegung des Evangelii selbst und h. biblischer Schrift, und was sie mit biblischen Schriften erhalten mögen und beweisen; doch dabei alle Fabeln, unnützen Tand, auch disputirliche Sachen, daran den Christgläubigen nicht viel gelegen oder ihnen zu wissen ohne Noth ist, auch was in Irrung sie führen möchte oder wider die Obrigkeit bewegen, unterlassen und allein ihr sagen, was zu wahrer Ehre Gottes und zu Veruhigung der Gewissen dient, dazu was in Gottes Liebe und des Nächsten leitet." Sämmtliche Prädicanten gaben zu, daß dieser Begriff christlich und gut sei, und versprachen, ihm nachzukommen. Doch war hiemit der Zweck der österreichischen Gesandtschaft nicht erreicht, und selbst als nun der Bischof dem D. Wanner die Pfarrstelle im Münster nahm und sie dem Dominicaner Pirata übertrug, ertheilte der Rath auf Begehren der Bürger Wannern die Erlaubniß, in St. Stephan zu predigen, und als der Secretair Sutter den Wanner beim Rath verklagte und seine Entfernung beantragte, ward ihm durch Ambrosius Blaurer geantwortet: Wanner habe ganz evangelisch gepredigt; wenn ihr aber, fuhr Blaurer fort, nur auf Gassenmährchen horcht und hin und her tragt und sonst nichts Anderes zu schaffen wisset, so wäret Ihr besser zu Haus geblieben. Spart eure Lehre und euren Rath für euch, wir bedürfen derselben nicht und haben regiert, bevor wir euch kennen lernten. Sollten wir aber einmal eures Rathes bedürfen, so wollen wir euch in eurer Herberge zum Hecht oder an Sr. Durchlaucht Hof oder wo ihr sonst Berufs wegen sein möget, wohl finden." Als aber Sutter fortfuhr zu verläumden und Unruhe zu stiften, ward ihm endlich die Weisung gegeben, die Stadt zu verlassen.

Der so eben genannte Münsterprediger Pirata trat von nun an als Vorkämpfer der bischöflichen Partei in Konstanz auf. Vögeli führt ihn in seiner Reformationschronik mit folgenden Worten ein: „Dieser Mönch oder Prädikant war ein geschwinder Mensch oder Weltweiser, auch Predigerordens-Provinzialats-Vicarius; zwar war er zum Provinzial erwählt, er wollte aber nicht selbst Provinzial sein, sondern wohl ein Vicarius; Bruder Antonius Guldenmünster, sonst Pirata hieß er, aus Hermannstadt in Siebenbürgen geboren, sonst gemeiniglich Bruder Fridsälz genannt, allein darum, daß er sich je und allweg in Strafe der Laster so streng hat gehalten und die päpstlichen Mißbräuche und abergläubischen Arten in viel Wegen widerfochten, auch dermaßen rauh sich dawider bewiesen und das Evangelium Christi etwa treulich genug verkündet, daß er von deßwegen mehrmals in großer Gefahrlichkeit ist gestanden. Da aber das Licht des h. Wortes Gottes gen Konstanz ist gekommen, und er es jetzt ohne Sorgen hat mögen predigen, wendet er sich ab von selbigem, prediget es wohl mit Worten, die Sünden härtlich strafend, hängt aber an allweg etwas päpstlichen Gesuchs, mit welchem die wahre Lehre bedunklet ward, verargwohnt, doch dergestalt höflich, daß nicht Jedermann das vermerken konnte. Täglich prediget er jetzt im Münster, derhalben anfing Johannes Wanner auch alle Tage zu St. Stephan zu predigen, der vorher nicht mehr denn am Sonntag, Montag, Mittwoch und Freitag zu predigen gewohnt war." Diesem Pirata sollte jetzt Gelegenheit geboten werden, seine scholastisch-rhetorischen Künste an den Tag zu legen, denn die evangelischen Prediger drangen jetzt aus der defensiven zur offensiven Stellung und beabsichtigten nicht blos in der Lehre, sondern auch im Cultus mit der Reformation Ernst zu machen. Am 11. Juni 1524 baten sie den Rath, ein Religionsgespräch zwischen ihnen und den andern Predigern der Stadt anzuordnen. Dieses ward drei Tage nachher gehalten. Nach dem Sinn des Raths sollte die h. Schrift der Obmann sein, der über den Streit entscheide. Deß weigerte sich Bruder Feindselig, da nur das neue Testament in der deutschen Uebersetzung an zweihundert Orten gefälscht sei; dagegen wolle er vor den hohen Schulen, da man das Latein versteht, gern disputiren. Nachdem die Parteien sich persönliche Vorwürfe gemacht hatten, wie daß Pirata in seinen Predigten die Evangelischen Ketzer nenne und sie Eselisten statt Evangelisten schimpfe, hieß der Rath die streitenden

Parteien ihre Klagepunkte schriftlich überreichen und beraumte den 19. August zu einer Disputation, bei welcher der konstanzische Reichsvogt Hans Schultheiß und der Rathsherr Thomas Blaurer präsidiren sollten. Schon hatten die drei Prädicanten dreizehn Sätze aufgezeichnet, da überbrachte am 7. August ein kaiserlicher Hofbote zwei Mandate, eines den drei Prädicanten, das andere dem Pirata, beide des Inhalts, daß die Prediger nicht disputiren sollten bis auf den Reichstag, der auf Martini des Jahres zu Speier gehalten werden soll.

Diese Sachlage gestattete unserem Ambrosius nicht länger die Rolle des müßigen oder doch nur im Geheimen thätigen Zuschauers. Es galt, den gutgesinnten, aber ängstlich vorsichtigen Rath der Stadt zu energischem Vorschreiten auf der betretenen Bahn, zu muthigem Bekenntniß evangelischer Wahrheit zu mahnen. Blaurer ließ seine zweite Druckschrift ausgehen: Ermahnung an einen ersamen Rat der Stat Constantz, Evangelische Warhayt handt zu haben (1524), mit dem Motto: Ihr Gwalt ist veracht't, Ihr Kunst wird verlacht, Ihrs Lügens nit gacht't, Gschwächt ist ihr Pracht, Recht ists, wie's Gott macht! Die Schrift schärft dem Rath in eindringlichster Weise das Gewissen und mahnt ihn an die Pflicht, als von Gott eingesetzte Obrigkeit Gottes Wort zu handhaben. Er solle dieses Wort allen anderen zeitlichen Dingen vorziehen und sich davon durch keine menschliche oder teuflische Gewalt abtreiben lassen, desgleichen auch den Dienern und Hausknechten Gottes, die dieses Wort rein und lauter ohne Menschentand und Zusatz lehren, alle Zucht und Ehre beweisen. Weil nun Gottes sondere Gnade und Barmherzigkeit der Stadt Konstanz etliche gar kernhaft christliche Prediger gegönnt und zugeschickt habe, so sei es Aufgabe des Raths, dieselben durch keine falsch vermeinte geistlich genannte Jurisdiction vergewaltigen und ihnen den Mund zustopfen zu lassen, sondern darob und daran zu sein, damit das Wort Gottes unaugebunden und in allweg seinen freien Gang und Fortzug haben möge. Die weltliche Obrigkeit solle sich nicht erschrecken lassen durch das große Ansehen der römischen Kirche, noch durch den stumpfen Strahl ihres ungegründeten Bannes, solle auch nicht achten, daß jene geistlich, sie aber weltlich und Laien genannt werden: denn wenn Christus sage: Meine Schäflein hören meine Stimme und laufen keinem Fremden nach, so gebe er damit unzweideutig den Schafen das Recht, die Lehre und Predigt der Hirten nach der Schrift zu urtheilen. „Die Gerichte Gottes (spricht der Prophet) sind Wahrheit, gerechtfertigt durch sich selbst. Auch sagt Christus, wie er weder Kundschaft noch Wahrheit nehme von den Menschen, ungezweifelt von deßwegen, daß sie alle (wie David spricht) falsch und lügenhaft sind. Deshalb das Wort Gottes durch sich selbst und Geschrift mit Geschrift geurtheilt und verständlich gemacht muß werden, und wird kein menschlich irdisches Urtheil leiden, sondern wiederum sollen und müssen alle andere Geschriften, Lehren, Satzungen und Ordnungen der Menschen, es seien

Väter, Päpste oder Concilia, von diesem göttlichen Wort und h. Geschrift gerichtet und geurtheilt werden. Darum, o christliche Männer, lasset diese Sache nicht hinter dem Ofen verdampfen, thut der Wahrheit getreuen christmäßigen Beistand. Die Bischöfe und Geistlichgenannten sind (ja sollten sein) nicht mehr denn Knechte und Diener gemeiner Christenheit, denen befohlen ist, Andere zu weisen und zu lehren nach Nutz und Wohlfahrt der Seelen und Ausweisung biblischer Geschrift. Deßhalb ihr sie auch aus eurer ordentlichen und von Gott befohlenen Gewalt dazu halten sollet und möget, daß sie ihren Dienst und Amt, wie sich ziemt und gebührt, vollstrecken. Ja, darum tragt ihr auch das Schwert (als Paulus sagt), daß ihr das Uebel verhüten und die bösen schädlichen Menschen strafen sollt, und ist Niemand aus göttlichen Rechten vor eurer Obrigkeit und Gewalt gefreit, er heiße Bischof oder Baber, denn auch Christus selber, dessen Statthalter sie sich vorgeben, weltlicher Gewalt gehörig und unterthänig gewesen ist. Aber unserer Kirchen Junkherren haben sich selber ohne allen Grund aus eigener Gewalt gefreiet von eurer Gewalt und ein eigen Reich aufgerichtet, damit sie allein ungestraft sündigen möchten, so doch ihr Amt (laut der Geschrift) nichts Anderes ist, denn eine Dienstbarkeit der Verkündigung des göttlichen Worts. Dieweil aber diese ihre selbst getrost ersteifte Freiheit zu unwiderbringlichem verderblichem Schaden der Seelen und Nachtheil christlicher evangelischer Lehre gereichet, will sich keineswegs ziemen, daß ihr an dem Ort länger zusehet und ihrem schädlichen Regiment Raum gebet, sondern sollt ihr bei eurer Seelen Seligkeit, bei Verlierung göttlicher Huld dem Uebel Widerstand thun und nicht gestatten, daß ihr und die Euren dermaßen und also von ihnen verwiesen werden." Blaurer weist nun nach, wie sie nur deßwegen eine Verantwortung ihrer Lehre verweigern, weil sie sich selbst bewußt seien, daß sie ihrer Sache keinen Grund und ihr Haus auf einen sumpfigen sandigen Boden gebaut haben. Darum solle der Rath ein ernstlich tapfer und ganz trutzenlich Einsehen haben und verschaffen, daß alle Dinge öffentlich an der Sonne gehandelt werden, damit Allermänniglich Herz und Gewissen entschieden und getröstet werden. „Dieß, sagt er schließlich, vermahne ich euch, weise Herren, nicht als ob ihr an dem Ort hinlässig oder säumig seiet, denn ihr diese Sache nach bester Form ganz geschickt und christlich zu Handen genommen und angefangen habt, sondern daß ich weiß die Arglistigkeit und tausendsündigen Wütercy der alten Schlangen, der sich ungezweifelt auf das Allerhöchste gegen euch aufbäumen und all sein Heil versuchen, all seinen Fleiß ankehren wird, damit euer göttlich Fürnehmen gehindert und niedergedrückt werde, und so ihm alle Geschwindigkeit fehlte, würde er eine Beschwerde auf die andere einziehen, einen Unrath über den anderen anrichten und einwerfen, damit ihr doch auf das Wenigste matt und verdutzig werdet und zuletzt saget: Hat uns das Unglück mit den Pfaffen beheckt, wir wollen zufrieden sein und sie das Ihre schaffen lassen!

Denn dies ist ein letzter Griff und Behelf in dergleichen nothwendigen christlichen Sachen. Aber, o lieben Herren und Brüder, nehmet die Sachen recht zu Herzen, bedenket und erwäget bei euch selbst, wie viel daran gelegen sei, wie abbrüchlich göttlicher Ehre, wie schädlich und nachtheilig es euch und den Euren sein würde, wo ihr in dieser Handlung, das Gott gnädiglich verhüten wolle, erliegen solltet. Wollte euch der Bischof ein einig Hofstatt mit Gewalt entwören oder weiter denn ihm ziemt überbauen, ihr würdet ihm Solches ungezweifelt keineswegs gestatten, das ihr doch ohne Verletzung göttlicher Majestät wohl zulassen und nachgeben möchtet; wie viel mehr solltet ihr darob und daran sein und verhüten, daß sein geistlich genannt Regiment Niemandem an der Seele und Seligkeit hinderlich sei. Haltet an, haltet an, beharret bis zu Ende, thut männlich und euer Herz werde gestärkt, erlieget nicht an dem Werk Gottes, denn euch hundertfältig Widerlegung bereit ist. Achtet nicht keiner äußerlichen zeitlichen Fahr. Und ob ihr auch Leib und Gut sammt den Stadtmauern darum geben müßtet: die Sache ist höher und größer denn Alles, so Zeitliches und Leibliches erdacht mag werden, ja auch denn Himmel und Erdreich; denn so dieß Alles zergehet, wird doch das Wort Gottes ewig und unverrückt bleiben, und müßet auch ihr und wir alle in demselben ewiglich selig und behalten werden."

Das Wort sie sollen lassen stehn — das war das Feldgeschrei, mit welchem Ambrosius aus der stillen Zurückgezogenheit, in welcher er sich auf die Stunde des Herrn rüstete und sammelte, auf den Kampfplatz trat. Der strebsame Jüngling ist zum thatkräftigen Mann gereift; der entflohene Klosterbruder kennt keinen höheren Ehrgeiz als den, die theure Vaterstadt mit den Klostermauern des Gottesworts zu umfrieden!

Zweites Kapitel.

Der Reformator seiner Vaterstadt Konstanz. 1525—1531.

1. Das Predigtamt.

Auf den Wunsch der drei evangelischen Prediger und gemeiner Bürgerschaft der Stadt Konstanz bat der Rath am 25. Februar 1525 A. Blaurern und gleichzeitig den jüngst um seiner evangelischen Predigt von seiner Pfarrei Rieblingen (an der Donau) vertriebenen und in seiner Vaterstadt nun wohnenden Doctor Johannes Zwick, daß sie das Volk den Weg Gottes unterweisen und öffentlich das Evangelium und h. Schrift predigen wollten. Der Letztere, ein Verwandter Blaurers und gleich diesem aus einer Patricierfamilie stammend, hatte sich zuerst in Basel und Freiburg, dann in Avignon und Padua den Wissenschaften, insbesondere der Rechtskenntniß gewidmet, und zwar mit solchem Erfolg, daß er nicht nur an der Universität Freiburg als Lehrer auftreten konnte, sondern auch in den Briefen seines berühmten Freundes und Landsmannes Zasius an Amerbach ein Jurist, wie es wenige gebe, und eine aufgehende Sonne genannt wird. Aber in den Frühstunden des Reformationstages sprach er (1522) gegen Zwingli sein Bedauern aus, die schönsten Jahre seines Lebens nicht auf Erforschung biblischer Wahrheit verwendet zu haben; rasch trat er zum Studium der Theologie über und wurde evangelischer Pfarrer zu Rieblingen. Kaum im Amte wurde er mit langen Verzeichnissen seiner Ketzereien und mit offenen Nachstellungen verfolgt. Als er ein Brautpaar, welches nach dem kanonischen Recht in einem etwas zu nahen Grade verwandt, aber nicht reich genug war, die päpstliche Dispens mit 20 Ducaten zu bezahlen, gleichwohl eingesegnet hatte, ward er im Jahr 1525 seiner Stelle entsetzt und zog in seine Vaterstadt Konstanz zurück. Zwar lehnte Zwick vorerst den hier an ihn ergangenen Ruf ab, da er noch nicht besinnet wäre, bleibhaft zu Konstanz zu wohnen; als aber gegen Ende dieses Jahres der Prediger Wanner auf einige Zeit der Reichsstadt Memmingen zur Einführung der Reformation geliehen wurde, übernahm Zwick die Stellvertretung und trat, nachdem er in Folge der Rückkehr Wanners einige Zeit ausgesetzt, seit Ende Januar 1527 bleibend in den Konstanzer Kirchendienst. An ihm gewann Ambrosius den treuesten Mitarbeiter und ergebensten Freund.

Ambrosius glaubte den an ihn ergangenen Ruf nicht abermals ablehnen zu dürfen, und das um so weniger, als der Konstanzer Rath um diese Zeit die unzweideutigsten Proben ablegte, daß es ihm voller Ernst sei, der Sache der Reformation zum Sieg zu verhelfen. Trotz der Einrede des Bischofs ordnete der Rath schon im Februar 1525 an, daß die Prediger das Abendmahl unter beiderlei Gestalt austheilten, und entband sie der Verpflichtung des Cölibats. Am 7. März verehelichte sich zuerst Dr. Johann Wanner, und zwar mit einer Nonne aus dem Kloster Feldbach namens Agatha Mangold, am 4. Mai Jakob Windner, nachdem er sich selbst öffentlich von der Kanzel herab aufgeboten hatte, mit Margaretha Bischerin, und etliche Tage darauf auch Holser Metzler mit Walpurga Brunothin; endlich folgte diesem Vorgang Alexius Bertsch, welcher vergangenes Jahr des Evangeliums wegen von seiner Pfarrei Ermatingen im Thurgau vertrieben worden war und auf Bitten der Pfarrgemeinde St. Paul zu Konstanz vom Rath die Erlaubniß erhalten hatte, in der Kirche St. Paul zu predigen.

Blaurer hatte sich zunächst nur verpflichtet, jeden Samstag Abend nach der Vesper eine Predigt zu halten. Am 11. März hielt er seine erste Predigt voll Entschiedenheit und Mäßigung zugleich. Hatte ihn schon 1523 Oecolampad geschrieben: „Wer hat deine Gnade der Rede? Diese Macht des Ueberzeugens? Diesen makellosen Ruf? Diese Schärfe des Urtheils?" so schrieb jetzt Wanner über ihn an Vadian: „Er ist stark im Wort, er wird rasch viele Antichristen überwinden." Er gehörte unbedingt zu den begabtesten Predigern der Reformationszeit. Seine Stimme war zwar schwach und darum in größeren Kirchen schwer durchschlagend, aber überaus wohlklingend; sein Wort vom Herzen kommend, drang zum Herzen. Je leichter ihm das Predigen wurde, desto ernster nahm er es mit der Vorbereitung auf dasselbe durch Gebet und Meditation. Er war ein Meister im Predigen aus dem Stegreif, aber machte davon ohne Noth nicht Gebrauch, denn er wußte, daß nur dem, der hat (und man hat nur so viel, als man schafft) auch gegeben wird, daß er die Fülle habe. Seine Predigten zeichnet ein Gedankenreichthum aus, welcher gleichwohl das Bett logischer Ordnung nie überströmt; sie fließen aus dem Gotteswort hervor und strömen in dasselbe zurück. Schlichte Einfachheit, klare Durchsichtigkeit und Maß haltende Kürze zeichnen die Form seiner Kanzelvorträge aus. Viele derselben wurden durch zahlreiche Nach- und Abschriften, welche davon gemacht wurden, handschriftlich erhalten. In den Predigten der früheren Zeit spielt die allegorische Deutung des Schrifttextes eine große Rolle, in den späteren aus dem täglichen Leben entlehnte Gleichnisse. Die Sprache ist überaus nervig und markig und reicht nicht selten an die Kraft der lutherischen hin. Controverspredigten liebte Blaurer nicht; die nackte Wahrheit sollte sich Bahn brechen; das Gotteswort selbst die Gewissen richten und schärfen.

Blaurers Predigten fanden schnell einen großen Zulauf von Einheimischen und Fremden; bald willigte er ein, nicht nur am Samstag, sondern auch am Sonntag nach der Complet zu predigen. Am 6. November 1525 mußte den Chorherren zu St. Stephan befohlen werden, um der vielen Fremden willen, die kaum mehr zum Thor hinausziehen könnten, ihr Singen so einzurichten, daß Blaurer um drei Uhr predigen könne. Um so eifersüchtiger und verbissener wurde die bischöfliche Partei gegen die Evangelischen, und der Zusammenstoß konnte nicht ausbleiben. Von der Kanzel herab, wo Ambrosius das zweischneidige Schwert des Wortes Gottes schwang, trat er vor die Schranken des Raths, erst als Angeklagter, dann als Kläger, ein Anwalt evangelischer Freiheit, ein unerschütterlicher Kämpe der Wahrheit.

2. Blaurer und Pirata.

Schon am 18. Mai 1525 hatte sich der Konstanzer Rath veranlaßt gesehen, sämmtlichen Prädicanten einzuschärfen, sie sollten die Spitzworte, deren sie sich in den Predigten befleißen, unterlassen. Bald darauf, am Himmelfahrtstage, hatte der Helfer Metzler wider dieses Verbot gehandelt. Als die Domherren und Pfaffen im Münster mit einer Procession gegen St. Stephan kreuzten, predigte Metzler eben in letzterer Kirche und ward durch jenen Gesang unterbrochen. Aergerlich rief er auf der Kanzel aus: Sie verhinderten ihn mit ihrem Katzengeschrei an Verkündigung des Wortes Gottes; darum, so sie es mehr thäten, so würde er die Kirche vor ihnen beschließen! Sehr übel vermerkte es der Rath namentlich, daß der Helfer mit einer Maßregel gedroht hätte, welche nicht den Geistlichen, sondern der weltlichen Obrigkeit zu treffen zustehe. Doch hatte der Rath mit Rücksicht auf das nahe Pfingstfest dem Kapitel im Münster sagen lassen: Wenn sie noch mehr gen St. Stephan kreuzen wollten, sollten sie sich schicken, daß sie vor oder nach der Predigt kämen.

Am 14. Oktober erschien eine reichliche Gesandtschaft des Bischofs vor dem Rath, mit der Klage, daß Blaurer am 8. stark gegen den Dominicaner Anton Pirata geprediget habe, und mit der Forderung, ihm zu wehren. Blaurer hatte offen auf der Kanzel erklärt, Pirata lehre verführerisch, ziehe die Gemeinde ab von dem Weg der h. Schrift und predige dem göttlichen Wort und dem Begriff des Raths zuwider. Der Angeklagte erklärte, er sei allezeit bereit, aller seiner Predigten Rechnung und Antwort zu geben, und auf seinen Antrag wurde er mit seinem Gegner auf den 21. vor Rath beschieden. Ambrosius erklärte im Eingang seiner Rede sein Bedauren, daß durch die beharrliche Weigerung einer amtsbrüderlichen Besprechung von Seiten seines Gegners es dahin gekommen sei, daß dieser Handel vor dem Rath geschlichtet werden müsse, auch betheuerte er, daß ihn der Eifer der Ehre Gottes und brüderlicher Liebe, auch des Seelenheils bringe und zwinge, nicht wider die Person, sondern wider die Lehre Pirata's sich zu setzen, selbst wenn dieser sein Vater wäre. Der Streitpunkt war zunächst der: Pirata habe gelehrt, daß man Maria die Mutter Gottes als das Mütterlein anrufen solle, denn wie Christus der Mittler sei zwischen Gott und den Menschen, so sei das Mütterlein die Mittlerin zwischen den Menschen und Christo. Das, sagte Blaurer, hieße die Ehre Christi schmälern; denn ob auch Maria aller Ehren werth sei, so könne sie doch keine Hilfe thun noch einige Gnade mittheilen. „Es sind viel und seltsame Historien und Fabeln umgetragen und in die Bücher geschrieben worden, als ob etwa Einer sein Leben lang nie nichts Gutes gethan, denn nur daß er täglich ein Ave Maria gebetet habe, und sei dennoch selig geworden. Ebenso dieser sei sein Leben lang ein Mörder gewesen, habe aber am Samstag zu Ehre der Mutter Gottes gefastet und sei vor seinem letzten End begnadet worden, u. dgl. mehr." Aus diesem Irrsal sei auch der Gesang Salve Regina entstanden, welchen Pirata vertheidigt und gesagt habe: Dieses Mütterlein ist unser Leben, unsere Hoffnung, unsere Fürsprecherin und unsere Mittlerin, hat der Schlange den Kopf zertreten. Als Pirata unter Berufung auf die h. Kirche und die kaiserlichen Mandate sich weigerte, seines Glaubens Rechenschaft zu geben, entgegnete ihm Blaurer: „Nicht genug ist, daß Ihr saget: dieser Artikel ist ketzerisch, oder: die h. christliche Kirche hat ihn verdammt; sagen müsset ihr, warum und aus was Grund h. Schrift. Saget ihr aber, ihr wollet diesen Artikel predigen, so lang euch euer Maul gehe, so wisset, daß ich stark dawider predigen werde, so lange ich lebe, dessen gewiß, daß Christus bei mir ist, der der Wahrheit wird Beistand thun, weiß auch, daß er mich an euch nicht wird lassen zu Schanden werden, denn ich sein Evangelium gelehrt habe, dabei ich meinen Leib und Leben verlieren will; ja ich bin willig und schon jetzt bereit, den Tod um meines Herrn Christi Jesu willen zu leiden, und wollte Gott, daß jetzt die Stunde wäre, daß er mich würdig machte, um seinet und seiner göttlichen Wahrheit zu sterben, nur daß seine Ehre Fürgang hätte und das Heil der armen Seelen nicht so elend niedergelegt würde. Ich äußere mich nicht, aller meiner Predigten, die ich von Anfang bis jetzt gethan habe, sofort Rechnung zu geben, und wo die Inschrift ihre Grundveste habe, anzuzeigen einem Sauhirten, geschweige einem ehrsamen Rath der Stadt Konstanz." Der Rath hieß nun Beide abtreten und befahl ihnen, sie sollten mit diesem Handel gegen einander still stehen und auf den Kanzeln nicht „stumpffiren und schänzeln", bis daß er weiter handle. Blaurer aber erklärte sich zwar bereit, die Person Pirata's nicht anzutasten, wo aber dieser nicht schriftgemäß predige, könne und werde er nicht schweigen.

Der Rath beschloß am 24. die Sache beruhen zu lassen, den nächsten Reichs- und Städtetag abzuwarten und die Zünfte zur Ruhe zu ermahnen. Diesen Beschluß theilte der Rath am folgenden Tag den beiden Prädicanten besonders mit. In der Ansprache an Blaurer verrieth sich die große Verlegenheit der Behörde, welche den gefeierten Prediger mit Worten der Anerkennung begütigen wollte. Es sei des Rathes Bitt, Begehr und Meinung, daß er nun fürohin das h. göttlich Wort bescheidenlich, einfältig und klar verkündige, wie er bisher wahrhaft gethan, also daß der Rath kein Fehl, Mangel noch Klag beßhalb an ihn habe. Dem Pirata solle schriftgemäßes Predigen eingeschärft werden: „denn wir wollen uns keinen Kosten, Müh und Arbeit bedauren lassen noch sparen, was zu göttlicher Ehre und Förderung seines h. Worts mag dienstlich sein". Ambrosius war über dieses unentschiedene Zuwarten der Obrigkeit seiner Stadt sehr ungehalten und erklärte u. A.: „Ich hätte gemeint, die Wahrheit wäre euch lieber gewesen denn die leeren eitlen Worte Bruder Antonis. Dieweil aber die Sachen dermaßen stehn, so bin ich Willens, des Predigens abzustehn, werde auch abstehen und nicht mehr predigen. Denn wo ich weiter predigte, würde ich ihn und seine Lehren wie vor, ja mit größerem Ernst denn je vor antasten. Ich würde auch alle Handlung, wie sich die vor euch verlaufen hat, dem Volk verkünden, woraus vielleicht Empörung entstünde, und daß man euch, weil ihr einen solchen Mann in eurer Stadt habet, übel zureden würde. Mich bedauert aber, daß das göttlich Wort so wenig noch bei euch verfangen und verschafft hat. Da Bruder Antonius vor einiger Zeit nur ein wenig euch, meine Herren, der Ehre angetastet, habt ihrs nicht liegen noch hingehen lassen, sondern habt, wie ihr euch schuldig waret, deßhalb gehandelt; und jetzt, so es Gott und seine Ehre, auch das Heil euer und eurer Bürger Seelen antrifft, so wollt ihrs liegen und ein gut Sach sein lassen." Mit diesen Worten trat Blaurer vor dem Rathe ab. Nachdem er wieder eingetreten, dankte ihm der Bürgermeister für seine Warnung, sagte, der Rath sei ob seiner Drohung erschreckt, und bat ihn, sein Vaterland, in welchem seine Vordern bei den Aeltesten und nicht vom geringsten Herkommen seien, die Mitbürger, die Ehre Gottes zu betrachten; der Rath wolle nicht stille stehen, mit andern Ständen handeln, er solle frei predigen, auch den Feind widerfechten, das Volk ziemlich belehren. „Wir sind aber noch Menschen; menschliche Furcht will uns noch nicht gar verlassen. Da muß man etwas zugeben und hängen. Etliche Mandate sind uns bisher im Weg gelegen; wir verhoffen aber, es wird auf jetzigem Reichstag erfunden, daß wir mit besserem Fug denn bisher gebührlich mögen handeln." Ambrosius antwortete: Ich bitte Gott, daß er eure Herzen erleuchte, daß euer Glaube und Hoffnung allein in Gott steh', und daß ihr weder auf Kais. Majestät noch auf Menschen eure Zuversicht habet.

Am 17. März 1526 kam Blaurer aufs Neue vor den Rath. Er war dieses Mal von Dr. Johannes Zwick begleitet. Er beschwerte sich darüber, daß Pirata fortfahre das Volk zu verführen und nicht nur lehre, was der Schrift unähnlich und zuwider sei, sondern auch etliche erdichtete Fabeln und Mährlein verloffener Wunderzeichen in der Absicht erzähle, das arme christliche Volk mit grausamen Wunderwerken zu erschrecken. Wiewohl ihm nun der Rath das letzte Mal zugestanden habe, die Lehren Pirata's anzutasten und offen zu widerfechten, so wolle doch des Widerfechtens so gar viel werden, daß er besorge, es möchte mehr Unwillen als Nutzen daraus erwachsen. „Darum sollet ihr, das bitten wir beide um Gottes und euer und der Euren Seelenheils willen mit Bruder Antoni verschaffen, daß er fürohin dermaßen verkehrlicher und arger Lehren abstehe, sich des wahren Gottesworts vergleiche und eurem Befehl gelebe, damit nicht, wie sichs ansehen läßt, Zwiespältigkeit nicht nur in christlicher Zucht, sondern auch in bürgerlicher Einigkeit gepflanzt werde, und das fürderlich, denn jetzt die Zeit herzukommt, darin man das Nachtmahl des Herrn begehen wird." Eine noch stärkere Sprache führte dieses Mal Zwick, der namentlich für die Frauen zu Zofingen, welche mit dem Worte Gottes gar nicht gespeist wurden, Fürsprache einlegte, damit man ihnen zu Hörung des Gottesworts die Straßen offen mache. Beherzt erklärte Dr. Zwick: „Das ist wahr, wir werden keine Mühe sparen, keiner Arbeit uns bedauern lassen, sondern uns entweder zu todt an Anderen reden, oder Andere müssen sich zu todt an uns schweigen." Auch dieses Mal drückte der Rath den beiden Prädicanten seinen Dank für ihre treuen Ermahnungen aus und sandte Abgeordnete an das Domkapitel im Münster, dasselbe zu bitten, daß es mit Pirata rede, damit er des Raths Concept gelebe, seine Predigten auf Fried und Einigkeit richte und nichts denn die h. biblischen Schriften lehre, dazu die spitzigen und aufrührerischen Worte unterlasse. Das Domkapitel antwortete ausweichend, der Zwiespalt ward immer größer.

3. Religionsgespräch zu Baden im Aargau.

Um diese Zeit hatte die Regierung des Kantons Zürich ein neues Religionsgespräch beantragt. Ihrem Gesuch wurde zwar Statt gegeben, aber in hinterlistiger, blutdürstiger Absicht die Stadt Baden zum Kampfplatze gewählt. Die auf den März 1526 anberaumte Eröffnung des Gesprächs verzog sich bis in den Monat Mai. Außer den Boten der übrigen zwölf eidgenössischen Orte wurden auch aus Deutschland katholische Abgeordnete dazu eingeladen. Erzherzog Ferdinand bestimmte dazu außer zwei weltlichen Gesandten den Dr. Johann Faber, welcher damals Bewerber um das Bisthum Basel war; die Herzoge von Bayern sandten den immer schlagfertigen Klopffechter Dr. Johann Eck; der Bischof von Konstanz seinen Suffragan Dr. Melchior Fattlin nebst Anton Pirata und den Pfarrern von Meersburg, Fürstenberg und anderen Orten. Es war auf eine glänzende Niederlage der evangelischen Partei abgesehen; deßwegen ward auch Zwingli am Erscheinen dadurch verhindert, daß ihm nur ein bedingtes freies Geleit zugesichert ward. Die deutschen Abgeordneten wünschten in Konstanz eine Vorberathung über die zu stellenden Thesen zu halten. Hiezu beburften fie die Erlaubniß des Rathes der Stadt, welcher vor einigen Jahren aus Veranlaſſung des Bauernaufruhrs ein Edict hatte ausgehen laſſen, daß ohne des Raths Erlaubniß Niemand zu Konſtanz fremde Leute über Nacht beherbergen ſolle. Die Erlaubniß ward ohne Anſtand gegeben, doch mit dem Anfügen: Weil die Stadt gar vielfältig verunglimpft ſei und ſie beſchuldigt werde, Prädicanten zu halten, die unchriſtlich lehren, ſo bitte der Rath die durchreiſenden Gelehrten, mit jenen Prädicanten Rede zu halten und dieſelben, falls ſie irreten, eines Beſſern zu belehren, damit Rath und Gemeinde aus ſolchen Irrungen erlöſt würden. Auch die evangeliſchen Prediger ſelbſt brachten eine gleiche Bitte vor den Rath, indem Ambroſius Blaurer an ihrer Spitze am 5. Mai folgende Rede vor dem Rath hielt: „Es iſt euch, meine Herren, wohl bekannt, wie ungleich das h. göttliche Wort in eurer Stadt etliche Jahre her gepredigt worden iſt; aus welcher Zwieſpältigkeit viel Unrath, große Zertrennung und ärgerliche Rottirungen entſtanden ſind, und muß beſorgt werden, daß es nicht abnehme, ſondern je länger je mehr zunehme, man verhandle denn, daß es in einem einhelligen Verſtand, nicht wie es die Leute gern hören, ſondern wie es ſich ſelbſt an Tag gibt, verkündet werde. Wie euch bekannt, haben wir uns allweg erboten, unſerer Lehren Rechnung zu geben und wo wir irrten, daſſelbige zu widerrufen. Aber die Schuld lag an Prediger Pirata, der immer neue Ausreden und Ausflüchte fand und namentlich vorgab: er wolle in keinem Winkel ſeine Sache verantworten; an den Orten, wo es ſich gebühre, vor gelehrten Leuten wolle er ſeine Sachen ausrichten. Da ſich nun aus Veranlaſſung der Disputation zu Baden hier etliche gelehrte und hochverſtändige Männer verſammeln, ſind wir verurſacht, dieſer Ausflucht des Prädicanten im Münſter auch einen Riegel zu ſtoßen und euch mit höchſtem Fleiß zu bitten, daß ihr jenen Prädicanten dahin vermögen wollet, daß er vor dieſen gelehrten Leuten über die Artikel, die vor Jahr und Tagen ihm zugeſchickt ſind, Antwort gebe, und wir mögen leiden, daß er ſie zu Beiſtand und Gehilfen nehme und habe, dergeſtalt, wo ers nicht kann, daß dann ſie es an ſeiner Statt thun, desgleichen daß er und ſie unſere Predigten widerlegen, doch mit nichts, als mit dem göttlichen Wort der heiligen bibliſchen Schriften. Dazu begehren wir, daß Solches öffentlich vor euch, als der Obrigkeit, auch vor dem Biſchof und Allermänniglich oder vor Wem ihr für gut anſehet, geſchehe. Wir bitten um göttlicher Ehre willen, ihr wollet die Bequemlichkeit und das kommliche Mittel, das der allmächtige Gott euch an die Hand gegeben hat, nicht leer vorübergehen laſſen; mit keinen Ehren mag er ſich ausreden, denn dies die gelehrteſten Leute ſind, die jetzo den Scepter in der ganzen römiſchen Kirche tragen. Laſſet euch keinen Koſten, noch Arbeit bedauren; es iſt nicht ein ſchimpflicher Handel, es betrifft nicht nur zeitlich Gut, ſondern die Ehre Gottes und das Heil eurer Seelen. Wahrlich, meine Herren, wir meinen es wohl und gut, gerecht iſt unſer Herz; wo ihr diese Gelegenheit unbenutzt lasset, so weiß Niemand, ob euch Gott noch einmal so geschickten Weg wirb zu Handen kommen lassen."

Auf dieses bringliche Ansuchen übersandte der Rath eine nochmalige Bitte um Einleitung einer Disputation an den Bischof. Dieser aber und die Gelehrten suchten den Streit nach Baden zu ziehen, indem sie den Rath aufforderten, seine Prädicanten dorthin zu senden, wozu ihnen freies Geleit ausgewirkt werden sollte. Faber bemerkte, Ambrosius und Zwick seien dem Ding viel zu jung, in Baden wollte man sie belehren. Als auf diesen Vorschlag nicht eingegangen wurde, vertrösteten die Gäste schließlich die Konstanzer auf ihre Rückkehr von Baden. Nach achtzehntägigem gelehrtem Kampfe, bei dessen Schluß beide Parteien sich den Sieg zuschrieben, kehrten am 10. Juni die katholischen Theologen nach Konstanz zurück. Der Rath erneuerte auf Blaurers Gesuch seine Bitte an sie. Dr. Fattlin antwortete, daß sie zwar Eile hätten, gleichwohl aber dem Rath zu Gefallen die Prädicanten gegen einander verhören wollten unter der Bedingung, daß der Rath ihres Entscheids gewarte und bei demselben bleibe, oder sich einem Endurtheil unterwerfe, das entweder der Bischof von Konstanz oder von Kaiserlicher Majestät hiezu bestellte Gelehrte fällen sollten. Natürlich konnte sich der Rath diese Bedingungen nicht gefallen lassen und das Colloquium unterblieb, obschon Dr. Eck sich bei seiner Ankunft gerühmt hatte, nun wolle er auch die Künste der konstanzischen Prädicanten in einer Morgensuppe aufessen! Zugänglicher zeigten sich die übrigen Abgesandten. Unter ihnen befand sich Dr. Balthasar Käuffelin, an dessen Seite Ambrosius vor 13 Jahren in Tübingen die Magisterwürde erworben hatte. Treuherzig redete Jener seinem Jugendfreunde zu, sich nicht länger von der lutherischen neuen Lehre verstricken zu lassen, dieser aber antwortete: Er solle sich vielmehr mit ihm herzlich freuen, daß er von des Antichrists Herrschaft erlöst in das Reich Christi gekommen sei.

Ein unerquicklicher Federkrieg folgte nicht bloß dem Religionsgespräch zu Baden, sondern auch den sich daran anknüpfenden Verhandlungen zu Konstanz. Dr. Eck zog in einer Schrift von der Messe mit Bitterkeit gegen Konstanz zu Felde und warf den dortigen Prädicanten vor, sie hätten sich in ein Gespräch vor den aus Baden heimkehrenden Theologen nicht einzulassen gewagt; ja Pirata, der nach Speier abgereist war, um bei den damals dort versammelten Reichsständen sein Glück zu versuchen, hatte die Frechheit, dem Ausschuß der Stände eine Supplik einzuhändigen, worin er aller Wahrheit zuwider behauptete, er sei nach Speier gekommen, um öffentlich mit den Prädicanten seines Wohnorts, die er hierher beschieden habe, zu disputiren; da sie aber nicht erschienen, so bitte er um eine Bescheinigung, daß er sich gestellt habe, damit er diese Urkunde zu Haus dem Bürgermeister und Rath vorlege. Diese Verläumdungen veranlaßten den Druck mehrerer Streitschriften. Zuerst ließ der Rath im Juli 1526 die Schrift ausgehen: „Bürgermeister und Raths der Stadt Konstanz Verantwortung etlicher Mähren, die über sie und über die Prediger des Wortes Gottes bei ihnen neulich ohne Grund der Wahrheit ausgegangen sind." Noch im gleichen Monat erschien folgende Schrift: Entschuldigung der Diener des Evangeliums Christi zu Konstanz auf die Lüge, so ihnen nach gehaltener Disputation zu Baden zugelegt ist. Beschehen durch Ambrosium Blaurer auf den 17. Tag Brachmonats in St. Stephanskirche; darin auch angezeigt wird, ob man ohne gesetzte Richter von christlichen Sachen disputiren möge." Am Schluß dieser Schrift bemerkte Blaurer: „Es ist hoch und tief zu erbarmen und zu beherzigen, daß man so schimpflich und spöttlich handeln soll in so großen, schweren, trefflichen Sachen und es auf solche Leute gespielt soll werden, da man bei all ihren Umständen aus all ihrem Leben, Thun und Laſſen, zuvor auch aus ihrer Lehre selbst ermeſſen mag, daß sie mehr ihre Ehr, Ruhm und zeitlichen Genuß denn die Ehre Gottes und der Seelen Heil suchen; denn sie rüchten, ob die Wahrheit unten oder oben liege, wenn sie nur bei ihrer Pracht bleiben und vor der Welt das Ansehen und Ehrengeschrei behalten möchten. Das (sage ich) ist ein grausam erschrecklich Urtheil Gottes über uns, daß nicht mehr so viel Ernst und Tapferkeit unter uns ist, daß man christliche Sachen christlich und nach Anweisung des h. göttlichen Worts ausführe. Darum, Ihr Allerliebsten, seid getreulich und ernstlich gewarnt, seid vorsichtig wie die Schlangen, wachet und seid munter: des Teufels und seines Anhangs Arglistigkeit ist tausendfältig; laſſet euch die täglichen leichtfertigen Gassenmähren, das lügenhaftige Fürgeben der Feinde der Wahrheit keineswegs bewegen abzuweichen von dem gnadenreichen Evangelio Christi. Ihr Reich ist mit Lügen aufgekommen, mit Lügen muß es erhalten werden, so lang es Gott gefällt. Laſſet sie eine kurze Zeit ein gutes Müthlein haben und ihnen selbst eine Freude machen: denn es ist zu besorgen, ihr Lachen werde sich mit Weinen enden, wie der Weise sagt in den Sprüchen: Hoffahrt geht vor dem Verderben her und stolzer Muth vor dem Fall. Aber uns laſſet standmüthiglich anhangen dem reinen und starken Wort Gottes. Wir wissen mit Paulo, welchem wir gelobt haben, und sind deß sicher, daß er mächtig ist, uns das zu behalten, so wir hinter ihn gelegt haben. Das ist unser Vertrauen und Hoffnung der Seligkeit bis auf jenen Tag, da wir alle vor ihn gestellt müſſen werden, da er alle falsche Kunst und Klugheit, alle tyrannische Gewalt stürzen und das unglaubige Urtheil der Welt umkehren wird, daß die, so jetzt als prachtlich emporgehen und sich so fraisamlich auflehnen wider das kleine christliche Häuflein, zu Grunde gehen und verderben müssen, und wiederum die Gedrängten, Verschmähten erhöht werden in den Freuden der Seligkeit. Da lasset uns nachtrachten und seufzen und diese kurze hinfällige Zeit handfest sein, alle Verfolgung und Durächtung, Kreuz und Leiden geduldiglich aufnehmen. Unser Gott ist barmherzig und treu, wird uns mit Gnaden bald väterlich erlösen. Amen."

Dr. Eck ließ die Schrift nicht unbeantwortet noch ungeschmäht: in maßloser Selbstüberschätzung und frechem Uebermuth replicirte er in zwei Streitschriften: „Ableinung der Verantwurtung" und „Antwurt uff das Ketzerbüchlin Bruders Ambrosi Blaurers". Ebenso schrieb ein Dominicaner in Rottweil, Georg Neudorfer, gegen den Rath „Fragstuck, gezogen auß der Entschuldigung Bürgermeisters und Rats der Statt Costentz", gegen Ambrosius: „Widerred auff die Verantwurtung Blaurers". Ihm antwortete sofort Ambrosius in einer geharnischten Gegenschrift, in welcher er dem groben Klotz einen groben Keul aufsetzte. Neudorffer, den Blaurer mit Wortspiel für einen ungebildeten bäurischen Dorfbewohner ausgibt, hatte Jenen einen Eidbrüchigen seines Ordens genannt. Ambrosius bedankt sich hiefür, da er keinen Titel lieber höre denn diesen, der ihn allweg erinnere seines ergangenen großen Elends und ihn zu herzlicher Dankbarkeit gegen seinen gnädigen Gott bewege, der seine Seele als ein Vöglein erlediget habe von den Stricken des Voglers, d. h. menschlicher und eigenwilliger Geistlichkeit. Weislich und christlich habe er gebrochen, was er unweislich, ohne Gottes Rath und Wort aus Unverstand und eigenem Gutbedünken verheißen gehabt habe. Wenn ihm ferner sein Gegner vorwerfe, er mache zwei Kirchen, so antworte er: nicht allein zwei, sondern wohl hunderttausend Kirchen mache ich und so viel christliche Gemeinden sind: „aber dieser Kirchen keine ist ein Artikel des Glaubens, sondern allein die auserwählten Glieder Christi, die in allen diesen äußerlichen sichtbaren Kirchen und Versammlungen hin und her vergriffen und uns unbekannt sind, mitsammt allen anderen Auserwählten, die vor gewesen und nachher sein werden, machen die einige gemeine heilige christliche Kirche, von der unseres Glaubens Artikel lautet." Wenn nun gar Neudorffer als Beweis dafür, daß die Menschen das Wort Gottes richten dürfen, das angeführt hatte, daß das ewige Wort Christus doch von Pilatus gerichtet worden sei und dabei selbst bekannt habe, daß Pilatus solche Gewalt von oben herab gehabt habe, so antwortet ihm Blaurer mit einer Lauge von Spott: „Lieber, was sagst du? Entweder redest du im Schlaf, oder bist sonst nicht bei Sinnen? Oder was soll ich hie gedenken? Wer hat doch schimpflichere Dinge je gehört? Ist es dein Ernst, so wundert mich gar nichts mehr, daß du uns gelehrte Doctores, die doch Christenleute sein wollen, zu Richtern setzen wolltest über die h. biblische Geschrift, denn ich merke dir wohl an, daß du auch Pilatum (wo er noch bei Leben wäre) an dem Ort zu einem Richter geben und sagen würdest: Ei, hat er doch vormals Christum das ewige Wort Gottes gerichtet, sollte er uns dann nicht gut sein, auch das geschriebene Gotteswort zu urtheilen? Welcher fromme Christ möchte aber das hören? Welcher würde nicht sagen, daß du böser wärest denn Pilatus selbst, der sich doch der Sache gern entschlagen hätte und sich des Urtheilsprechens so trefflich beschwert? Wie kannst du uns also für tollköpfig halten, daß wir solch greiflichen Irrthum nicht verstehen sollten? Wir wollten gern mit dem geschriebenen Wort Gottes dermaßen handeln, daß wir ihm recht thäten, wohl und christlich daran führen und nicht wie Pilatus an Christo gefahren und das unschuldige Blut wissentlich verdammt und in Tod gegeben hat. Macht aber ihr Päpstler euch selbst eine solche Rechnung und bildet euch Pilatum und seines Gleichen vor zu einem Exempel, so muß uns doch nimmermehr befremden alle eure unchristliche Handlung gegen dem Evangelio Christi und seinen Liebhabern, denn ihr findet deß Alles Glimpf und Fug; ob ihr gleich die h. Schrift gar verschaufelt und verbrennet, werdet ihr nicht mehr sagen, denn Pilatus habe doch das ewige Wort Christum zum Tod verurtheilt, warum denn ihr nicht solltet das geschriebene ausreuten und verbrennen mögen? Hilf, ewiger barmherziger Gott, und erleuchte die verfinsterten Augen dieses armen blinden Volks! Aber ich merke wohl bei deinen Worten, daß dich vielleicht die Worte Christi, so er zu Pilato sagt, verursacht haben zu glauben, Pilatus habe nicht Unrecht daran gethan, so er Christum verurtheilt hat. Solltest aber gedacht haben, wie die Schrift allenthalben fürgibt, daß Gott der Herr selbst die Tyrannen erregt auch wider die Seinen, wie er sagt zu Pharaoni: Ich habe dich dazu auferweckt, daß meine Gewalt an dir erscheine. Deßgleichen findest du von anderen Königen und Tyrannen, durch welche Gott sein Volk gestraft und mit der Ruthen heimgesucht, ihnen aber daran nicht Recht gegeben, noch sie zu einem Exempel dergleichen zu handeln vorgestellt hat. Darum besiegelst du dein Argument von den Richtern über die Schrift gar übel mit Pilato und seinem Urtheil wider Christum. Es ist unser höchster und größter Trost in all eurer Tyrannei wider das Gotteswort und uns, so wir wissen, daß wir gesegnet stehen in der Hand unseres Vaters im Himmel und ihr gar keine Gewalt habt, ein Buchstäble der Geschrift zu rucken noch uns ein Haar zu verkrümmen, denn so viel euch zu thun von oben herab Gewalt gegeben wurde. Wie recht ihr aber daran thuet, wird er selbst urtheilen, der euer, unser und der Geschrift Herr und Richter ist." Zum Schluß rief Blaurer seinen Gegnern zu: „In Summa, ob ihr gleich aller Welt Gewalt in euren Händen hättet, dennoch sollet und müsset ihr allein das Wort treiben und dasselbige frei ohne alles Geding wirken, auch Jedem hierin sein Urtheil frei lassen; sonst werdet ihr die Sache je länger je ärger und aus eurer Geistlichkeit nichts Anderes denn einen gefärbten Schein und äußerlichen Gleiß machen, damit Niemand geholfen ist. Denn das Wort Gottes ist Herzenssalb und Wurz; ewig wahr bleibt, das Paulus sagt: von Herzen muß es geglaubt sein zur Gerechtigkeit und mit Mund bekannt zur Seligkeit."

Neudorffer wagte im Gefühl der Ueberlegenheit seines Gegners nicht, den Kampf öffentlich fortzusetzen. Dagegen veröffentlichte er eines der gemeinsten Schmählibelle, in welchem u. A. die Verläumdung ausgebreitet werden sollte, daß der Rath, Ambrosius Blaurer und dessen Frauen sich nach böhmischer Sitte zu mehren lehren. Diese veranlaßte Blaurern und Zwick am 28. Januar 1527 zu der Bitte: der Rath wolle sich selbst und sie solcher Unehren mit offener Schrift versprechen, auf daß allermänniglich hören und wissen möge, daß mit Unwahrheit diese Mähr ersonnen sei. Der Rath aber fand es unter seiner Würde, sich in Betreff dieser abscheulichen Bezüchte zu entschuldigen, da sich ja die Wahrheit selbst aus der täglichen That und Handlung genugsam kund mache, sondern wollte nur durch eine Anfrage bei den Rottweilern erforschen, wer jenen Mönch zu Schreibung dieser Schmähungen veranlaßt habe, da das Gerücht ging, die Mähre sei von etlichen Predigermönchen in Konstanz ersonnen und ausgebreitet worden. Die Rottweiler jedoch gaben auf diese Anfrage keinen Bescheid, verordneten aber doch, daß Neudorffer von seinem Schmähen abstehen sollte. Es war das erste Mal, daß Ambrosius sich um seines Herrn willen schmähen lassen sollte, aber noch lange nicht das letzte Mal. Der Patrizier mit einem Namen von altem gutem Klang hatte mehr als genug Gelegenheit, auch das köstliche Erbe eines guten Namens seinem Meister freudig zu opfern und dabei zu erfahren, wie wahr dieser gesagt habe: Selig seid ihr, wenn euch die Menschen um meinetwillen schmähen und verfolgen und reden allerlei Uebels wider Euch, so sie daran lügen!

In Baden war die evangelische Partei scheinbar unterlegen; aber im Unterliegen siegen ist das Losungswort des Reiches Gottes. Das Badener Religionsgespräch hatte, wie in der Schweiz, so auch in Konstanz die bürgerliche Obrigkeit so wenig eingeschüchtert, daß es vielmehr dieselbe zu entschiedenem Vorgehen entflammte. Die Zeit des Unterhandelns und Verhandelns war abgelaufen und die Stunde des Handelns gekommen. Eine letzte Warnung ließ der Konstanzer Rath am 16. Juni 1526 ergehen, indem er alle Prediger der Stadt vor sich berief und ihnen aufs Nachdrücklichste einschärfte, sie sollten auf den Kanzeln nichts denn das heilige Evangelium und Wort Gottes nach Inhalt des Begriffs des Raths predigen und lehren, dagegen alles Schänzeln und Stumpfierworte unterlassen und das Volk mit höchstem Vermögen zu Fried und Gottesfurcht unterrichten. Zugleich ward den Predigern der bedeutsame Beschluß des Rathes eröffnet: „Es ist unsere Meinung und wir wollen, daß euer Jeglicher, der hie predigen will, so oft er dessen erfordert wird, seiner Lehre und Predigt vor uns, groß und kleinen Rath, oder Wen wir dazu verordnen, Rechnung und Antwort geben soll, welcher sich aber deß äußern oder weigern wird, derselbige soll des Predigens abstehen." Als bei dieser Eröffnung Pirata abermals eine zweideutige Erklärung gab, konnte Ambrosius nicht schweigen, indem er jenem Lügner in starker Sprache seine Lügen aufdeckte: „Allweg hat er Ausreden gefunden, und darum wo er hinfüro wie bisher predigen und seiner Lehre nicht Rechnung geben würde, so würden wir nicht zusammenstehen, sondern mehr Irrungen und Zwietracht denn vor entstehen, und derhalben ich meines Predigens abstehen,

denn ich gar ungern wollte geziehen sein, daß ich eine Ursache wäre von
Aufruhr oder Empörung, dieweil ich vielleicht hitziger denn die Anderen
wider ihn reden werde. Das schafft, als ich achte, daß ich ein geborener
Konstanzer bin und beherzigt mich, daß mein Vaterland also durch falsche
Lehren soll verführt werden. Es ist auch viel desto nöther, daß hierin
getreulich gehandelt werde, dieweil der Vicari sich öffentlich hat verstehen
lassen, sie haben alle Ding zu Baden erobert." Dieses Mal fiel man
Blaurern ins Wort: man wolle sie nicht gegen einander hören. Es war
nemlich im großen Rath beschlossen worden, den Predigern einfach den
Beschluß mitzutheilen und sie nicht reden zu lassen. Blaurer bat um Ver=
zeihung, ob er mehr, denn dem Rath wäre gefällig gewesen, geredet: er
hätte das gethan aus getreuer gutherziger Meinung. Der Rath war ent=
schlossen, seinem Befehl Nachdruck zu geben; die Stunde der Entscheidung
nahte.

4. Offener Bruch.

So offen und muthig Blaurer das reine Evangelium in seiner Vater=
stadt predigte, so schüchtern und behutsam drang er auf eine der evangeli=
schen Lehre entsprechende Umgestaltung des Gottesdienstes und der äußeren
Gebräuche. Er selbst trug noch 1526 zum Anstoß Vieler Kutte und
Kappe. Schon am 18. April 1524 hatte er gegen Capito mit Rücksicht
auf die vielen „Schwachen" die Langsamkeit in Abschaffung der abergläu=
bischen Gebräuche entschuldigt, und wußte sich hierin in Uebereinstimmung
mit Melanchthon, der um dieselbe Zeit den Bruder Thomas aufs Neue
vor Uebereilung und Ueberstürzung gewarnt hatte. Allein seit dem Schluß
des Jahres 1525 machte sich auch der Einfluß Zwingli's auf Blaurern
geltend. Zwingli bestürmte die beiden Brüder Blaurer und Zwick in sei=
nen Briefen, sie möchten auch im äußern Cultus und in der Verfassung
mit dem Katholicismus brechen und den Unschlüssigen die Brücke zum
Rückzug abbrechen. Oecolampad forderte zum beherzten Vorwärtsgehen
auf, da von den Wölfen alle Geduld nur dazu mißbraucht werde, die Refor=
mation beim unwissenden Volk in Verachtung zu bringen. Auf beiden
Seiten war man der halben Maßregeln, des nutzlosen und doch kostbaren
Schachbietens satt und dem Rath mußte es fest stehen, daß keine Vermitt=
lung der streitenden Parteien und Interessen mehr möglich, ihm nur die
Wahl zwischen einem Entweder — Oder freigelassen sei.

Schon im Jahr 1525 hatte der Konstanzer Rath in Folge der Be=
drückung, welcher die evangelisch Gesinnten in den Klöstern bloßgestellt
waren, in allen Männer= und Frauenklöstern (mit Ausnahme des Klosters
zu Petershausen, das bis zum März 1527 von dieser Maßregel verschont
blieb) besondere Pfleger aufgestellt und angeordnet, daß dieselben in jedem
Kloster die dazu gehörigen Personen mit Namen aufzeichnen, alle Zinse,
Gülden und andere Einnahmsquellen genau aufnehmen, auch darnach

ihnen ankündigen, daß sie Niemanden mehr, weder jung noch alt, weder fremd noch einheimisch, in den Klosterverband aufnehmen und daß ihrer keines ohne Vorwissen und Bewilligung des Raths den Orden verlassen oder aus dem Kloster treten dürfe. Als am 22. März 1526 vor den Rath gebracht wurde, daß Dorothea Blaurer ihr Kloster St. Peter zu verlassen und herauszugehen wünschte, sandte der Rath eine Botschaft in dieses Kloster, ihnen zu sagen, es sei des Raths guter Wille, daß diese Frau aus dem Kloster gehen möge, daß man auch ihr und allen Anderen, die vorhin aus dem Kloster gegangen seien, was sie ins Kloster gebracht hätten, zurückerstatten solle, und dabei werde sie der Rath handhaben und schirmen. Im Januar 1527 wurde den Pfaffen im Spital und zu St. Lorenz eröffnet, sie mögen die ordentliche Messe halten oder nicht, werde man ihnen dennoch das Ihre so gut als den Andern ausfolgen, worauf sie alle von der Messe ganz abstanden. Gleichzeitig mit dieser Schmälerung des katholischen Cultus war man auf größere Ausdehnung des evangelischen Predigtamts bedacht: es sollte hinfort alle Werktage eine Predigt am Morgen und alle Freitage zwei Predigten, die eine am Morgen, die andere Mittags gehalten werden zusammt den Lectionen und Predigten, die Ambrosius Blaurer, Jacobus Windner und Bartholomäus Metzler zu St. Stephan, auch zu St. Peter alle Freitage, auch sonst etliche Tage um drei Uhr halten sollten. Um diese Zeit begann auch der Rath, die geweihten Pfaffen gleicher Gestalt als die Laien um ihre Missethat zu strafen, unangesehen daß sich der Bischof deß höchlich beschwerte. Die Veranlassung hiezu war folgende: Am 21. Juni 1525 war Anton Ziegler, ein Chorherr zu St. Stephan ins Gefängniß geworfen worden, weil er „ein zu junges Töchterle gebuhlet, das darob krank worden". Der Rath hatte den Schuldigen dem Bischof mit dem Erbieten überantwortet, er solle ihn nach Befund der Sache strafen, der Rath aber wolle einen solchen Chorherrn nicht mehr in seiner Stadt haben. Der Bischof wies den Pfaffen zwar aus der Stadt, gab ihm aber bald wieder die Erlaubniß zur Rückkehr, worauf der Rath dem Bischof sagen ließ, dieweil er das Böse nicht strafe, werden die von Konstanz hinfort die Pfaffen selbst nach Gebühr strafen. Gegen diesen Eingriff in ihre persönlichen Rechte sannen die beiden Domherren von Ems und von Stein auf gewaltsame Gegenwehr. Ein Theil der Fischerzunft, welche bisher von den Fasttagen gelebt hatte, wurde von ihnen bearbeitet und ein Ueberfall auf das städtische Zeughaus verabredet; aber der Rath traf zu rechter Zeit Vorkehrungen, den Plan zu vereiteln. Auch von einem Privilegium des Klerus, an den städtischen Lasten keinen Theil zu nehmen, wollte der Rath nichts mehr wissen, deß sich die Geistlichen gar höchlich beschwerten.

Der Bischof protestirte umsonst unter Berufung auf das kanonische Recht, welches den Klerus gegen weltliche Gewalt schütze; er mußte die Antwort hinnehmen, daß kein Recht und keine Freiheit beständig sein möge, wodurch Bosheit und Sünden geschirmt werden! Umsonst hatte er auch gedroht, sammt seiner Geistlichkeit aus der ketzerischen Stadt auszuwandern, und dem gemeinen Mann vorgestellt, welch großen Nutzen die Stadt von der bischöflichen Residenz ziehe. Es blieb ihm nur übrig, die Drohung auszuführen. Nach dem Vorgang mehrerer anderer Bischöfe am Oberrhein zog er am 24. August 1526 aus seinem uralten Bischofssitze fort, um in dem ihm angehörigen, am Nordufer des Bodensee's liegenden Städtchen Meersburg ein Asyl zu suchen, während seine Domkapitularen in die kleine Reichsstadt Ueberlingen und das geistliche Gericht nach Radolfzell übersiedelten. Der Bischof konnte sich auch nicht verbergen, daß er sich ganz verrechnet habe, wenn er mit dieser Maßnahme das Doppelte bezweckte, die Konstanzer zu strafen und eine Umstimmung der öffentlichen Meinung hervorzurufen. Der Chronist Vögeli bemerkt: Daß die Klerisei mit ihren Metzen fortgezogen, das sei die größte Gabe von Gott für Konstanz seit vielen hundert Jahren; Rath und Bürgerschaft wären nicht im Stande gewesen, das päpstliche Wesen und den Bischof sammt dessen Pfaffheit auszutreiben, aber Gott habe sie durch ihren freiwilligen Abzug zum Werkzeug ihrer eigenen Ausreutung gemacht. Seitdem habe das Evangelium viel Frucht geschaffet und Ehrbarkeit in der Stadt angerichtet, so daß männiglich, wer das bisher zu Konstanz geübte Wesen gegen das jetzige spiegle, sich verwundern und Gott Lob und Dank sagen müsse. Freilich mit gar anderen Augen sah Karl V. diese Verlegung der bischöflichen Residenz an. Schon ein am 16. December 1525 von Toledo aus erlassener kaiserlicher Schutzbrief für Bischof und Domkapitel hatte diese in sonderen Verspruch Ferdinands und der Statthalter der drei vorderen Regimenter gestellt; es wurden darin nicht nur alle Rechte und Herkommen des Bisthums geschirmt, sondern auch ausdrücklich alle Freiheiten und Privilegien der Konstanzer, von Kaisern oder Fürsten von Oesterreich des Bischofs Freiheiten zuwider gegeben, für derogirt erklärt. In einem Befehl aus Valladolid vom 28. Februar 1527 sagt der Kaiser: ihm werde berichtet, wie Etliche dem ehrwürdigen Bischof „die Consolationes, Bannales, Praesentationes, erste Frücht und andere alte Herkommen und gute Gewohnheiten" zu zahlen sich weigern, seit „die lutherisch und andere verdampt ketzerisch böß Leren und Sekten im hailigen Reych also weyt außgebrait worden". Alles Ernstes vermahne er jeden zu diesem Bisthum gehörigen Reichsstand an die ungesäumte Entrichtung seiner Schuldigkeiten. Um so gnädiger erzeigte er sich der Stadt Ueberlingen. Gleichfalls von Valladolid aus gab er am 6. Mai 1527 in einem Schreiben sein „gnädiges Gefallen zu erkennen, daß diese Stadt, wie ihm sein Rath und Vicekanzler Propst Balthasar [Merklin] vortrage, in diesen schwebenden schweren Irrsalen unsres heiligen christlichen Glaubens bei dem rechten alten Glauben christlich festhalte". Ebenso zeigte er ihr drei Wochen später nicht nur die Geburt seines Sohnes Philipp II. an, sondern setzte auch noch bei: da er seitdem weiter vernommen, wie die Stadt „des Stiffts

Kostnitz Thumbherren und anderen desselben Geistlichen große Ehr und guten Willen bewiesen, und sie bei sich behalten, so trage er dessen ein gnädiges Wohlgefallen und begehre, die Stadt solle dem Bischof und seinen Geistlichen auch ferner nach bestem Vermögen beyständig seyn". Bald darauf ertheilte er der Stadt die Abzugsfreiheit und noch andere Beweise seiner kaiserlichen Gnade.

Der Konstanzer Rath fühlte sich seit der Abreise des Bischofs in seinen Maßnahmen viel unbehinderter, obschon außer den zwei sogenannten Nebenstiftern St. Johann und St. Stephan auch das bischöfliche Konsistorium und vom Domcapitel der Dechant mit vier Capitularen in Konstanz zurückgeblieben waren. Nachdem schon am 26. Januar 1526 auf Befehl des Raths das öffentliche Frauenhaus geschlossen worden war, so bedrohte eine Verordnung vom März 1527 alle diejenigen Einwohner, gleichviel, ob Kleriker oder Laien, welche ihre Concubinen nicht entlassen würden, mit strengen Strafen. Am 2. Mai begann der Rath auch die Aufhebung der sieben Klöster damit, daß er eines derselben, das der grauen Schwestern zu St. Peter, Dominicanerordens, eröffnete, d. h. allen seinen Bewohnerinnen den Austritt freistellte, nachdem er einer einzelnen Nonne, welche als zwölfjährige Waise von ihren Verwandten ins Kloster verstoßen worden und 17 Jahre lang krank in demselben gelegen war, schon früher jene Erlaubniß des Austritts ertheilt hatte. Vier Wochen später ward die Erlaubniß auch auf das zweite Frauenkloster, auf die Dominicanerinnen von Zofingen ausgedehnt. Ambrosius ward mit ihrer Ueberwachung betraut. Viele der Austretenden verheiratheten sich; doch war die Zahl derer, welche unter Beobachtung der evangelischen Kirchenformen und mit dem Versprechen, keine Novizen aufzunehmen, im Klostergebäude wohnen blieben, so groß, daß noch im Jahr 1548 eilf Nonnen dort lebten.

Aber noch immer war Pirata in der Stadt und fuhr mit seinen Lästerpredigten fort. Darum erschien am 29. April 1527 Ambrosius Blaurer mit dem Prediger Spreter abermals vor dem Rath und beschwerte sich, Pirata fahre fort, die evangelischen Geistlichen auf der Kanzel zu lästern, und die Wallfahrten nach St. Georg und Almannsdorf anzuempfehlen, obgleich dieser Dominicaner wohl wisse, was für „Unfuhren" auf dem Weg dahin im St. Gebhard Hölzlein getrieben würden. Unter Hinweisung auf den Beschluß des vorigen Jahres bat er, daß man den Bescheid mit Werken vollziehe: „denn wo ihr für und für solcher Zwiespältigkeit wolltet Fürgang lassen, so würde das Lob und Ehre Gottes hie zu Konstanz gar größlich darnieder liegen und dagegen Gefährlichkeit der Seelen eurer Bürger, der ihr viel mehr dann zeitlicher Güter Schaden zuvorzukommen schuldig seid, gar vast zunehmen. Es möchte auch bürgerlicher Friede und Einigkeit Bestand nicht haben, allbieweil zwiefache Lehre einerlei Herzen nicht behalten mag, welches auch nach höchstem Vermögen zu verhüten und daneben als einer von Gott gesetzter Obrigkeit Fleiß anzukehren zugebührt, daß die Ehre Gottes und bürgerliche Einigkeit mit nichten hintergestellt werden." Auf dieses Anbringen hin beschloß der Rath, gleich auf den folgenden Tag den großen Rath einzuberufen. Dieser erklärte sich bereit, unverzüglichen Vollzug zu thun. Die sechs geheimen Räthe sollten gleich nach Imbiß sämmtliche Prädicanten beschicken, daß sie am 6. Mai, sobald die Rathsglocke verläutet, vor den Räthen Rechenschaft geben. Damit auch die Parteien desto beherzter wären, sollte jede von ihnen zwei Beistände mitbringen, und alle Handlung sollte in deutscher Sprache ohne Einmischung einer anderen Sprache geschehen. Auf ergangene Ladung erklärte der Prädicant zu Zofingen, Wendelin Fabri: „ihm wolle wegen allerlei kaiserlicher Edicte nicht gebühren, sich in ein Gespräch einzulassen; zudem könne er auch weder griechisch noch hebräisch, habe auch nie gewußt, daß der Rath also hebräisch sei; so er aber höre, daß keine andere Strafe darauf stehe, so man sich in das Gespräch nicht einlassen wolle, denn nur von dem Predigen abstehen, so wolle er dasselbige annehmen, sonst aber guter Hoffnung sein, man werde sonst gütlich mit ihm verfahren." „Aber ich will daran, sagte Pirata, mit Freuden, und ich hab noch einen Kronen da in der Tasche, damit man Holz mag kaufen, und ob ich ungerecht erfunden würde, mich in demselbigen Holz verbrennen."

Am Montag, den 6. Mai erschienen alle Prediger mit Ausnahme des durch Krankheit verhinderten Prädicanten von Petershausen. Als Präsidenten saßen Reichsvogt Jakob Zeller an des kranken Bürgermeisters Hans Schulthaiß Statt, und Ruland Mundprat an des Reichsvogts Ort. Auf der Bürgermeisterbank saßen einander nach Wendelin Fabri, Ant. Pirata, Dr. Peter Speiser, als Gesandter des Bischofs Bruder Heinrich Bulli, Prior zu den Predigern, Heinrich Göchi, Prädicant im kleinen Spital, und Johannes Suter, genannt Balthasar, Prädicant zu den Schotten. Auf der andern Bank neben Ruland Mundprat saßen Ambrosius Blaurer, Johannes Zwick, Doctor, Joh. Spreter, Jacobus Windner, Alexius Bärtschi, Barthol. Metzler und Joh. Schnell, auch Joh. Menlishoffer, der Arznei Doctor, und Heinrich Ehinger, beide Blaurers und seiner Partei Beistände. In Mitte stand ein Tisch und auf ihm lag die Bibel der alten gemeinen Uebersetzung, die man aus dem Barfüßerkloster entlehnt hatte. Zeller hielt die Anrede und ließ vom Stadtschreiber des Raths Meinung verlesen. Nach derselben solle, wer sich seiner Lehre Rechenschaft zu geben weigere, vom Predigen abstehen; der Besprechung sollen die schon im Jahr 1524 von Wanner gegen Pirata aufgestellten Sätze zu Grunde gelegt werden. Man begann mit dem ersten Artikel, betreffend die zwölf evangelischen Räthe. Pirata wurde gefragt, ob er seine Behauptung in diesem Punkte aus göttlicher Schrift beweisen könne? Er suchte Ausflüchte und legte eine Schrift auf den Tisch, in welcher man nach seinen großsprecherischen Worten eine schriftliche Verantwortung vermuthen mußte. Als man sie verlesen wollte, protestirte der bischöfliche

Commissär, da einem Rath über die Prädicanten im Dom und kleinen Spital keine Gewalt zustehe, am Wenigsten ihrer Lehren halb, denn ein Rath deß nicht fähig noch gemäß sei. Zugleich drohte er Namens seines Herrn mit einer Klage bei dem Kaiser und dessen Statthalter. Der Rath hieß nun die Prädicanten abtreten, um sich zu berathen. Nach kurzer Pause wurden Jene wieder gerufen und ihnen eröffnet: „Weil ein ehrsamer Rath, als die recht ordentlich Obrigkeit der Stadt Konstanz (dem aus Pflichten zusteht, nicht nur in der Zeitlichkeit, sondern auch und viel mehr, so viel die Ehre Gottes und der Seelen Heil antrifft, die Ihren zu versehen und Alles, das Unfried, Zwietracht und Abfall der Bürger, es sei an Seel oder Leib, zutragen mag, abzustellen) aus h. Schrift guten Bericht hat, daß jeder Lehrer jeglichem Begehrenden, vielmehr der Obrigkeit des Orts, da er lehrt, seiner Lehren Rechnung und Antwort zu geben schuldig ist, so wird ein ehrsamer Rath in diesem nothdürftigen Handel, die göttliche Ehre und der Bürger zu Konstanz Seelenheil, auch zeitlichen Frieden betreffend, fürfahren und will nicht geziehen sein, daß er in Solchem mit der That noch wider Recht mit Jemand handle, erbietet sich auch, das an allen gebührlichen Orten aus erheblichen rechtmäßigen Ursachen und Rechten zu verantworten." Speiser protestirte noch einmal, Zeller beharrte unter Berufung auf die Pflicht einer rechten ordentlichen Obrigkeit. Man verhörte nun der Reihe nach die altgläubigen Prädicanten, zuerst Fabri, der gegen das Verbot nicht disputiren wollte, aber auch dagegen nichts einzuwenden hatte, daß er vom Predigen abstehe. In ähnlicher Weise gaben die Anderen ihre Erklärung ab. Suter sagte: „Ich bin so hochgelehrt nicht, noch so verständig, daß ich die Heimlichkeiten des Glaubens wisse. Ein schlichter einfältiger Tagelöhner bin ich und biene des Jahrs vielleicht um acht Pfund Pfenning, suche und lehre keine Subtilkeit, sondern sage meinen Schäflein das schlichte Evangelium und die Briefe Pauli, und dasselbige nach Auslegung der alten, desgleichen der neuen Lehre. Ich hab aber der Schäflein und Zuhörer, die ich versehe, gar wenig, etwa bei 25, die anderen gehen anderswohin, das laß ich beschehen und achte freilich nicht, daß jemand ob mir klage; wo ich aber weiter, denn ich schuldig, versagt wäre, so wollte ich, daß mir das angezeigt werde, denn ich bin erbietig, dasselbig, so best ich mag, zu versprechen." Hierauf wurde Piratas Schrift verlesen, die aber nur Gründe enthielt, warum er nicht disputire. Nun kam die Reihe an Ambrosius, der mit tiefster Entrüstung über die nichtigen Ausflüchte und gefärbten Reden Piratas sprach: Wie, sagte er, könnte Einer doch nur einen christlichen Blutstropfen in sich haben, der nicht so fromm sein wollte, wo er deß erfordert würde, daß er nicht aus der Schrift seiner Lehren halb Antwort und Bericht geben wollte. Er müsse dringend bitten, sein Gegner wolle um Gottes Ehre und brüderlicher Treu und Liebe wegen und zu Förderung bürgerlicher Einigkeit sich des christlichen Fürnehmens des Raths nicht weigern;

„so sind wir der getrosten Hoffnung zu Gott, wenn wir uns also mit und gegen einander besprechen, so werde das Lob Gottes und brüderliche Liebe, auch bürgerlicher Friede und Einigkeit gar hoch gefördert; Gott wird mit seinen Gnaden und h. Geist bei uns sein, denn er hat verheißen, wenn nur zwei oder drei in seinem Namen zusammenkommen, so wolle er mitten unter ihnen sein. Deshalb uns gar nit zweifelt, er werde es dieser Orten auch thun. Er ist ein wahrhafter, treuer Gott, der uns nicht fehlen wird nach seinen Verheißungen. So nun an dieser Sache so viel gelegen ist, so werden auch wir in seinem Namen bei einander und er mitten unter uns sein, wo wir beider Seits das christliche Gemüth in uns haben und von Herzen begehren werden, daß das gefördert werde, das zu seinem Lob und Ehre und zu bürgerlichem Frieden dient. Wo ihr aber je euch dessen weigern und dieses freundliche Gespräch nicht bewilligen wolltet, so könnten wir nicht anders denken, denn daß kein wahrer göttlicher christlicher Eifer, keine Liebe der Wahrheit, desgleichen kein Herz noch Gemüth zur Förderung brüderlicher Treue und Liebe in euch sei, denn wir auf unserer Seiten sind je des geneigt, auch allweg gewesen, wo ein Kind uns angesucht, geschweige ihr oder ein anderer Prediger, gern und mit Willen Bericht und Rechnung zu geben um Alles, das wir lehren." Sofort wandte sich Blaurer an den Rath, ihn zu muthigem Vorgehen ermahnend, und das schon um bürgerlicher Einigkeit willen, denn, sagte er, „wir werden je fürohin für unsere Personen den Wölfen, die die Schafe Christi zerreißen wollen, mit viel mehr Tröstigkeit und mit mehr christlichem Eifer zur Hut greifen, denn wir bisher gethan haben; daran soll uns nichts irren, weder Leib, Ehre, noch Gut, sondern wir wollen unser Leben freiwilliglich in die Schanz schlagen für unser frommes Vaterland und für die christlichen Schäflein, die uns zu weiden befohlen sind." Pirata, fuhr er fort, hätte schon längst das Gleiche vom Rath fordern sollen: denn es steht übel, so Einer, der ein christlicher Hirt oder Prediger sein will, nichts dazu thut oder stillschweigt, so er sieht, daß seine Schäflein und die ihm befohlenen Seelen verführt werden. Schließlich begehrte Ambrosius aufs Neue die Verlesung der Antwort Piratas über die Artikel. Dieser aber verweigerte es rundweg, während er bereit sein wolle, sich vor deutschen und welschen Hochschulen zu verantworten: „ich kann ja nicht ermessen, daß ihr in euren Handwerkern ließet Einen Meister sein, der nie kein Lernknecht gewesen wäre!" Als der Rath ihm eine Bedenkzeit bis zum folgenden Tage einräumen wollte, erklärte er, sie nicht nöthig zu haben, da er von dem, das ihm die kaiserliche Majestät und die ganze christliche Kirche nun vierzehn hundert Jahre her geboten habe, keineswegs und um keinen Buchstaben weichen werde. Hierauf beschloß der Rath: Pirata, der Prediger im Dom, und Göchi, der im kleinen Spital, sollen des Predigens und Lehrens in der Stadt Konstanz und ihrer Obrigkeit abstehen, und sofern der Prädikant zu den Schotten oder Andere auch der Meinung wie diese Zweie seien, so sollen sie gleicher Weise ihres Lehrens und Predigens sich müßigen.

Drei Tage nach dem Colloquium legte der Rath den versammelten Zünften das Ergebniß der Verhandlungen vor, und noch zwei Tage später mußte die Rache für diese und frühere Vorfälle ein benachbarter evangelischer Geistlicher schwer empfinden. Vor einem Gericht, in welchem auch die zwei oben genannten Doctoren Speiser und Wendelin Fabri saßen, wurde unter dem Vorsitz des Weihbischofs Fattlin der Frühmesser von Sernatingen, Johannes Henglin, nach langem Gefängniß und harter Folter am 10. Mai 1527 zu Meersburg feierlich für einen Ketzer und Feind der h. Kirche erklärt, und sobann dem Vogt von Meersburg übergeben, welcher noch am gleichen Tage „sein Fleisch und Gebein zu Pulver und Asche verbrennen ließ." Durch die Hinrichtung dieses Mannes, der mit evangelischem Glaubensmuth vor den Augen einer zahlreichen Volksmenge den Märtyrertod erlitt, wurde nicht nur in seiner Vaterstadt Lindau die Einführung der Reformation beschleunigt, sondern auch in Konstanz die Stellung des noch zurückgebliebenen Klerus immer unhaltbarer. Im Kloster Zofingen ward bis auf weiteren Bescheid das Predigen dem Bartholomäus Metzler übertragen, und da man besorgte, daß ein Theil der Frauen die Briefe und Kleinodien des Klosters nach Meersburg auszuliefern gedenke, wurde alles Besitzthum unter Verschluß genommen, den Nonnen aber das Gelübde abgefordert, daß sie nichts vom Eigenthum des Klosters bei Seite schafften. Zu spät kam diese Maßnahme im Schwesternhaus an der neuen Gasse, aus welchem drei graue Schwestern das baare Geld, die Zinsbriefe und Leintücher heimlich nach Ueberlingen gebracht hatten. Ueberlingen verweigerte die Rückgabe des entwendeten Guts und Konstanz wollte um zeitlicher Habe willen mit Niemanden in Unfrieden kommen. Der Rath gestattete nun dem Klerus keine Prozessionen mehr außer um das Münster herum, kündigte ihm am 17. Juni 1527 an, daß er von nun an Steuer und Wachtgeld, auch alle bürgerlichen Lasten gleich andern Bürgern und Einwohnern tragen sollte, und entzog dem bischöflichen Consistorium vollends alle geistliche Jurisdiction in der Stadt. Bei dieser Sachlage fand es am 6. August 1527 der Bischof selbst für gut, ein Mandat zu erlassen, wodurch er allen Chorherren und Caplänen im Münster, wie auch denen zu St. Stephan, St. Johann, und St. Paul bei Verlust ihrer Pfründen Konstanz zu verlassen befahl. Zwar ließ ihnen der Rath, falls sie bleiben wollten, bürgerlichen Schutz und Schirm versprechen mit dem Bemerken, daß nur ihr Fortziehen, nicht aber ihr Zurückkehren bei ihnen stehe; aber nur zwanzig Chorherren und Kapläne machten Gebrauch davon. Alle übrigen zogen theils zu dem Consistorium nach Ratolphzell, theils wie die Stiftsherren von St. Stephan in das turgauische Städtchen Bischofzell, theils zu dem in Ueberlingen weilenden Domkapitel. Dahin begab sich auch mit seinem bisher noch in Konstanz

gebliebenen vier Collegen der Domherr Johann von Botzheim. Der
Mann, der einst Luthern als den Lichtbringer für das Gebiet der Theologie gepriesen hatte, schrieb im April 1526 an Erasmus: er bereue es, einem
so verläumderischen und tollen Pseudotheologen, wie Luther, jemals Vertrauen geschenkt zu haben; Kenntnisse habe er wohl, aber wenig Geist.
Auch mit den Blaurern und Zwick brach Botzheim alle Verbindung ab.

5. Bund zwischen Konstanz und Zürich.

Der ausgewanderte Klerus fühlte sich in der Verbannung und sann
auf Rache. Namentlich hetzte er den mit ihm verwandten benachbarten
Adel gegen Konstanz auf. Am 24. September 1527 wurden einige Bürger,
welche nach Ratolphzell zu Markt gingen, bei Allensbach von etlichen Rei-
sigen angesprengt, beraubt, gestochen und mit den Worten bedroht: Also
werde man allen lutherischen Ketzern von Konstanz thun. Auch sonst war
das Verhältniß der Stadt zu den umliegenden Gebieten immer unsicherer
geworden. Oesterreichische Reiter streiften zuweilen bis dicht vor ihre
Thore, und der österreichische Statthalter Marcus Sittich von Hohenems
ersah sich bereits bei der Vorstadt Petershausen einen Lagerplatz. Konstanz
mußte an den Schutz Verbündeter denken. Evangelische Fürsten gab es
damals in Süddeutschland noch keine und auch die nächsten evangelischen
Reichsstädte lagen für schleunige Hülfeleistung zu entfernt. Als natürliche
Bundesgenossin bot sich Zürich an, eine Stadt, die gleichfalls treuer Freunde
wohl bedurfte. Schon im Februar 1527 hatte Zwingli die ersten einen
Bund Zürichs mit den oberschwäbischen Städten vorschlagenden Schreiben
ausgesandt. Im Sommer waren die vertraulichen Verhandlungen mit
Konstanz und auch mit Lindau in vollem Gang. Zwingli führte sie mit
den beiden Brüdern Ambrosius und Thomas Blaurer. Der Bund mit
Zürich wurde am 10. October 1527 von der Bürgerschaft in Konstanz,
welche man Zunft für Zunft über die Sachlage aufklärte, mit großer
Stimmenmehrheit gegen 104 Verneinende gutgeheißen und kam am Christ-
tag 1527 auf zehn Jahre zu Stand.

Der Burgrechts- oder Bundesbrief bestimmte: Da zu diesen
Zeiten die Erhaltung des Landfriedens ernstlich bedroht sei, so wollen wir
einander als rechte und getreue Mitbürger annehmen, jegliche Stadt die
andere bei unseren Landen und Leuten, auch bei unseren Gerichten, Freiheiten, Rechten, Gerechtigkeiten, Leib, Hab und Gut schützen, schirmen und
handhaben, auch jeder Theil des andern Theils Leute, Leib, Hab und Gut
in guter Gewahrsame, Gehorsam und Unterthänigkeit behalten, auch feilen
Kauf und Verkauf einander gestatten und zu allen Ehren und Nutz einander
fördern. Und fürnemlich da der Glaube und Seligkeit der Seelen in
Niemands Gezwang oder Vermögen steht, sondern eine freie und unver-
diente Gnade und Gabe von Gott ist, sollen wir beide Parteien, nehmlich

jede in ihrer Obrigkeit, in Glaubenssachen handeln und sich halten, das sie getrauen gegen Gott und mit h. Schrift zu verantworten. Begegnete aber Einem von uns wegen des Glaubens der evangelischen Lehre von Jemand, Wer der wäre, etwas Begewaltigung, es wäre, daß man uns oder den Unseren unser Hab und Güter vorzuhalten, zu verlegen oder zu beschädigen, oder uns zu überziehen, zu fahen oder wider Recht mit uns zu handeln unterstünde, so sollen wir beiderseits, nemlich jeder Theil auf seine eigenen Kosten, auch mit unserem Leib und Gut einander schützen, schirmen und bei dem Unsern handhaben. Und hat hiebei unser jeglicher Theil in diesem Burgrecht vorbehalten und ausgedingt die Pflicht, damit sie der kaiserlichen Majestät und dem h. römischen Reich als von des Reichs wegen und insonderheit wir von Zürich, damit wir unseren lieben Eidgenossen, denen wir mit ewigem Bündniß verwandt und zugethan sind. Beide Städte behielten sich, so etwa noch andere Städte in diesen Bund mitaufgenommen würden, allein das Recht vor, Bundesversammlungen auszuschreiben und der Versammlungsort derselben zu sein.

Der hauptsächlich durch Zwinglis und der beiden Blaurer Vermittlung zu Stande gekommene Bund erregte in Deutschland und der Schweiz gleich Aufsehen und Aerger. Die kaiserliche Partei fürchtete eine von der Schweiz und Oberdeutschland zum Verderben des Kaisers sich fortpflanzende Empörung. Statthalter und Räthe des kaiserlichen Regiments zu Speyer forderten in einem Schreiben vom 14. Januar 1528, ähnlich wie die Eidgenossen von Luzern aus, Aufhebung des Bundes, und Erzherzog Ferdinand befahl am 15. Februar allen seinen Landvögten und Schultheißen: „Da sich etliche Priester in Konstanz der verführerischen ketzerischen neuen Secte anhängig gemacht, so solle man sie ihrer Pfründen entsetzen, die Einkommen, Früchte und Gülten derselben keineswegs weiter ihnen, sondern denen verabfolgen lassen, an welche die Pfründen nunmehr durch die ordinari Lehnherren verliehen werden." Hiegegen ließ der Rath folgende Schrift ausgehen: „Ain schrift der Kaiserlichen Regierung im Hailigen Rich zugeschickt, darinn sich Burgermaister und Rabt der Statt Constantz ettlicher Handel, deren sy verunglimpfft sind, entschuldigent mit erschainung allerlay unrechtes, das juen begegnet, Ouch was sy verursacht hab ettliche ort der Aibgnoſſſchaſſt zu Burger angenommen und hinwider jren Burger zewerden."

An die Stelle der Controverspredigten traten aber nun Schmähgedichte, mit denen sich die ausgewanderten, von Heimweh und Langweile gepeinigten Kleriker die Zeit zu vertreiben suchten. Eines derselben begann:

        Der Blarer und der Zwickh,
        Die Langnaß und der Dickh,
        Hiengents all an ainem Strick,
        So het Costanz wieder Glueck.

Auch Botzheim, der 1524 wegen der angeschuldigten Glaubensirrthümer nach Rom zur Verantwortung vorgeladen, aber, obwohl er der Vorladung nicht Folge leistete, durch die Fürsprache des Erasmus nach zweijährigen Unterhandlungen freigesprochen worden war und mit einem Erasmischen Christenthum sich abfand, ließ von Ueberlingen, das er seine Verbannungshöhle nannte, gegen seinen alten Freund folgendes Lied ausgehen:

1. Costanz, o wee
am Bodensee
dem Rych mit Eyd verbunden,
Du hast im Geyst
aut allermeist
ain boesen Sinn erfunden,
durch Luthers Schrift
die Herz vergift,
gen Zürch und Bern geschworen,
deß hastu grob
diner Eltern Lob
dazu die Eer verloren.

2. Sol es beston
in dinem won,
ain klaine Zeit belyben:
So sech man an,
was Costanz kan,
all erberkait vertrieben.
bringt inn kain nutz
mit irem trutz,
die gmeind thust du verderben.
du bist verblendt
und hast geschent
Dich selbs und all die erben.

3. Gestrafft wirst bald
wies Holz im wald
vom tolben bis zum stammen;
das wer das best,
wenn Vogel und Nest
die Straf bald thet erlangen,
so wuerdent doch
die burger noch
zuletzt sich bas besinnen,
und sich darnach
bekeren gach
zu christenlichen dingen.

4. Werdend sy doch
vom trutz und poch
nit lon und von dem Zwicken,
irm Predicant,
und Huetlins bant
auch Voegelins bestricken,
das sy nit mer
Marien Eer
auch biderlüt thund schenden:
so sech man uff
des adlers straff,
der wird sich zu in wenden.

5. Des Zellers rott
Und Blaurers gott,
die thund vil murnw machen,
das selbig thut der kilchen gut,
damit sie sich befassen;
auch ist im spil
Schulthaiß und vil,
die im auch thund anhangen
mit Lutery,
die soll man fry
henken an einen strangen.

Ambrosius gab darauf folgende Antwort mit dem Motto aus dem Römerbrief: Ist Gott für uns, Wer mag wider uns sein:

1. Coſtanz, du biſt
   wol dran mit chriſt,
   darum laß dir nit gruſen!
   er hat uff ſich
   erbuwen dich,
   tröwnung wird bald verfuſen.
   Dir ſchadt kein ſind,
   noch boeſer wind,
   kein gewäſſer noch platzregen:
   din fels nit lat,
   din nam der bſtat,
   haſt fried in Gottes ſegen.

2. Du ringſt ganz ſeer
   nach ſiner eer,
   gut ſitten wiltu pflanzen;
   des iſt dir ſind
   das pfaciſiſch gſind,
   verdrueßt die ſydin Franzen,
   das jetzund nit
   nach altem ſitt
   ir ſchand ongſtrafft mag bliben:
   ir buberh
   und groß hurh
   hond ſy von dir vertriben.

3. Würſt haben dran
   manch frommen man,
   der dich mit trüwen meinet,
   wie Zuerch und Bern
   Burgrechts wiß gern
   ſich mit dir haud vereinet,
   das lenger dich
   das römiſch rich
   unnd du es moegiſt zieren,
   ſonſt wurdiſt glatt
   ain pfaffenſtatt
   ſeel, lib, eer, gut verlieren.

4. Sigen will Gott
   unnd machen z'ſpott
   din ſind und dich hoch eeren;
   diewil du dich
   demuetigklich
   mit ſinem wort laſt leeren.
   Ach Ueberling,
   Gott woll, dir gling,
   das du die Fuechs lerrſt kennen;
   wenn man ſy mäſt
   und thut ins beſt,
   darnach ſo freſſents b'hennen.

6. Die Berner Disputation.

Am 7. Januar 1528 begann in Bern das Religionsgeſpräch, welches entſcheiden ſollte, ob dieſer mächtigſte unter den Kantonen, der bisher unſchlüſſig geblieben war, katholiſch bliebe oder evangeliſch werde. Das Ausſchreiben zu dieſem gemeinen Geſpräch gab als Ziel an, die lang umſonſt geſuchte Einheit zu erlangen, „den Grund göttlicher Wahrheit, chriſtlichen Verſtandes und Glaubens hervorzubringen und dem nachzuleben," weil bei dem Geſpräch zu Baden und ſeither Niemandem genug geſchehen, auch die Entzweiung nicht geſtillt worden ſei. Gebraucht werden ſolle bei der Disputation nur das bloße Wort Gottes, und zwar nicht nach Auslegung der Lehrer, ſondern ſo, daß einzig bibliſche Schrift mit bibliſcher, dunkle mit heiterer erklärt werde und Niemand darüber denn die göttliche Schrift ſich ſelbſt zu urtheilen habe. Allen Einheimiſchen und Fremden wurde vollkommen freies Geleit zugeſagt, ſämmtliche berniſche Geiſtliche zur Beiwohnung verpflichtet, ſtrenge Handhabung von Zucht und Ordnung eingeſchärft und Jedem volle Redefreiheit verſprochen. „Und was dann, hieß es zuletzt, mit göttlicher bibliſcher Schrift bewährt und beſchloſſen wird, das ſoll ohne alles Mittel und Widerſagen Kraft und ewigen Beſtand haben." Das Ausſchreiben fand bei den Anhängern des alten Glaubens keine günſtige Aufnahme: die Biſchöfe von Conſtanz, Baſel,

Wallis und Lausanne, ebenso die acht eidgenössischen Orte verweigerten ihre Betheiligung; Eck und Cochläus schrieben wider die Disputation; selbst Kaiser Carl V. mahnte ab. Um so größer war die Anzahl evangelischer Gesandten und Geistlichen, welche namentlich aus den schweizerischen und süddeutschen Städten sich einfanden. Das Religionsgespräch trug durchaus den Charakter eines reformirten Kirchentags: der Zwinglianismus legte auf ihm der erstaunten und geärgerten Welt seine Stärke und sein Uebergewicht in Süddeutschland zur Schau. An dem großen Zug der Abgeordneten, welche gen Bern aus Straßburg, Augsburg, Ulm, Schaffhausen, St. Gallen, Zürich u. s. w. aufbrachen, schlossen sich auch Konstanzer an, unter ihnen Ambrosius. Zwar wollte der Rath diesen anfänglich nicht absenden, weil er die Reise für ihn gefährlich achtete. Darum reiste erst Junker Hans Wellenberg allein als Abgesandter von Konstanz ab. Als er aber von Zürich aus an den Rath schrieb, daß Etliche ihrer Freunde und Mitbürger einen großen Werth darauf legen, „daß Meister Ambrosius sich auf die angesehene Disputation verfüge und gar nicht ausbleibe," reiste der Konstanzer Bürgermeister mit Ambrosius noch ab. Die Berner Disputation war für Blaurer nicht minder bedeutsam als für die gesammte schweizerische Kirche. Die nächsten Folgen der mit großer Würde und Unparteilichkeit geführten zwanzigtägigen Verhandlungen in Bern waren die Unterschrift der zehn Schlußreden von Seiten der Chorherren und vieler Geistlichen, die Abschaffung der Messe und Entfernung der Bilder aus den Kirchen, endlich das Reformationsedikt vom 7. Februar 1528, durch welches den Schlußreden Gesetzeskraft ertheilt, die Gewalt der Bischöfe für verwirkt erklärt und die nöthigsten Anordnungen bezüglich des Gottesdienstes getroffen wurden.

Blaurer hatte an der Disputation sich nicht betheiligt und trat erst am 25. Januar auf, um seine Feinde und Schmäher aus Anlaß des 1526 in Konstanz beabsichtigten Religionsgesprächs vor die Schranken zu ziehen. Er erklärte: Ich wäre bereit gewesen, Eck und Jörg Neudorfer zu Rottweil, welchen letzteren meine Herren von Bern auf die Disputation berufen haben, auf ihre Schmähschriften gegen mich und meine Herren zu antworten. Da sie aber nicht vorhanden, so fordere ich sonst Jedermann auf, vorzutragen, wenn er Etwas, das unchristlich und dem Wort Gottes zuwider wäre, von meiner Lehre wüßte, wie Etliche hier ausgegossen haben. Ich will dieß hiemit öffentlich bezeugt haben, damit nachher Niemand sage: er sei hier gewesen, mich zurecht zu weisen, und der Mangel sei an mir gewesen." Es trat aber kein Gegner auf. Die fremden Prediger hielten während der Zeit des Gesprächs im Münster Gastpredigten, die erste am 12. Januar Blaurer und „ward von männiglich insonders seines zierlichen Redens halb hochlig gerühmt." Er entschuldigte sich im Eingang darüber, daß er, als der kleinfügigste und geringste, zuerst hier auftrete; er thue es nur, weil er dazu aufgefordert worden sei, weil er sich nicht schäme, mit dem Munde zu bekennen, was er von Herzen glaube, endlich damit man auch hier zu Bern die Summe und Grundveste der Wahrheit vernehme, die er mit seinen Amtsbrüdern zu Konstanz predige und um deren willen sie Ketzer und Verführer gescholten würden. Sofort verglich er die römische Kirche mit dem blutfließenden Weiblein, das all sein Hab und Gut an die Aerzte verzehrt, ohne Hilfe zu erlangen: „also haben auch wir unser Gut und Geld sammt aller unserer geistlicher vermeintlicher Uebung, Mühe und Arbeit in solcher unnütziger Cremplerei verzehrt, und ist doch nirgends weder Hilf noch Rath gewesen." Jetzt dagegen weiß man einen eigenen Weg zur Seligkeit und lehrt uns unser Herz zusammenziehen, nicht mehr hier und dort nebenaus fahren lassen, sondern daß wir alle seine Kraft, Begierde, Vertrauen und Vermögen mit einander an Einem Büscheln richten auf den einigen Christum. Da es sich um dieses Eine, was Noth ist, bei dieser Disputation handle, so sollen sie vor Allem um den h. Geist bitten, ohne welchen alles Disputiren fruchtlos, alles Singen und Sagen von Gott und seinem Evangelio tonlos wäre. „Wir schreien alle die Luft voll Evangelium und ist von dem Gotteswort eine große Sage in der ganzen Welt, aber leider ein kleines Leben, das darnach gerichtet sei, und sind deren wenig, die das Evangelium als eine Kraft Gottes empfunden haben in ihrem Herzen, und warum meinen wir, daß die Hitze vieler Menschen gegen dem Evangelio alsbald erloschen und ihr Herz maßleidig worden sei, die doch zuerst als ganz inbrünstig waren, denn allein, daß sie außerhalb des Geistes Gottes das Göttliche auf menschliche Weise haben angenommen?" Die Wahrheit sei für sich selbst nicht genugsam kräftig, gläubige Menschen zu machen, es sei denn, daß wir inwendig berührt werden mit der Salbung des Geistes Gottes und derselbige der Wahrheit Kundschaft gebe in unseren Herzen. Sodann beweist Blaurer seinen Zuhörern, „wie die so ganz schimpflich und ohne allen Grund reden, die da fürgeben, daß man in Mißverstand christliche Lehre nicht solle oder möge disputiren, es sitzen denn gedingte Richter zugegen, die da nach Red und Widerred einen Ausspruch thun, daß sich darnach die Parteien und Zuhörer halten müssen." Endlich vermahnt er zu einem freundlichen und brüderlichen Verhalten gegen christliche, aber schwache Mitbrüder. Das sage er zumeist, weil gegenwärtig etliche Artikel umgetragen werden, über welche selbst die Fürnehmsten und Gelehrtesten auf des Evangelii Seite uneins seien. „Denn Gott aus heimlichem aber gerechtem Urtheil verhängt auch unter den Rechtgläubigen ungleichen Verstand in etlichen Punkten, damit das Herz der Gottlosen ob solcher Uneinigkeit mehr verblendet und hinwieder bewährt werde unseres Glaubens in Jesum Christum Grund und Einfältigkeit. Man ist (Gott habe Lob!) auf unserer Seite der Sache wohl eins in allem dem, daran Heil und Seligkeit gelegen ist. So sind wir auch zu beiden Seiten eins in dem rechten Brauch des Nachtmahls Christi, daß wir damit in großer Dankbarkeit ein Wiedergedächtniß halten seines bitteren Leidens und Sterbens, und bezeugen uns da, so wir uns theilhaftig machen seines Tisches, daß wir uns deß freuen und trösten, daß uns durch ihn die Sünde verziehen ist, und daß wir unter einander in der Liebe leben wollen. Deshalb wir auch weiter eins sind in Verwerfung aller Mißbräuche, so bei diesem Sakrament lange Zeit her eingeführt sind; darum wir alle zu beiden Seiten schreien und predigen wider die endchristische abgöttische Pfaffenmesse. Ob nun Jemand, leibliche Gegenwärtigkeit des Bluts und Fleisches Christi in dem Nachtmahl betreffend, in so großer Zweiung der Gelehrten nicht Sicherheit habe, wird darum nicht ausgeschlossen sein von Christo Jesu, sofern er sein Vertrauen setzt in den einigen Sohn Gottes, also daß sein Glaube herausbricht und ein seliges tägliches Absterben des alten Adams und sündlichen Fleisches, Liebe und brüderliche Treue gegen den Nächsten, Hoffnung und Geduld in allen Leiden und Trübsal dieser Zeit in ihm wirkt; ja gewißlich ein solcher Mensch wird nicht verfahren, es erhebe sich sonst in der Welt, was da wolle. O l. Christen, wie hat man sich im Anfang der Kirche so wenig bekümmert mit klugen, spitzigen Fragen, sondern den einfältigen Christum ganz einfältiglich geprediget, und haben die Christen einfältiglich aber kräftiglich geglaubt mit großer Aenderung und Besserung ihres Lebens und Verwunderung aller Welt. Da ist es auch am besten gestanden in der Christenheit. Wiewohl dieser Zeit so viel lätzer Köpfe, die dann in der Geschrift ohne Verstand umgehen und viel Irrung hervortragen, die frommen Gelehrten zwingen und bringen, daß sie sich, Irrthum in dem gemeinen Volk zu verhüten, vieler Dinge beladen müssen mit Predigen oder Schreiben, deren sie sich sonst in allweg entschlügen. Darum lasset uns von Herzen bitten, damit das Evangelium Christi ein lebendiges Empfinden und Gottes Kraft in uns werde."

In dieser versöhnlichen Weise sprach sich Blaurer vor den Häuptern des Zwinglianismus über die Differenz mit den Lutheranern aus. Der ganze Streit über das Abendmahl war und blieb ihm ein unwesentlicher. Er selbst war bisher in diesem Punkt Luthern näher gestanden als Zwingli. Schon im Herbst 1525 ward diesem durch Hetzer hinterbracht, daß Ambrosius und Thomas Blaurer seine Ansicht vom Nachtmahl bekämpfen. Zwingli schrieb gleichwohl den freundschaftlichsten Brief an Ambrosius und bat ihn, keine Mißstimmung bei ihm zu argwohnen, selbst wenn Blaurer noch so frei über die Nachtmahlsfrage gegen ihn gesprochen hätte. Sei je eine Meinungsverschiedenheit, so wollten sie in den Grenzen der Freundschaft kämpfen, nicht wittenbergisch, wo Alles voll Uebermuth, Drohung und Tyrannei sei, „nach Kinderweise wollen wir in Liebe, zart einander streichelnd, uns unsere Schlachten liefern." Blaurer gestand jetzt am 5. Januar 1526 Zwingli seine Abweichung in der Lehre vom Abendmahl: ohne sichere Offenbarung möge er sich nicht vom Schriftwort entfernen. Gleichwohl versicherte er ihn seiner aufrichtigen Liebe, mißbilligte Brenzens leidenschaftliches Auftreten gegen Oecolampad, „seinen Mann", erklärte Zwinglis

Auslegung für möglich und tröstete sich und ihn, daß sie, wenn auch in der Nebenfrage, ob der Leib in Brod eingeschlossen sei, von einander abweichend, doch in der Hauptsache, in der Anerkennung des Werths und Nutzens des Sakraments harmoniren. Blaurer blieb in dieser Mittelstellung zwischen Zwingli und Luther; mit Jenem konnte er nicht gehen, weil er, da Christus im Abendmahl zum Nehmen einlade, auch dafür halten zu müssen glaubte, daß in diesem Sakrament den Gläubigen, aber auch nur diesen, irgendwie Christi Leib und Blut geschenkt werde; von Luther unterschied er sich dadurch, daß er nicht annehmen konnte, daß Christus im Abendmahl den leibhaftigen Leib spende. Da er aber die ganze Streitfrage als eine für den Glauben und das fromme Gefühl offene betrachtete, stand er stets als Friedensbote zwischen beiden Parteien, beide immer wieder daran gemahnend, daß sie in der Anerkennung einer geistigen Segnung durch das Abendmahl sich die Bruderhand reichen.

Für diese Unionsbestrebungen Blaurers war eben sein Besuch der Berner Disputation höchst bedeutungsvoll. Betrachtete er sich nemlich bisher in denselben als einen Bundesgenossen Melanchthons, so gesellte sich diesen Zweien in Bern ein Dritter im Bunde bei — der unermüdliche Streitschlichter und Friedensmittler Bucer. Nachdem Blaurer bisher nur durch Capitos Vermittlung mit Bucer in Berührung gekommen war, so lernten sich nun beide verwandte Naturen in Bern persönlich kennen und lieben. Ein inniges Freundschaftsverhältniß bildete sich zwischen beiden; Bucer kehrte über Konstanz zurück, wo er sich einige Zeit verweilte und mit der Blaurerschen Familie, besonders mit der Schwester Margaretha verbrüderte. Noch am 22. Januar 1536 schrieb Bucer an Blaurer, wenn er ihm durch das Schicksal entrissen würde, so hoffe er, daß der Herr auch ihn sterben lasse! Zwischen beiden Männern entspann sich ein ebenso inniger als fleißiger Briefwechsel, und Bucer äußerte von nun an den größten Einfluß auf die Entwicklung des äußeren und inneren Lebensgangs seines Freundes Ambrosius.

7. Durchführung der Reformation in Konstanz.

Vom Religionsgespräch in Bern kehrten die Konstanzer Abgeordneten mit neuem Eifer für die Sache der Reformation in ihre Vaterstadt zurück. Auch Ambrosius, der bisher, im Blick auf die Warnungen Melanchthons vor Ueberstürzungen, umsonst von Zwingli bestürmt worden war, gleich dem Meister die Geißel wider die Mißbräuche der Kirche zu schwingen, zeigte sich jetzt geneigter, die Einrichtung des Gottesdienstes in der einfachen und aufräumenden Weise der Schweizer zu betreiben. Zunächst zeigte sich dieses in Betreff der Messe. Nachdem diese schon im Herbst 1527 in den Hauptkirchen abgeschafft worden war, verordnete am 10. März 1528 der kleine und große Rath, die Mönche in den fünf noch vorhandenen Klöstern sollten die Messe entweder aus h. Schrift rechtfertigen oder sie abthun.

Die bereits an Zahl sehr zusammengeschmolzenen Schotten, Franciscaner, Dominicaner und Augustiner fügten sich größentheils dem Willen des Magistrats, der ihnen nicht nur das ins Kloster mitgebrachte Vermögen zurückerstattete, sondern auch Pensionen anweisen und sie wählen ließ, ob sie im Kloster wohnen bleiben wollten oder nicht. Die Dominicaner wünschten in ihrem Kloster zu bleiben, mußten jedoch wegen ihrer unsittlichen Aufführung bald unter besondere Aufsicht gestellt werden. Das Kloster der Franciscaner ward für Schulen, das der Augustiner für weltliche Zwecke verwendet. Der Abt der Benedictiner widersetzte sich hartnäckig, flüchtete aber im folgenden Jahr mit einem Theil des Kirchenvermögens nach Ueberlingen, während seine Conventualen dem Konstanzer Rath den Eid leisteten und im Juli 1530 den letzten Rest der lateinischen Sprache in ihrem Gottesdienst aufgaben. In allen Kirchen wurden die wollenen Kirchengewänder an die Armen vertheilt; die Ornate von werthvollerem Stoffe zu Gunsten des Spitals verkauft, mit Ausnahme derjenigen, deren Stifter entweder selbst noch lebten, oder doch Kinder und Geschwister am Leben hatten. Diesen gab man sie zurück. Ebenso ward es mit den in den letzten Jahrzehenten gestifteten Pfründen gehalten; das übrige Kirchenvermögen sammt den Einkünften der Klöster und Stifter ward einer städtischen Verwaltung übergeben.

Langsamer als zur Abschaffung der Messe entschloß sich Konstanz zu Entfernung der Bilder. Der Züricher Rath mußte im Januar 1529 die Bundesstadt zum Bildersturm und zur Entfernung der Altäre aus den Kirchen treiben; am 6. Februar endlich schrieb J. Zwick an den in Bischofszell missionirenden Ambrosius: „Zu St. Stephan hat man alle Altäre abgebrochen und auch im Münster; es geht hier den Götzen übel, obwohl sie es traulicher mit uns als wir mit ihnen meinen." Daneben war es Blaurers Hauptaugenmerk, der in der Schweiz einreißenden Zügellosigkeit durch strenge Zuchtgesetze einen Damm entgegenzusetzen. Das „gemeine Frauenhaus" hatte der Rath schon am 26. Februar 1526 schließen lassen. Am 7. August 1529 hielt Ambrosius folgenden Vortrag vor dem Rath:

„Es ist euch, meinen günstigen Herren, wohl wissig, was Gestalt ihr uns zum Predigtamt berufen habt, nemlich mit Befehl, daß wir die biblischen Schriften lehren und den Willen Gottes rein, hell und unverhohlen predigen sollen. Nun ist Noth, soll das Evangelium wahrhaft geprediget werden, daß das erstlich beschehe in Ermahnung zum rechten und wahren Glauben, mit Abziehung von allem Falschen, das man bisher gemein gehabt und viel Leute noch haben in allerlei Abgöttereien, auch falschem Gottesdienst und anderen derlei Dingen. Das haben wir getreulich und mit höchstem Fleiß gethan, ihr auch dieselben zum Theil abgestellt, daß dem Höchsten, der das mit seiner Gnade beiderthalb gewirkt hat, Lob, Ehr und Dank gesagt soll werden. Nun ists aber damit nicht ausgerichtet und stille zu halten, denn wir daneben die rechte Frucht des Glaubens vielfältig und mit Treuen gelehrt und von den Lastern abzuziehen Fleiß gehabt, vorab daß den offenen und groben gemeinen Aergernissen Riegel geschoben werde oft ermahnt, derhalben auch ihr meine Herren Gebote offener Hurerei und Ehebruchs halben ausgehen lassen, welche bei Vielen wohl verfangen haben, bei Vielen aber, vorab in den Klöstern steht es, wie ihr sehet und wisset. Allermänniglichen ist es kundbar, was verhurten und üppigen Lebens in den Klöstern vorgeht. Derhalben gelangt an euch unser bringlich Bitten und Vermahnen, ihr wollet aus ordentlicher Gewalt und thätlichem Gezwang abstellen, was wir mit dem Wort zu thun nicht vermögen. Sie, die also leben, werden von unserer Lehre nicht gebessert; das schafft, sie haben deren kein Wissen, sie wollen die nicht hören und können von rechter christlicher Frömmigkeit nichts sagen."

Der Rath nahm diese Ermahnung an und ließ darauf allerlei Gebote Schwörens, Zutrinkens, Spiels und Anderes halb ausgehen. Namentlich wurde alles Tanzen abbestellt und dieses Verbot Ende Augusts 1529 in den Klöstern ernstlich eingeschärft. Diese Warnung hat bei Vielen wohl verfangen und namentlich ließen sich alle Augustiner-Mönche, die Einen zur Ehe, die Anderen in andere Klöster abfertigen. Alle bisher in Bezug auf sittliche Zucht erlassenen Rathsmandate wurden sofort in eine ausführliche Zuchtordnung gesammelt, und diese am 5. April 1531 von den Kanzeln herab dem Volk verlesen. Sie war hauptsächlich von Ambrosius, unter Besprechung mit Oecolampad, veranlaßt worden. Ueber Recht und Pflicht dazu sprach sich der Konstanzer Rath in ihrer Einleitung folgender Weise aus: „Der Sohn Gottes Christus Jesus sagt denen Weh und Ungnade Gottes an, durch welche Schande und Aergerniß beschehen. So ist großer Laster und Anstöße nicht kleine Ursache, wenn die Obrigkeit, die zu Straf der Bösen und daß die Guten bei Fried und Ruhe bleiben mögen, aufgesetzt ist, schläfrig ob den Lastern hält und die ohnunterlässig nicht ausbannt. Denn ob man gleichwohl mit höchstem Fleiß den Lastern wehret, wird dennoch nicht beschehen, daß keine Laster seien; hat aber die Obrigkeit einen ehrsamen Ernst und unvortheilige Tapferkeit in Straf des Uebels, so leistet sie Gott ihren schuldigen Dienst und schaffet ihr selbst eine freundholde ehrerbietliche Furcht bei den Unterthanen und den Bürgern Lieb und Einherzigkeit gegen einander, das die best Statt nur ist. Wiederum obs in Straf der Laster hinlässig ist und schielet, so beschieht gewißlich, daß die Laster überhand nehmen und man ob dem Bösen keine Scheu hat; dazu im gemeinen Brauch kommt Unachtung göttlicher Gebote und Ehren, auch ungerechte Regierung der Oberen, ungehorsamer Frevel der Unteren, und daß Jeglicher dem Anderen seines Schadens nicht nur nicht vor ist, sondern mehr den sucht und eigenen Nutz mit Anderer Nachtheil handelt, dadurch dann der Zorn Gottes angereizt und letztlich der Sünder in seinen Sünden mitsammt denen, die den Sünden (so es gemögt) nicht gewehrt haben, mit schwerer Ruthe gestraft wird. So nun wir auch sind eine Obrigkeit, so wollen wir Gott und seinem Christo zu Ehren und Dienstbarkeit, auch von obrigkeitlicher Schulden wegen, so viel uns aus Gnaden Gottes wird möglich sein, den Sünden wehren und die Laster erstlich bei uns selbst und darnach bei den Unseren und in unserer Obrigkeit verbannen. Dieweil aber viel wäger ist, in Laster nicht fallen, denn gewohnte verlassen, so bedenken auch wir, daß nutzer sei und besser, den Lastern vorseyn, auch die, sobald sie wurzeln wollen, fürkommen, daß sie nicht ausbrechen oder zu Früchten wachsen mögen, und nicht warten, daß man sie, so sie beschehen, strafen müsse." Die Zuchtordnung handelt zuerst von Verordnung der Zuchtherren, denen der Rath die Pflicht einschärft, nicht schläfrig zu sein in Verhütung und, wo ihr stilles väterliches Walten nichts fruchte, in Bestrafung des Bösen; dann vom Schwören, vom Zutrinken und Füllen, von Nachturten und Nachtzechen, vom Spiel, von Wiedertauffer, Wucher, Fürkauf, Zauberei u. dgl., von zerhowener Kleidung, von Hurerei und Ehebruch, von der Ehescheidung und ihren Folgen, von Nothzucht und Mägdverfällen, von Kupplern, von Kirchenzucht und Ausschließung von der Kirche, von gleichförmiger Haltung der gemeinen Kirchenbräuche, von Erwählung der Kirchendiener und von dem den Zuchtherren zukommenden Schutz.

Mit dieser Zuchtordnung schloß sich die Reformation der Stadt Konstanz ab. Konstanz war damit nahezu allen Reichsstädten vorangeeilt. Vögeli schließt seine Reformationschronik mit den schönen Worten: „Unter diesen Zeiten hat das Evangelium und christliche Lehre bei Vielen Frucht geschaffet, auch dermaßen ehrbares Wesen angerichtet, daß männiglich, der vorher zu Konstanz geübtes Wesen gegen dem jetzigen spiegelt, Verwunderung haben und Gott seiner Barmherzigkeit, die er dieser Stadt Konstanz bewiesen, Lob und Dank sagen mußte. Aber die Ausgetretenen, Bischof und Pfaffheit, waren geschäftig, wie sie Krieg und Fechten wider die Stadt, vorab aber unter den Bürgern Zwietracht und Spaltung anrichten möchten. Der Bürger halb schlug es ihnen eitel aus, denn so gleichwohl etliche Bürger der evangelischen Lehre noch nicht sonders achtig, so waren sie doch, wenig ausgenommen, in dem mit den Anderen einig, daß man die Pfaffen nimmermehr zu Konstanz einlassen, sondern eher alles Vermögen zu Widerstand ihrer darstrecken sollte. Außerhalb aber haben sie König und Kaiser sammt viel Fürsten, Grafen und von Adel und Städten, dazu Etliche und den Mehrtheil der Eidgenossen an sich gehängt und bearbeiteten sich ernstlich, dieselbigen zu bewegen, daß sie die Stadt mit offener Fecht überziehen sollten. Gott aber brach für und für ihre Anschläge."

Drittes Kapitel.

Der Apostel Schwabens. 1528—1539.

1. Memmingen.

Noch ehe das Werk der Reformation in Konstanz zum letzten Abschluß gekommen war, hatte sich der gotteseifrige Reformator seiner Vaterstadt aufgemacht, das reiche ihm verliehene Pfund nach außen wuchern zu lassen. Der Ruf hiezu drang der Reihe nach aus verschiedenen schwäbischen Reichsstädten zu ihm, und Blaurer, einen Ruf Gottes darin erkennend, war sofort bereit, demselben nicht bloß seine Bequemlichkeit und Ruhe, sondern selbst sein Vermögen und seine Gesundheit zum Opfer zu bringen. Nicht minder opferwillig zeigte sich seine Vaterstadt Konstanz. Gegenüber der Eifersucht, mit welcher Wittenberg ängstlich Melanchthon sich vorzubehalten bemüht war, sticht um so strahlender die brüderliche Gastfreundlichkeit von Konstanz ab, welches seine besten Prediger immer wieder auf eine Zeit nach außen abtrat, ohne sich das Opfer zu verbergen, welches damit der eigenen Stadt auferlegt ward. Im Frühjahr 1525 durfte Wanner nach seiner Vaterstadt Kaufbeuren, von welcher er wegen des Glaubenszwiespalts begehrt wurde; auf Einladung begab er sich auch nach Mindelheim und Isny. Im December 1525 bat Memmingen, Konstanz, das von Gottes Gnaden mit so viel frommen und von Gott gelehrten christlichen Prädicanten versehen sei, möge ihnen Wanner, den treuen friedsamen Lehrer und Verkünder des Worts auf eine Zeit zusenden, was auch gestattet ward. Ebenso war der Konstanzer Johann Schneller zu Leutkirch um die Gründung der evangelischen Kirche bemüht; deßgleichen Johann Zwick nicht bloß in Schwaben, sondern auch in thurgauischen Städtchen, wie Bischofszell und Weinfelden. Vor allen Konstanzer Predigern war aber bald Ambrosius der Bevorzugte und Ersehnte, namentlich seit er in Bern bekannt geworden war. Es war nicht bloß die anziehende Macht seines Predigttalentes, welche ihm diese große Kundschaft zuzog, sondern noch mehr seine friedliebende Persönlichkeit und seine große organisatorische Gewandtheit.

Im Herbst 1528 wandte sich Memmingen aufs Neue an Konstanz, und zwar ward dieses Mal Ambrosius Blaurer erbeten, „uns eine Zeit lang her zu predigen und unsere Unordnung in bessere Ordnung zu bringen." Es galt, die beiden Prediger Zimprecht Schenk, einen Zwinglianer, und den Lutheraner Georg Gügi, dem das Predigen versagt worden war, mit einander zu vertragen. Kein Mann erschien hiezu geeigneter als Ambrosius, dem außer seiner eigenen vermittelnden theologischen Richtung auch das zu Statten kam, daß er durch die Schwägerschaft seines Bruders Thomas mit dem trefflichen Johann Ehinger, dem glühenden Freund des Evangeliums und besten Förderer der Reformation Memmingens, verwandt war. In dieses Mannes Haus ward Ambrosius aufs Gastlichste aufgenommen, als er im November in Memmingen eintraf. Am 15. November predigte er das erste Mal, und die Gemeinde kam ihm mit herzlichem Vertrauen entgegen. Die vorher so unerbittlich halsstarrigen Prädicanten brachte er leicht zu dem Versprechen, daß sie sich auf der Kanzel nicht mehr bekämpfen wollten. Sofort drang er auf eine energische Durchführung der Reformation in Stadt- und in Landgemeinden. In den ersten Tagen Decembers wurden alle Stadt- und Landgeistlichen auf das Rathhaus vorgefordert, und nachdem ihnen Blaurer vorgehalten hatte, daß die Messe wider die Verordnung Christi, auch seinem eigenen vollkommenen Versöhnopfer verkleinerlich, also durchaus nicht zu gedulden sei, ohne daß die Prädicanten den Gegenbeweis zu führen vermocht hätten, wurde zunächst in der Stadt das Lesen der Messe untersagt. Einige Tage darauf wurden auch die Zünfte um ihre Meinung über die Messe befragt, und die Antwort lautete einstimmig dahin: ein Rath möchte fürfahren, die Messe abzuthun, Leib und Gut wollten sie zu einem Rath setzen. Dagegen war die große Zunft für Zuwarten und Einholen des Raths anderer Städte und hoher Schulen. Bei diesem Widerstand wünschte der Memminger Rath Blaurers längeres Bleiben und bat Konstanz darum: „da nicht nur wir und die Unseren ihn mit begierigem Herzen gern bei uns sehen und hören, sondern auch viel andere unserer Nachsäßen, die etwa dem Wort Gottes entgegen, ihm guten Gunst und Willen tragen, und der gemeine arme Mann ab dem Land nicht minder dann wir sein herzlich begierig und zu hören erfreut sind, deren doch viel bei diesen kalten Zeiten von Weitem herzukommen". Die Bitte wurde gewährt. Die Gegner der Reformation hatten sich unterdessen an den aus der Nachbarschaft gebürtigen Dr. Eck gewandt. Dieser setzte in anderthalb Tagen, wie er ruhmredig sagt, eine ausführliche Vertheidigungsschrift der Messe auf und schickte sie den 5. Januar 1529 an den Rath mit einem ernstlich warnenden Brief, in welchem er sich bereit erklärte, zu Verhütung einer Spaltung keine Mühe und Arbeit zu sparen, und gälte es auch einen Riemen aus seiner Haut! Nach Empfang dieses Schreibens ließ der Magistrat allen Klostergeistlichen eröffnen, sie hätten sich am 15. Januar zur Kirche zu begeben, wo Blaurer die Declaration Ecks widerlegen würde; wären sie damit nicht zufrieden, so sollten sie ihre Gegengründe aufschreiben und dem

Bürgermeister vorlegen; dann wolle man sie auch hören. Auch wurden noch überdieß sie und die ganze Gemeinde auf den 27. Januar auf das Rathhaus berufen, sich bezüglich Dr. Ecks Schrift zu äußern. Da jedoch die Priesterschaft keine ernstliche Einrede vorzubringen wußte, wurde dem Dr. Eck durch einen laufenden Boten eine geeignete Antwort übersandt. Eck replicirte, aber die Sache blieb, wie sie Blaurer angeordnet hatte. Dieser schrieb auf den Wunsch des Raths im Sommer 1529 eine kurz, einfältig aber wahrhaftig und in Gottes Wort gegründete Anzeigung, daß die päbstisch Meß dem reinen Glauben in Christum Jesum entgegen und deßhalb bei ihnen billig unleidlichen Irrthums verdacht und abgestellt sei. Wegen der fortgesetzten Angriffe Ecks noch auf dem Augsburger Reichstag wurde die Schrift im Frühjahr 1530 mit einem Brief Blaurers vom 28. April vom Rath in Druck gegeben. Für die Communion auf Ostern 1529 hatte Blaurer in Memmingen eine Agende eingeführt, in welcher deutsche Responsorien, Gebete und Gesänge, mit Vorlesung von 1 Corinth. 11, 20—34., Joh. 6, 47—64. und Matth. 26, 26—29. sammt Bann, Sündenbekenntniß und Absolution abwechselten, worauf dann Communion, Dankgebet und Ermahnung folgten. Nachdem der Reformator auch in den Landgemeinden dem Zwinglianismus in milder Form zum Sieg verholfen hatte, schickte er sich zur Abreise an. Vor dieser hatte man noch alle Zünfte befragt, ob sie wünschten, daß Ambrosius in Memmingen bliebe, und alle wollten es, wenn anders Konstanz darein willige. Dieser Wunsch war zwar nicht erfüllbar; aber Blaurer blieb mit dieser Gemeinde in treuer Verbindung, wie dieselbe ihn schon wenige Wochen nach seinem Abschied bat, falls er selbst nicht wiederkommen könnte, ihr doch mit Capito oder einem anderen Prediger beholfen zu sein, „denn er Kleinmüthigkeit und Anfechtens wisse."

Kaum aus Memmingen heimgekehrt, missionirte Blaurer in der Schweiz, namentlich im Thurgau. In Herisau erkrankte er schwer an einem sehr hartnäckigen Fieber, das ihn anderthalb Monate lang an aller Arbeit hinderte; am 11. August schrieb er an Bullinger: „Das Fieber hatte mich sehr hart befallen; aber der allbarmherzige Vater erhielt mich mir und unserer Kirche, welche ihn brünstig darum anflehte." Im November finden wir Blaurern in voller Thätigkeit in Weil, von wo aus er an Zwingli schreibt: „Ich bin gegenwärtig, wie dir bekannt, in Weil; möchte ich für das Evangelium großen Gewinn schaffen. Das Volk ist nicht minder hartnäckig als streitsüchtig; außer der starken Hand des Herrn wird Niemand, so gewandt er auch im Reden sei, dessen Nacken zu beugen vermögen, wenn es nicht zuvor die Hoffnung auf die baldige Rückkehr des Abts ganz aufgegeben hat." Im November 1529 kehrte er nach Konstanz zurück und scheint, mit Ausnahme eines kurzen Aufenthalts in Bischofszell im Juni, fast das ganze Jahr 1530 in seiner Vaterstadt zugebracht zu haben. Freilich war auch dieses Jahr keine Zeit der Ruhe für ihn. Bucer verwickelte ihn immer tiefer in seine Unionsbestrebungen und erkannte in ihm immer mehr den Mann, durch welchen jene am Besten gefördert werden könnten. Darum erhielt Blaurer auf Bucers Vorschlag gegen Neujahr 1531 einen Ruf als Prediger nach Augsburg. In dieser Reichsstadt war der Streit zwischen Lutherthum und Zwinglianismus aufs Heftigste entbrannt, und der Stadtarzt Gereon Sayler ward mit dem dringlichsten Bittschreiben an den Rath und Blaurer nach Konstanz gesandt. Aber Ambrosius schlug die Bitte rund ab; die eindringlichsten Vorstellungen prallten an ihm wie an Stein und Eisen ab, weil er, ein Eiferer für Zucht und trotz seiner patrizischen Abkunft ein Mann schlichtester und volksthümlichster Art, der reichen, üppigen und zuchtlosen Stadt und noch mehr der evangelischen Entschiedenheit des Augsburger Raths mißtraute und dessen Absicht, den alten Kultus vorerst bestehen zu lassen, als Halbheit mißbilligte. Wie gegründet Blaurers Bedenken waren, sollte der für ihn berufene Musculus bald nur zu schwer erfahren. Auch eine erneute Bitte des Memminger Raths beantwortete Blaurer am 29. Dezember abschlägig, obwohl er versichern konnte, er würde nirgends auf Erden lieber denn in dem frommen Memmingen sein zeitlich Leben schließen; aber eine Seuche in Konstanz, der Mangel dringenden Bedürfnisses und die Absicht jenes Raths, den Vertrauensmann hauptsächlich in Fragen äußerer Ordnungen zu gebrauchen, hielten ihn zurück. Es schien ihm nicht rathsam, das geistliche Amt in weltliche Fragen zu verstricken, um selbst gehässig oder ein neuer Tyrann auch im Weltlichen zu werden; dagegen forderte er den Rath auf, als christliche Obrigkeit ohne Weichmüthigkeit das Schwert zu führen und unevangelische Parteiung und grobe Laster scharfsichtig als der Adler und grausam als der Löwe Ezechiels niederzuschlagen. Gleichwohl sollte Blaurer Ende Februars 1531 auf einige Tage nach Memmingen kommen.

Noch vor Ende des Jahrs 1530 waren Gesandte der vier Städte Straßburg, Konstanz, Memmingen und Lindau, nachdem der Kaiser die Annahme ihrer eigenen Confession (Tetrapolitana) verweigert und sie als „Bilderstürmer und Sacramentirer" von der den Protestanten zugesagten Duldung ausgeschlossen hatte, auf dem Convent zu Schmalkalden eingetroffen, ihren Beitritt zur augsburgischen Confession anzumelden, worauf sie in den evangelischen Bund aufgenommen wurden. Für Konstanz bestätigte der kleine und große Rath diesen Beitritt zum schmalkaldischen Bunde und machte ihn am 1. Februar 1531, nachdem ihn das verbündete Zürich gutgeheißen hatte, den versammelten Zünften bekannt. Es ward erklärt: „Ihr Aller Wille, Meinung und Gemüth sei mittelst göttlicher Hilfe und Gnade endlich dahin gestellt, bei desselben hellem, reinem, unzerstörlichem Gotteswort zu bleiben, auch dabei, wo der Allmächtige mithelfe, ungeachtet alles Wagspiels bis in ihr Ende zu verharren." Selbst die Versammlung der Theologen wollte man sich gefallen lassen; um aber den

Lutherischen gegenüber so viel möglich mit einhelliger Meinung und dadurch stark aufzutreten, und um für die eigenen, durch den Eintritt in den Bund wieder angeregten Reformationspläne eine gemeinschaftliche Grundlage zu haben, wurde eine Versammlung oberländischer Räthe nach Memmingen ausgeschrieben, die auch wirklich auf den Abend des 26. Februars 1531 zusammentrat. Es erschienen Rathsbotschaften und Prediger von den sechs Städten Ulm, Biberach, Isny, Lindau, Memmingen und Konstanz. Reutlingen und Straßburg waren verhindert, sandten aber schriftliche Rathschläge. Ambrosius führte den Vorsitz bei den im Geist brüderlicher Eintracht geführten Besprechungen; er ward auch mit der Redaction der Beschlüsse beauftragt. Schon am 1. März legte er der Versammlung die **Memminger Beschlüsse** vor, die sofort im Wesentlichen gutgeheißen wurden.

Die Beschlüsse sprachen sich im Allgemeinen für den Grundsatz der Freiheit und Ungebundenheit in Betreff der zur Seligkeit nicht nothwendigen, nur zu bequemer Zusammenhaltung der Gemeinde jedes Orts bestimmten Kirchengebräuche aus. Nur bei der Taufe und Abendmahl, als vom Herrn selbst eingesetzten Ceremonien, sei mit höchstem Fleiß und Ernst dahin zu arbeiten, daß sie ordentlich nach der Einsetzung und am allergleichförmigsten gehalten werden. Bei der Taufe müßten die vielen päpstlichen Zusätze mit Crisam, Oel, Salz, Teufelbeschwörung sammt den untauglichen päpstlichen Dienern überall vollends abgethan, die ganze Handlung müsse mit christlichem Ernst und Andacht, daher mit Ausscheidung aller leichtfertigen Gevater oder Zeugen, und wo möglich alle Wochen an einem, zweien oder mehreren Tagen nach der Predigt in Gegenwart der Gemeinde verrichtet werden; doch sei den Schwachen die Taufe der Kinder bei Lebensgefahr vor dem bestimmten Tag zugelassen, obwohl für Ungetaufte keine Gefahr gegen Gott zu besorgen. Scharf ward das Halten ob der Kirchenzucht betont; das gewaltsame Verfahren gegen Wiedertäufer ward verworfen; der Glaube solle nicht mit Schwert und Zwang, er dürfe nur durch das Schwert des mächtigen Gotteswortes in die Welt getrieben werden; Gewalt habe die Wiedertäufer nur zahlreich und geachtet gemacht. Nur wer die Irrthümer ausbreite, Rottirung anrichte, soll verbannt werden, ein Bürger nicht ohne Warnungen und Vorstrafen; auch die Weigerer des Eids, der Wehre seien auszuweisen. Dieselben Maßregeln müßten aber auch die Päpstler treffen, wie die Täufer mit Recht fordern. Die groben Laster seien durch das Schwert bürgerlicher Obrigkeit zu strafen, die eigene **Zuchtherren** über die Laster wähle, durch sie warne und strafe; ihnen sollen aber noch **geistliche Zuchtherren** zur Seite stehen, aus Rath, Gemeinde und Predigern, da die bloß geistliche Zucht zum Mißbrauch geworden, um im Namen der Kirche die weltlich Gestraften mit dem Wort Gottes zu strafen, und im Fall der Fruchtlosigkeit der dritten Mahnung mit Kirchenbann zu belegen. Passend warb endlich befunden, die Kirchenordnungen der einzelnen Obrigkeiten jährlich wenigstens zweimal von der Kanzel verlesen zu lassen. Eine unmittelbare Folge dieser Memminger Beschlüsse war die bereits genannte Konstanzer Zuchtordnung.

2. Ulm.

Blaurer, der von Memmingen nach Konstanz zurückgekehrt war, sollte bald reiche Gelegenheit finden, die getroffenen Beschlüsse thatsächlich durchzuführen. Zuerst in der Reichsstadt Ulm. Hier war im Frühjahr 1531 ein eigener größerer Neuner=Ausschuß „im Namen Gottes und ihm zu Lob und Ehre, auch Ausbreitung seines Worts und Namens" für die Neugestaltung des ganzen Kirchenwesens gewählt worden, welcher in Verbindung mit den Präbicanten die Berufung fremder Gottesgelehrten für das Reformationswerk vorschlug. Auf Sams Verwendung hin wurden am 19. April Bucer, Oecolampad und Blaurer als Männer der vermittelnden Richtung berufen. Am 21. Mai trafen sie ein und traten schon am folgenden Tag mit den Geheimen in Berathung über die Art der Lösung ihrer Aufgabe. Der Rath hätte gern die Rückkehr des im Bad Ueberlingen weilenden Altbürgermeisters Bernh. Besserer abgewartet, des Mannes (wie Oecolampad an Zwingli schreibt) ehrwürdig durch Jahre, Ansehen, Rath und Erfahrung, und Besserer selbst warnte, nicht mit zu großer Hast zuzufahren und die Rosse hinten an den Wagen zu setzen. Allein die drei Prediger hatten Eile: sie forderten, sie unverweilt mit den Pfaffen und Priestern und mit den Unterthanen handeln zu lassen. Sie predigten nun vom 28. Mai an theils in Ulm (wo Blaurer wegen seiner schwachen Stimme nicht den Münster, sondern die Barfüßerkirche wählte) theils in Leipheim, Langenau und Geißlingen unter Mitwirkung von Rathsbotschaften mit größter Kraftaufbietung täglich drei Mal. Sobald Besserer angekommen war, wurde im eigentlichen Sinn des Worts Sturm gelaufen: am 5. Juni wurden die Stadtpriester, am 6. die Ordensleute, am 7. die 66 Priester vom Land nach Ulm aufs Rathhaus vorgefordert, damit sie sich über die achtzehn Reformationsartikel äußern, über welche man sich zuvor geeinigt hatte. Mit vieler Kunst war in denselben die Hinneigung zu Zwingli und die Abweichung von Luther durch die geschickte Fassung Bucers verschleiert, obwohl namentlich Zwingli mit der Behandlung der Abendmahlslehre nicht zufrieden war. Die meisten Pfaffen erklärten die Artikel für zu hoch und scharf für ihren Verstand, auch die Mönche verkrochen sich hinter ihre Unwissenheit, so daß es nicht viel zu disputiren gab; die Hälfte ungefähr stellte sich dem Rath zur Verfügung. Die Reformatoren beriethen sofort mit den Geheimen die Einführung einer neuen kirchlichen Ordnung. Die untauglichsten Kirchendiener sollten entfernt werden, aber des Leibes Nothdurft erhalten; zur Versorgung der Abtretenden und Besoldung der Neuangestellten sollte die reiche Dotation der Pfarreien und das Klostervermögen verwendet werden. Um geschickte Prediger zu bekommen (da der Herr nicht immer aus Fischern verständige Prediger mache), solle durch Mitglieder des Raths und die Prädicanten jetzt und künftig ein Examen vorgenommen und bei Besetzungen, Absetzungen und Strafen der Geistlichen auch der Wunsch der Gemeinden berücksichtigt werden. Jährlich sollen, wenigstens für den Anfang, eine oder zwei Synoden gehalten werden. Die Ordnung des Gottesdienstes soll sich nach dem Bedürfniß richten. Die Taufe soll an jedem Kind und zwar vorzugsweise an Sonntagen nach der Kirche vollzogen werden, ohne abergläubische Bräuche, mit einfachem Wasser im Namen der Dreieinigkeit, mit Erklärung des Wesens der Taufe aus dem Evangelium und dem Apostel Paulus, mit Gebet für den Täufling und fleißiger Anbefehlung desselben an Eltern, Pathen und die ganze versammelte Kirche. Das Abendmahl wird nach der Einsetzung, in einer volkreichen Stadt jeden Sonntag gehalten nach vorangehender Erzählung und Danksagung für die Gutthaten Christi, unter Absingung eines Psalmen mit der Formel: dein Glaube in das Streben des Leibs Christi erhalte dich ins ewige Leben! und: dein Glaube in das Vergießen des Bluts Christi stärke dich ins ewige Leben! Die Feiertage werden alle abgeschafft außer dem Sonntag, der um so eifriger zu feiern ist. Päpstliche Ceremonien werden nicht mehr gestattet; Bilder und Götzen sind aus den Kirchen zu entfernen; auch die Helme und Schilde und andere Stiftungen können beseitigt werden. Ehesachen sollen künftig durch eine Eheordnung und ein Ehegericht geordnet werden. Die überbleibenden Klosterleute dürfen keine Klosterkleidung tragen, sollen aber gut bedacht werden; Klostereinkünfte und andere Stiftungen werden zum Besten der Armen, für die Nothdurft der Kirche und zu Erziehung geschickter Jünglinge verwendet. In Betreff der Kirchenzucht vereinbarten sich die Prediger nur schwer mit der Rathscommission und dem Rath, welchem eine von ihm unabhängige Behörde von Zuchtherren nicht zusagen wollte und seine eigene Aufsicht über die öffentlichen Laster zu genügen schien. Auch christliche Warnungsherren, deren Namen an den Kirchen anzuschlagen wären, vier aus dem Rath, zwei aus den Predigern, zwei aus der Bürgerschaft, welche auf öffentliche Laster achten und nach fruchtloser Ermahnung die Schuldigen dem Rathe anzeigen sollten, daß sie gestraft, nöthigenfalls der Stadt verwiesen oder mit dem öffentlich zu verkündenden Kirchenbann belegt werden. Die bürgerlichen Strafen gegen allerlei Sünden und Laster, Zechen, Zutrinken, Spielen, Unkeuschheit wurden den betreffenden Memminger Beschlüssen angepaßt. — Die neue Kirchenordnung war Ende Junis von Bucer bereits gefertigt, von den Prädicanten gebilligt, vom Rath gutgeheißen. Das Münster wurde am 19. und 20. Juni von dem „Götzenwerk" der Altäre und Bilder gesäubert. Alle Meßaltäre, gegen sechszig an der Zahl, wurden abgebrochen, damit sie „nicht den Platz versperren;" die Bilder und Statuen der Apostel und Heiligen wurden weggeschleift, sogar die zwei Orgeln der Kirche als Abgötterei entfernt. Am 16. Juli wurde das erste Nachtmahl gefeiert. Bucer und Oecolampad hatten schon am 1. Juli Ulm wieder verlassen; in Betreff Blaurers bat Ulm den Konstanzer Rath in den beweglichsten Ausdrücken, daß derselbe noch bis Michaelis bei ihnen bleiben dürfe, in Anbetracht, „daß dieser ehrliche Mann in unserer Stadt viel Gutes schaffen und vor Andern göttlich Wort, brüderliche Lieb, christliche Zucht und was dem Allem anhangt, mehren und öffnen mag." Er besorgte noch die Berufung neuer Pfarrer, die Kloster= und Schulfragen, die Reinigung des großen Landgebiets und den Druck der neuen Kirchenordnung.

Seit Anfang August wirkte Ambrosius in dem unteren Bezirk und hatte seinen Sitz in dem Ulmer Städtchen Geißlingen, nachdem Ulm abermals um Verlängerung seines Urlaubs gebeten hatte: Wiewohl sie um der Wahrheit willen selbst bekennen müßten, daß Konstanz ihnen mit Leihung Blaurers mehr gethan, denn sie menschlich davon nicht zu schreiben oder zu verdienen wissen, bäten sie doch um Gottes Ehr und ihres Verdienstes willen noch eine kleine Zeit Geduld zu tragen, bis das arme Volk in göttlichem Wort ein wenig baß erbauet werde. Blaurers Arbeit in Geißlingen dauerte länger als er vermuthet hatte. Die Predigt des Evangeliums stieß hier auf den zähesten Widerstand. Zwar hatte sich der Helfer und Frühmesser Martin Pfeffer in Geißlingen der Reformation willig angeschlossen; aber um so feindseliger stemmte sich der alte Pfarrer Dr. Georg Oßwald entgegen. Dieser war zwar gegen Jacobi seiner Pfarrei enthoben worden und weggezogen; aber durch seine Schwester ließ er in seiner alten Gemeinde Briefe herumtragen, in denen er der Neuerung ein baldiges Ende weissagte und sein Recht betheuerte. Seine Partei glaubte mit Sicherheit auf seine Wiedereinsetzung zählen zu dürfen. Zudem nennt Blaurer die Geißlinger ein hartnäckiges Volk, das durchaus ganz jämmerlich verführt sei, bei dem man aber auch nichts unversucht lassen müsse, ob es nicht den Kopf ein wenig auf die andere Seite schieben möchte. Am 20. August entschuldigte er sein langes Ausbleiben gegen den Rath der Heimathgemeinde: Dieweil ich sich, daß der Herr meine Arbeit täglich glücket, will mir nicht gebühren nachzulassen, bis die guten frommen Leute etwas gründlich unterrichtet und gestärkt werden. Wollt ich E. E. W., als die ich weiß Gottes Ehr und das Heil aller Menschen zu fördern am höchsten geneigt, bester Meinung anzeigen, damit sie meines Ausbleibens minder Beschwerd oder Mißfallens haben möchte, mich auch keineswegs verdächtigen, als ob ich mich gar von Konstanz thun und mich anders wohin wollte vermögen lassen. Denn ob ich wohl deßhalb nicht von denen zu Ulm, sondern vielmehr anders woher dringlich angestrengt, würde ich doch, des Gemüths ich noch bin, mich keineswegs vermögen lassen, sondern gedenk mir für und für zu E. W. zum getreulichsten mit Allem, so mir mein Gott verliehen hat, zu setzen, ihr und einer ganzen ehrbaren Gemeind zu Konstanz meinen kleinfügigen Dienst im Wort, so lange der angenehm oder nutz sein mag, mein Leben lang zu beweisen. Daneben aber hoff ich, so es der Herr dieser Zeit also fügt, daß ich anderswo, da der Mangel größer denn bei euch ist, etwas christlichem gemeinem Nutz Für= ständiges schaffen mag, E. W. werde deß nicht allein keinen Verdruß, sondern vielmehr ein günstiges und christliches Wohlgefallen haben. Nichts= destoweniger will ich, so viel möglich und den vielbetrübten verirrten Seelen leiblich, meine Heimfahrt fördern." Auch am 31. August glaubte Ambrosius in einem Brief an Besserer von einer Wendung zum Besseren berichten zu dürfen: das Volk sei begierig, Psalmen zu singen, verstehe es aber nicht; auch Bann und Strafe der Laster solle man jetzt wie in Ulm einrichten, damit auch evangelisches Nachtmahl gefeiert werden könne; es gehe lang= sam, doch hoffe er mit der Zeit viel Gutes.

Nach sechswöchigem Aufenthalt verließ Blaurer in der Mitte Sep= tembers Geislingen, „mit welchem Erfolg (schrieb er an Bucer) mögen Andere beurtheilen, sicher nicht ohne harte Arbeit. Der Greuel der Messe und der Götzenbilder ist abgethan." Geißlingen war der einzige Ort, an welchem Ambrosius scheinbar umsonst gearbeitet hatte. Auf der Synode von 1532 mußte der Geißlinger Vogt klagen, daß die Unterweisung der Geistlichen, namentlich Blaurers, wenig gefruchtet habe. Statt in die evangelische Predigt zu gehen, machten sich Viele auf den Weg nach Eybach, um hier Messe zu hören; sie knieten vor allen Stöcken und Stumpfen an den Wegen, auch als man die Bilder aus den Kirchen entfernt hatte. Läutete man in Geißlingen zur Kirche, so sagten Manche, jetzt läute man des Teufels Glocken, der Pfarrfrau rief man „Pfarrhure" nach; bei städ= tischen Aemtern wurde von der katholischen Mehrzahl nie ein Evangelischer gewählt. Die alten Weiber sahen sogar Wunderzeichen: Engel in den Lüften, ein Kind mit einer Hostie, die Jungfrau bei Nachtzeit in einem weißen Mantel um die Kirche und zum h. Kreuz wandelnd: „und ist der Teufel ganz unruhig," schrieb Blaurer. Während er aber hier nur mit Seufzen arbeiten konnte, ward ihm jetzt ein gesegnetes Ackerfeld zu bebauen anvertraut.

3. Eßlingen.

Nachdem der un die Reformation seiner Vaterstadt hochverdiente Stadtschreiber Licentiat Johann Machtholf in Eßlingen schon gegen Ende Augusts bei einem Besuch in Geislingen unseren Blaurer mündlich gebeten hatte, in der Reichsstadt Eßlingen die Reformation durchzuführen, bat der Rath dieser Stadt in einem Schreiben vom 30. August 1531 Konstanz, ihnen Blaurern, der die sondere Gnad und Aussprechung von Gott habe, sein Wort dermaßen auszubreiten und zu verkünden, daß es nicht wenig fruchtbar sei und die Herzen der Menschen erleuchte, auf einige Wochen abzutreten. Sie hätten bisher nur einen christlichen Prädicanten gehabt, und es dünke ihnen hoch von Nöthen, zur Förderung und Aufnehmung dieses christlichen und heilsamen Werks im Anfange dasselbige durch einen geschickten, gelehrten, erfahrenen und ehrbaren wesentlich zu verkündigen, in die Herzen der Menschen einzupflanzen und besonders derjenigen, so sich bisher ganz widerspenstig und hartnäckig gehalten. Zugleich baten die Eßlinger Blaurern, ihre Bitte bei seinem Rath zu befürworten. Dieser glaubte auch Gewissens halber die Bitte nicht abschlagen zu dürfen: „denn wo ein solch Feuer mottet, soll männiglich zublasen, damit es mit vollen Flammen herfürbreche." Auch machte er darauf aufmerksam, daß zeitlich zu reden, Eßlingen den Konstanzern aus vielen Ursachen wohl anstehen dürfte. Darum bitte er, daß man ihm bewillige, eine Zeitlang das Evangelium dort zu verkündigen; denn es wahrlich von Nöthen sein will, daß solche Sachen anfangs mit sonderem Fleiß und Geschicklichkeit angegriffen werden, und ob mein Verstand und Tauglichkeit dieß Orts klein, ist doch ihr Vertrauen und gut Herz gegen mir geringem Werkzeug des Herrn hoch zu achten, getroster Hoffnung, der Allmächtige werde meinen Mangel gnädiglich erstatten. Daß mich wohl hieneben etwas irrt mein eigen Fleisch und Gefährlichkeit, die ich bestehen muß, soll doch dieselbig solch christlich Werk keineswegs versäumen; denn all Fahr, Müh und Arbeit sammt allem meinem Vermögen bei mir ring geachtet wird, wo es meines Gottes und Christi Jesu Ehr und Förderung seines Reichs belangen mag; ihm allein leb und sterb ich; er schickts Alles in Gnaden nach seinem Willen." Aber kaum hatte Ambrosius den erbetenen Urlaub, als ihm auch die längere Entfernung von Konstanz bange machte. Er schrieb darum am 9. September an den Rath, ihn zu strenger Pflichterfüllung in diesen bedenklichen Zeiten zu ermahnen: „Wie können wir anderst denn er machen. Diese Berufung nehme ich allein als von ihm an, und gewiß, so er mich dermaß nach Indien und noch weiter berufen, würde ich willig und mit Darstreckung Leibs und Lebens in allweg bereit sein, nicht nach dem Fleisch, welches allweg seine Wohlfahrt und Kommelichkeit sucht, aber nach dem Herzen, das er mir selbst gegeben. Ihm sei Lob in Ewigkeit. Er brauche mich nach seinen Willen; Niemand ist aller Welt Dienst würdiger als er, der unser nicht bedarf und seine Sachen an uns ausrichten möchte, und aber Alles um unsertwillen ansieht, damit wir in der Liebe durch einander gebessert und gebauet werden. Also hoff ich auch gänzlich, E. W. nach Art der Liebe gesinnt sein und mein Abwesen, welches doch reichlich durch treuen Fleiß und Arbeit der anderen meiner hochgeliebten Mitbrüder erstattet wird, gern mit anderer Leute Nutz und Frommen dulden mögen. Ich habe warlich viel und mancherlei bei mir selbst erwogen geistlich und leiblich, aber solches Alles will in meinem Gewissen nicht genugsam sein, dieß Orts abschläglich Antwort zu geben, sonderlich so ich so viel Ernst und Herz bei ihnen zu der Sache spüre. Daß mir aber E. W. unter Anderem zuschreibt, daß sie sammt ihrem gemeinen Mann Begierde zu mir und meiner christlichen Lehre trage, laß ich mir in Gott sehr wohlgefallen." Nun mahnt Blaurer die Obrigkeit seiner Stadt, mit allem Ernst ob Zucht und Ordnung zu halten; „denn je einmal dieß der einig und kein anderer Weg sein wird, Gottes Zorn, den uns des Himmels und der Erden Zeichen scheinbarlich drohen, abzulehnen, denn wahre Bußfertigkeit in Ausreutung der Verunheiligung seines göttlichen Namens. Die Zeiten sind erschrecklich, die Läufe geschwind und fahrlich, der Welt Fürnehmen untreu, grimm und grausam, und zieht sich das Gewölk abermal zusammen zu einem ungestümen Wetter, und ist ungezweifelt große Aenderung vorhanden; noch dennoch bin ich gewiß: werden die christlichen Obrigkeiten die Laster mit eifrigem Ernst strafen, wird der gnädige Gott seine Strafe nachlassen. Und weil die Wahrheit der Lehre halber auf unserer Seite, wie sie denn auch in christlichem Leben und Wandel thätlich bei uns gefunden wird, wird uns die mächtige und gewisse Gotteshilfe ein sicherer Schutz und Schirm sein wider alles menschliche Rathen und Handeln unserer Widerwärtigen, und sich der Himmel wiederum aufthun in gnadenreichem Glanz und lauterer Farbe. So wir aber mit der Welt in gleicher Undankbarkeit in solchen großen Gutthaten Gottes erfunden werden, werden wir auch mit der Welt das Urtheil seines grimmen Zornes tragen müssen. Es steht meines Achtens Alles spitzig und auf dem Knopf; eines Theils erzeigt sich der Herr erschrecklich, spannt auf uns mit Pestilenz und Sorg des Unfriedens; daneben nichts desto weniger läßt er uns sehen seine große Benedeiung und Wohlthat in gnädiger Beschützung der Früchte, Weins und Korns. Mag es aber nicht helfen, wird es eben, wie man sagt, St. Johannes Segen und das Henkermahl sein; darnach wird es gar aus mit uns machen. Er geb uns und allen Menschen Gnade und Stärkung zur Besserung! Will mich hiemit E. W. als in allweg der Euer unterthänig befehlen mit christlicher Bitt, den treuen Gott für mich zu bitten, damit ich in seinem Dienst allzeit getreu erfunden und meine Arbeit nicht vergeblich werde, und ich euch, so es sein will, länger zu seinem Lob dienen möge. Wo es aber anders mit mir angesehen, und daß ich meinen Lauf dieser Reise mit Beschluß meines zeitlichen Lebens vollenden sollte, fürgenommen hätte, dazu ich mich dann, wie billig, in aller Gelassenheit ergeben habe, bitte ich euch nichts desto weniger, meiner Lehre, die ich nicht zweifle Gottes sein, allweg Angedenken zu haben, die euch dann auch so viel weniger argwöhnig sein mag, so viel sie aus lauterem Herzen und einfältigem Auge ohne irgend welches Ansehen zeitliches Genieß und anderer menschlicher Anfechtung geflossen ist, und die anderen getreuen Arbeiter im Gottesdienst desto günstiglicher und väterlicher für befohlen zu haben. Denn die Sachen werden sich gewißlich bald ändern, daß der getreuen Arbeiter ganz wenig werden."

Der Ruf nach Eßlingen brachte Blaurern große Unruhe; auch sein treuer Bruder Thomas fand die Nähe Württembergs bedenklich; doch erinnerte er ihn daran, daß der Christ, der am Ersten nach dem Reich Gottes trachte, allen andern Sorgen gute Nacht geben dürfe. Am Meisten drang abermals Bucer in seinen Freund, dem Rufe Folge zu geben: Niemand sei zum Apostolat geschickter; er nennt ihn den Apostel Schwabens. Nach der Mitte Septembers traf Ambrosius in Eßlingen ein und stieg im Hause Machtholfs ab, in welchem er während seines neunmonatlichen Aufenthalts die gastlichste Pflege und treueste Freundesliebe erfahren durfte.

In Eßlingen war die evangelische Sache bereits in die Herzen des Volks gedrungen; im August 1531 war der um seines lutherischen Bekenntnisses willen aus Waiblingen vertriebene langjährige Pfarrherr dieser Stadt, Licentiat Leonhard Wernher als evangelischer Pfarrer berufen worden. Allein ihm allein war die Sache zu schwer. Blaurer kam gerade recht; denn schon stand der Rath im Begriff, den lutherischen Gehling als ordentlichen Prediger zu berufen, was Ambrosius hintertrieb. Als Hauptgegner stand ihm entgegen der eben erst ernannte Stadtpfarrer, der Dominicaner Dr. Johannes Burckhardi, auf dessen Kunst und Gelehrsamkeit die altgläubige Partei Alles hielt, während Ambrosius von seiner Schlauheit und Verschlagenheit viel fürchtete. Am Schlimmsten stand es jedenfalls um Burckhardi's Character: aus dem einen Ort war er um Ehebruchs, aus dem andern um Diebstahls willen vertrieben worden. Als Blaurer kam, ward ihm vom Rath ohne Weiteres die Kanzel der Pfarrkirche geöffnet, ja er sollte gerade in der Morgenstunde predigen, in welcher bisher Burckhardi geprediget hatte. Dieser mußte sich eine andere Stunde wählen. Nachdem er aber vor mäßiger Zuhörerzahl einige Male mit großem Selbstgefühl sich hatte vernehmen lassen, ward er am 4. October sammt seinen Helfern auf die Rathsstube beschickt, wo ihm in Gegenwart Blaurers eröffnet wurde, der Rath habe beschlossen und wolle, daß fürohin Jeder, der zu Eßlingen predige, seiner Lehre und seines Glaubens vor Rath und Gemeinde Antwort gebe. Hiegegen wehrte sich der Pfarrer unter Berufung auf das Domcapitel Speier; als er nun wirklich in bisheriger Weise zu predigen fortfuhr, nahm man ihm die Schlüssel zur Sacristei ab, veränderte das Schloß und hinderte ihn so nicht bloß am Predigen, sondern auch am Messelesen. Auf dieses hin reiste er nach Speier ab und übersandte von dort eine gedruckte Protestation an den Eßlinger Rath. Blaurer schritt jetzt rasch vorwärts. Mit großer Entschiedenheit predigte er gegen die gotteslästerliche Messe, den götzendienerischen Heiligen- und Bilderdienst, den „Kälberdienst". Nach den 18 Ulmer Artikeln behandelte er das Ganze der evangelischen Lehre. Mit stets steigendem Beifall wurden seine Predigten gehört. Schon am 4. October sahen sich die Feinde veranlaßt, den zahlreich herbeiströmenden Nachbargemeinden den Besuch mit harten Drohungen zu verbieten; „aber (schreibt Blaurer an Bucer) der brennende Eifer ist nicht zu dämpfen, täglich glühender flammt er auf und wird sich demnächst zur größten Feuersbrunst steigern." Unwillkürlich drang sich der Reformator eine Vergleichung zwischen Geislingen und Eßlingen auf. Er schrieb an Bucer am 8. October: „Nachdem ich volle sechs Wochen die Geißlinger Gemeinde, sicher mit großer Anstrengung, aber auch mit geringem Erfolg unterrichtet, kam ich endlich auf wiederholtes Ersuchen nach Eßlingen. Und ich kann Gott nicht genug für diese Berufung danken, welche er selbst so sehr mit seinem Segen krönt, daß ich hier reichlich erstattet finde, was ich an den Geißlingern vermißte. Dort sollte ich so recht erfahren, wie gar nichts ist, der da pflanzet oder begießt, hier aber wie reich der Gott ist, der Wachsthum gibt und Alles in Allem wirkt, der mir eine weite Thüre aufgethan und bis jetzt mich vor allzuviel Feinden bewahrt hat."

Einen Augenblick wurde die Durchführung der Reformation in Eßlingen durch die Niederlage der Züricher und den Tod Zwinglis hinausgeschoben. Die Nachricht von Letzterem hatte Ambrosius tief erschüttert. Trotz seiner Vorliebe für den Gefallenen, scheute er sich nicht, über dessen Tod auf dem Schlachtfeld ein ungünstiges Urtheil zu fällen, indem es einem Bischof nicht zieme, den Waffenrock anzulegen. Uebrigens sieht er im Tode dieses Mannes, den Gott sicher zu Gnaden angenommen habe, nicht bloß ein Zeichen göttlichen Zorns, sondern auch eine Lehre für die Züricher, ihr Vertrauen nicht zu sehr auf Menschen zu setzen. Vielleicht werde Zwingli als ein zweiter Simson auch noch im Tod die Philister ins Verderben ziehen. Er schließt seinen Brief an Bucer mit den Worten: „Alles in Allem sei uns Christus, mit dessen Gnade uns begnügen lassend wollen wir unverzagt die Segel den Winden öffnen, um ihm zu folgen, wohin er uns führt, es sei durch Leben oder durch Sterben. Selig, wer einen gnädigen Gott hat und diesen Besitz wahrhaft genießen kann; unselig, wer in dieser Zeit solches Vertrauen entbehrt, welches uns, so lange es in ungebrochenem Herzen lebt, erlaubt, uns über uns selbst und alles Menschliche zu erheben." Dieses Vertrauen wußte Blaurer auch in Eßlingen zu wecken und zu stärken, so daß er am 27. November abermals an Bucer berichten durfte: „Hier sind Alle ganz ungebrochenen Muthes, so daß ich mich über die Beharrlichkeit dieser Anhänger Christi, die durch den schweren Schlag in der Schweiz keineswegs niedergeschlagen sind, nicht genug verwundern kann. Ich habe angefangen, diese Gemeinde über die Maßen lieb zu gewinnen und würde auch verdoppelte Arbeit nicht scheuen, wenn ich dieser und der Konstanzer Gemeinde zugleich dienen und an beiden Orten gleichzeitig sein könnte. Fast alle Herzen glühen, und täglich wächst die Zahl. Nach Gott hängen sie an mir fast ohne Maß und meinen in der Sache der Kirche nichts gethan zu haben, wenn sie es nicht auf meinen Rath thun, und mag es fraglich sein, ob sie Glück darin haben werden, jedenfalls thun sie es in einfältiger und frommer Gesinnung, welche Christus, wie ich glaube, wohlgefallen wird."

Nachdem sich der Rath in Betreff der Abschaffung der Mißbräuche der Zustimmung der Zünfte und der Bürgerschaft versichert hatte, wurden am 13. November Priester und Klosterleute auf Grund der achtzehn Ulmer Artikel über Messe, Bilder und Ceremonien verhört. Blaurer widerlegte die Einreden. Als Einige derselben die Einberufung von Gelehrten als Anwälten ihrer Sache begehrten, entgegnete Blaurer: Der Rath sei aus dem Worte Gottes und mit bewährter biblischer Schrift genugsam berichtet, und sei deshalb unnoth, einigen Gelehrten allher zu bringen, wiewohl er dieses fast wohl leiden möchte. So aber sie, Priester und Mönche, gelehrter Leute bedürften, so möchten sie dieselben in Monatsfrist nach Eßlingen bringen, der Rath wolle sie nach Nothdurft geleiten. Unbeirrt von diesen Ausflüchten und Drohungen schritt der Rath zur That: am 3. December ward die Messe abgeschafft, das evangelische Nachtmahl mit zwinglischem Ritus eingeführt, auch die deutsche und evangelische Taufe eingerichtet. Eine Gottesdienstordnung in zwölf Artikeln enthielt die wichtigsten Stücke der Lehre und des Gottesdienstes. Noch im December wurden die Altäre abgebrochen, die Bilder im Januar 1532 entfernt. Gleichfalls im December 1531 sandte der Rath in die Klöster Verordnete und Prädicanten, um ihnen das Singen, Messelesen, überhaupt den alten Gottesdienst streng zu verbieten und den Besuch des evangelischen Gottesdienstes zu empfehlen. Sofort wurden auch in den Klöstern Bilder und Altäre entfernt.

Mittlerweile hatte Ambrosius stets seine Konstanzer zu beschwichtigen, die mit großer Sehnsucht und Ungedulb seine Rückkehr begehrten. Am 2. December schrieb er an Georg Vögeli folgenden Brief: „Wenn ich nur eine Zeit hie bei den guten frommen Leuten bleiben könnte, wie sie gerne sähen und wahrlich von großen Nöthen wäre. Mir ist wind und weh zu Muthe: ich wollte je gern zu Konstanz sein, sonderlich dieser Zeit, und kann doch mit keiner Gewissen diese junge erstgepflanzte Kirche, die so ein gut Herz zu mir hat, verlassen. So ist ja viel an einem guten, stattlichen, satten Grund und Anfang gelegen. Wann ich gedenk, daß der fromme Paulus anderthalb ganze Jahr bei den Korinthern und drei Jahre bei den Ephesiern gewesen ist, dem doch Noth gewesen wär, an viel anderen Orten auch zu wachen, so weiß ich nicht wo hinaus. Alle Menschen sagen zu mir, sie wissen, komm ich bald hinweg, so sei es Alles vergebens, und erzeigen sich die Leute so ganz herzlich, daß sie mir großen Kummer schaffen. So muß ich ja in der Wahrheit bekennen, daß mein Abwesen Konstanz nirgends so nachtheilig ist, als mein Abschied Eßlingen sein wird. Denn der gut fromm getreu und gotteifrig Doctor Hans (Zwick) sammt den Andern nichts versäumen, und obwohl meine Lehr und Vermahnung auch vielleicht etwas nützte, wo ich einheimisch wäre, doch dasselbige nicht so fürträglich, als mein Abschied von hinnen schädlich sein würde. Also doch ich bei höchster Wahrheit mit dem Urtheil meines Gewissens nicht wüßte mich hinwegzuthun. Die frommen Leute sind ja auch unsere Brüder und Schwestern, denen wir so viel mehr zu dienen schuldig, so minder sie noch erstarkt und erbauet sind. Ich sehe wohl, was der Menschen Art ist und wie es zugeht; wollt etwas leiden, daß wir länger zu Ulm auch gewesen wären; so sind wir, nachdem es Alles mit der Feder vergriffen und fürgeschrieben worden, davongewüscht, und jetzt ist kein Nachdruck. Schreibt und klagt mir der fromme Som alltag, wie es mit der Straf und Zucht nun gar nichts solle. Also, besorg ich gänzlich, würde es hie auch gehen; darum wollt ich von ganzem Herzen gern harren, bis ich seh, daß alle Ding nicht allein fürgenommen, sondern auch gehandhabt würden. Denn mein Vermahnen und Anhalten mit Kraft Gottes Geist viel beschießen wird; wo man das Herz zu Einem setzt, da geht wahrlich von Statt, was sonst gar stille steht. Schreib ich euch, mein lieber Herr und Bruder, der Sach also nachzudenken sammt andern guten Herrn und Brüdern. Meine Anmuthigkeit singt mir nach dem Fleisch nirgendshin mehr denn heimwärts; hinwieder will mich mein Gewissen nochmals aus viel ansehnlichen Ursachen kurz nicht heimlassen. Ihr mögt selbst besser denn ich Gelegenheit dieser Stadt bedenken; es ist noch Alles grün, zart und in der Blust; möcht licht Wetter anfallen, es verdürb Alles. Wiewohl der lieb Gott allein das Gedeihen gibt, läßt er doch unseren Dienst gemeiniglich ein treffliches Mittel sein zu der Sach; der geb uns zu thun nach seinem Lob und Aufbauung seines Reichs." Am Schluß dieses Briefes zollt Blaurer seiner Vaterstadt ein hohes Lob in den Worten: „Mir ist, wenn es in der ganzen Welt fehlte, so könnte ich dennoch daran nicht zweifeln, anders denn der treue Gott zu Konstanz mit uns daran wäre, und ich weiß, daß er uns gnädig ist und wohl will, hat auch seinen Handel bei uns allweg so friedlich, beschaidelich und gnädiglich, daneben dennoch gewaltiglich und wunderbarlich geführt, daß wir ja haben greifen müssen, daß ers wohl und gut mit Gnaden gegen uns gemeint hat. Konstanz freut mich allweg, so ich dahin gedenke, wiewohl uns auch noch viel mangelt; aber, wohin ich komme, bedünkt mich, Ehrbarkeit hab bei uns größeren Fürgang." Schon am 11. December schrieb Blaurer wieder an seinen geliebten Stadtschreiber: „Meines Wiederkommens halber weiß ich wohl eines Raths Gemüth und Willen. Warlich die groß trefflich unvermeidlich Noth läßt mich noch nicht hinweg; denn wir begehren eine volle satte Reformation in Lehr und Leben anzurichten, und auf heut hält man groß und klein Räthe allhie der Ordnung halber; die ist in etlichen Punkten etwas besser gestellt denn die unsere; hoff, es soll für sich gehen. Des gemeinen Schandhauses halber hab ich meines besten Vermögens öffentlich geprebigt und insonderheit vermahnt, daß mir nicht zweifelt, es werde abgeschafft, wiewohl sich der Teufel sehr strüßt und auflehnt und viel davon geredet wird. Jedoch hoff ich gänzlich, die Sach sei dermaßen angebrittlet, sie werde hindurchgehen sammt anderem christlichen Fürnehmen. Darum es die hohe Noth erfordert, daß ich jetzt keineswegs abscheide, denn es erst am rechten Treffen ist, und bittet mich alltag Jedermann, sonders die Gutherzigen, die gerne sähen, daß die Sach

6*

einen Bestand hätte, ich solle um kein Sach hinweg, sonst seie es Alles verloren und werde der Bau eines Walls wieder einfallen, wie ich denn selbst am Besten urtheilen kann nach aller Gelegenheit. So weiß ich daneben, Gott sei ewiges Lob, daß bei euch diese Noth nicht ist; ihr seid wohl und genugsam versorget; Gott gebs wohl anzulegen." Zum Neujahr 1532 sandte nun Ambrosius ein längeres Mahnschreiben an die Konstanzer Gemeinde, welches von seiner innigen Liebe und eifrigen Fürsorge für dieselbe Zeugniß gab und von der Kanzel durch Joh. Zwick verlesen, auch später auf vielfaches Begehren in Druck gegeben wurde mit dem Titel: „Ein Sendbrief Ambrosii Blaurer an die christliche Gemeinde zu Konstanz, von Eßlingen aus geschrieben im 1532. Jahr. Daraus ein jeder Christ großen Trost in dieser trübseligen Zeit empfahen, Stärkung nehmen, und wie er sich schicke, erlernen mag." Der Reihe nach mahnt er darin Obrigkeit, Unterthanen, Hausväter und Hausmütter, Eheleute, Kinder, junge Gesellen und Töchter, Jungfrauen und Wittwen, Knechte und Mägde, Herren und Frauen an ihre Pflichten und schließt mit der Bitte: „Bittet auch hiemit mit Fleiß und Treue für mich, daß der Herr meinen Weg bald wiederum zu euch fertige und meine Arbeit hie zu Eßlingen reichlich fruchtige, wie sich denn bis anher alle Sachen in dieser Stadt nach Gottes Willen zu allem Guten wohl anschicken. Und habet also noch eine kleine Zeit in christlicher Liebe meines Ausbleibens halber Geduld. Denn wir ja aller Menschen Schuldner und Jedermann zu dienen billig geneigt sind, dieweil uns der treue Vater im Himmel auch lange Zeit gedienet und in seinem gnadenreichen Wort wohl hat lassen erbauet werden. Ich will mich länger, denn die Nothdurft erfordert, keineswegs säumen: denn Gott ist mein Zeuge, daß mich nach euch allen herzlich verlanget. Wollt es aber vor seinen Augen gefällig sein, daß ich nicht mehr zu euch kommen, sondern auf dieser Reise mit meinem Blut und Leben seinem h. Wort Zeugniß sollte geben, wie denn die Drohung Vieler gegen mich heftig und die Fährlichkeit groß ist: wollet euch darum nicht bekümmern, sondern vielmehr fröhlich und dankbar sein, daß mich seine ewige väterliche Güte deß gewürdiget hat. Dort wollen wir ja allweg und ewiglich in seinem Reich bei einander sein; allein bittet und betet, daß er mein Herz und Geist freudig und standhaft machen und erhalten wolle bis ins Ende. Die Zeit ist kurz und hinfällig, der Richter steht vor der Thüre, das Ende aller Dinge naht; darum seid umsichtig, wachet im Gebet und Danksagung, reißet eure Herzen ab von der argen betrüglichen Welt, lasset eure Wohnung im Himmel sein, da Christus sitzt zu der Rechten seines Vaters. Seid gesund, fest und einfältig im Glauben, habet einander lieb, verzeihet einander von Herzen, sterbet ab dem Fleisch, lebet dem Herrn, damit ihr auch in ihm sterben und ewiglich bei ihm bleiben möget!"

Während die Geduld von Konstanz durch immer erneute Bitten des Eßlinger Raths um Verlängerung des Urlaubs auf harte Probe gestellt wurde, baten auch zwei andere Reichsstädte, Augsburg und Heilbronn, um Ueberlassung des Mannes, der die besondere Gabe besaß, den Strom der Reformation in ein friedliches Bett zu dämmen und mit seiner evangelischen Milde und Besonnenheit den gährenden Zwiespalt auszugleichen. Beiden Städten mußte ihre Bitte abgeschlagen werden; den Heilbronnern schrieb der Eßlinger Rath: „Meister Ambrosius sei bei dieser Zeit Läufen sicherlich mit keinem Fügen zu ihnen zu bringen, denn sie ihn allhier in ihrer Stadt vor denen, die dem Wort Gottes widerwärtig seien und täglich in ihre Stadt wandeln, mit Sorgen bewahren müssen." Wirklich war Blaurers Leben in Eßlingen bedroht: die österreichische Regierung in Württemberg konnte nicht gleichgiltig zusehen, wie in Mitten des Landes ein Heerd der Reformation aufgerichtet ward, und versuchte mit rechten und unrechten, jedenfalls mit vergeblichen Mitteln zu wehren. Um so energischer schritt unser Reformator vor. Nach Entfernung der Greuel aus den Kirchen sollten sie auch aus den Herzen und dem Leben hinweggenommen werden. Schon am 8. December 1531 hatte Blaurer an Bucer geschrieben: in jetzigem Augenblick werden über Zucht und Strafe, weltliche und kirchliche, Bestimmungen getroffen. Am 14. Januar 1532 wurde eine Ordnung und Satzung eines E. Raths der h. röm. Reichsstadt Eßlingen, welcher maßen alle ärgerlichen und sündlichen Laster angegeben und gestraft werden sollten, öffentlich von der Kanzel verkündigt. Diese Ordnung ward im gleichen Jahr gedruckt. Neben dieser der Konstanzer nachgebildeten Zuchtordnung suchte Ambrosius eine geistliche Bannordnung einzuführen und legte dem Rath einen Entwurf dazu vor: die um grober Laster willen Gestraften sollten von den Zuchtherren oder dem Rath den Predigern angezeigt werden, damit ihnen der Tisch des Herrn eine Zeit lang verboten würde, bis sie nach aufrichtigen Zeichen der Buße und Besserung mit der Kirche auf ihr Ansuchen wieder ausgesöhnt würden. Der Rath aber, auf jede geistliche Herrschaft eifersüchtig, scheint diesem Entwurf seine Zustimmung versagt zu haben. Auch die Secte der Wiedertäufer, welche in Eßlingen festen Fuß gefaßt hatte, wußte Ambrosius durch sein versöhnliches Auftreten wieder für die Kirche zu gewinnen. Schon am 27. November 1531 konnte er an Bucer schreiben: „Die Wiedertäufer behandle ich also, daß sie mich sehr lieb haben und unseren Predigten regelmäßig mit aller Aufmerksamkeit anwohnen; die Mehrzahl derselben ist von ihrem Irrthum ganz abgestanden und pflichtet uns in Allem zu; von den Uebrigen, deren Zahl sehr gering ist, versehen wir uns des Gleichen;" am 23. December: „Die Wiedertäufer treten mehr und mehr zu uns über," und am 2. Febr. 1532: „Das Gift der Wiedertäufer schadet allenthalben der Kirche viel; dieses Gift ist um so schädlicher, je verborgener es ist. Hier schenkte mir Christus einige von diesem Gift angesteckte Bürger, und es gibt nur noch ganz wenige, die zu dieser Secte gehören." Blaurer urtheilte um so milder über die Wiedertäufer, je weniger er sich verbarg, wie ihr einseitiges

Auftreten durch eine nicht minder gefährliche Einseitigkeit dessen, was sich damals als evangelisches Wesen da und dort breit machte, hervorgerufen sei. Er bekannte. „Wir selber tragen einen großen Theil der Schuld. Man will bei uns so wenig von wahrhafter Buße hören, daß unsere Lehre selbst dadurch verdächtig werden muß. Arbeit und Leben wird mir zuwider, wenn ich den Zustand vieler wenig evangelischen Städte betrachte, in welchen kaum irgend eine Spur ächter Bekehrung sich aufweisen läßt. Aus der christlichen Freiheit wird durch eine gottlose Auslegung die Freiheit Sünde zu üben gemacht. Alles preist die Gnade des Heilands. Es ist behaglich, umsonst gerechtfertigt, erlöst, beseligt zu werden. Aber da ist Keiner, der gegen die Abtödtung des Fleisches, gegen Kreuz und Leiden und gegen christliche Ergebung sich nicht mit Händen und Füßen sträubt." Auch dem Junker von Thumb im benachbarten Köngen half Ambrosius seine Kirche reformiren. Der Armen und der Schulen, auch der deutschen Schulen nahm er sich besonders an. Seine letzte Sorge galt der Berufung tüchtiger Prediger. Die Unterhandlungen hierüber und damit der Aufenthalt des Reformators in Eßlingen zogen sich in die Länge. Wernher war nicht zu einem Vorstand der Kirche geeignet, ebensowenig der schon Ende Octobers eingetroffene Martin Fuchs; nach verschiedenen mißglückten Versuchen nahm endlich am 10. April Jakob Otther, Prediger in Aarau, früher in Straßburg, den Ruf an; nur bat er um einen Aufschub von 5—6 Wochen. Um die Mitte Mai's traf er in Eßlingen ein und ward von Blaurer in das Eßlinger Predigtamt eingeführt. Noch vor seiner Ankunft hatte Ambrosius am 28. März sämmtliche Prediger versammelt und sie vermahnt, wie sie unter einander und der Kirche wegen handeln sollten: Sie sollten allein auf die Schrift, nicht auf Commentare geben und hernach erst, wenn sie die Schrift untersucht, Commentare besehen, ob sie in der Auslegung mit ihnen zusammenstimmen; die Mißbräuche und päpstlichen Ceremonien sollen sie nicht zu oft auf den Kanzeln besprechen, vielmehr das Volk stets zu Fried und Einigkeit, die Obrigkeit aber zu treuer Pflichterfüllung auffordern; in den Predigten sollten sie nicht viel Spitzfindigkeit brauchen, so sie etwa predigen von des Herrn Nachtmahl oder von ehelichem Stand und Ehehändeln; alle Wochen sollen die Prediger einmal zusammenkommen und alle Geschäfte der Kirche und Diener der Kirche mit einander treulich und brüderlich handeln; wo nichts Sonderliches zu handeln, sollen sie etwas aus der hl. Schrift mit einander tractiren; der Armen sollen sie nie vergessen, sondern das Volk in den Predigten mahnen, die Armensteuer treulich in das Säcklein zu geben; in der Kirchenzucht sollen sie nicht fahrlässig sein, sondern den Bann allweg mit großem Fleiß führen gegen die, welche um grober Laster willen gestraft und mit der Kirche noch nicht versöhnt seien; endlich solle bei seltsamem Geschrei oder Kriegsläuften in der Versammlung und in den Predigten davon geredet werden, auch sollen Mittheilungen auswärtiger Prediger in der Versammlung verhandelt werden.

Am 30. Juni hielt oder las Blaurer unter tiefer Bewegung der ganzen Gemeinde seine Abschiedspredigt, welche er nachher drucken ließ, um das Gerücht zu widerlegen, „daß zu Eßlingen große Uneinigkeit sei und ein seltsamer Lärmen, auch daß Blaurer Nachts habe über die Mauern ausfallen und entlaufen müssen, und seien die Messen wiederum aufgerichtet sammt den Götzen." Nachdem er die Eßlinger in dieser Predigt alles Ernstes gebeten hatte, auf dem gelegten Grunde fortzubauen, sagte er zum Schluß: „Hiemit dank ich auch euch allen meines höchsten Vermögens aller Treu, Liebe, Gutthaten und Freundschaft, so ihr mir so vielfältig und gutwillig bewiesen und erzeigt habt. Der milde, reiche Gott, welchen ihr in mir lieb habet und ehret, wolle es Alles gnädiglich mit hundertfältigem Wucher zeitlich und ewig erstatten. Mich freut, daß er mir so viel frommer gottseliger Leute und liebe Kinder unter euch hat zu erkennen gegeben, und ich weiß, wie lieb mich dieselbigen haben um seinetwillen, und wie herzlich gern euer viel mich allweg bei ihnen hätten, bei denen ich auch nicht minder gern sein wollte. Weil aber der liebe Gott meine Berufung anderst hat angerichtet, muß und will ich derselbigen geleben und warten und soll sein Wille billig einen Fürgang haben. Es ist hie nichts Bleibliches auf Erden, unser Gemüth aber und Geist soll allweg in dem Herrn unzertrennt bei einander sein: hoff doch daneben, er werde uns auch noch oft leiblich zusammenhelfen und geistlichen Trost von einander haben lassen. Allein seid mittlerzeit allweg eingedenk meiner Treu und unverdrossenen Arbeit, daß ich euch allen Willen Gottes eröffnet, euer keins Silber noch Gold begehrt und gar nicht das Eure, sondern euch selbst und euer ewiges Heil zu fördern gesucht habe, und beweiset euch also in aller standhaften Gottseligkeit, daß ich auch in meinem Abwesen Gutes und einen christlichen Fürgang in gottgefälligem Wandel an euch hören und euer herzlich erfreut werden, auch mit Paulo sagen möge: Ihr seid meine Hoffnung, meine Freude und die Krone meines Ruhms vor dem Angesicht unseres Herrn Jesu Christi. Bittet für mich mit Geist und Wahrheit, daß Gott meinen Weg in Gnaden fertigen wolle, damit ich entrinnen möge allem blutgierigen Aufsatz der Widerwärtigen unseres h. Glaubens. Wo es aber also sein guter Wille, seiner Ehr und meinem Heil fürderlich wäre, daß ich fiele in die Hände der Feinde und ihr deß inne würdet: bitt und begehr ich von Herzen, ihr wollet Liebe und Barmherzigkeit an mir beweisen und mit herzlichen Begierden zu ihm rufen, daß er meine Schwachheit stärken und meinen Geist gewaltiglich erhalten wolle, damit mich kein leiblicher Schmerz noch Tod des Fleisches bringe von der Wahrheit seines lebend machenden Worts, welches ich von Herzen geglaubt und mit Mund bekannt hab, sondern demselbigen in der Kraft seines Geistes unüberwindlich anhange. Dieß wollte ich euch in Kürze vermahnt und erinnert haben, damit ihr meines Abschieds alle ein gemein Wissen hättet und nicht aber viel und mancherlei Lügen für die Wahrheit umgetragen und die Schwa-

chen dadurch verärgert würden. Aufrecht und immer wissilich habe ich
bei euch gehandelt; was mir von den Mißgünstigen mit der Unwahrheit
aufgelegt worden, ist zum Theil offenbar worden, zum Theil wird es sich
noch finden, wie ungetreulich sie an mir gefahren sind. Der Vater aller
Gnaden verzeih' ihnen und wende sie von der Lüge zur Wahrheit."

Der Abschied von Eßlingen ward Blaurern sehr schwer. Nicht leicht
hatte sich ein innigeres Band der Liebe und des Vertrauens zwischen Prediger und Gemeinde irgendwo gebildet als hier. Die ganze Stadt, von
den Vorstehern bis herab zum geringsten Bürger, bis zu den Armen, welchen er mit dem Seinigen fast über Vermögen aushalf, liebte ihn. Wie
oft grüßte er in seinen Briefen an Machtolf Alt- und Neubürgermeister,
die Zunftherren, die Zuchtherren sammt allen guten Brüdern und Schwestern. „Ich kann nicht allweg, schrieb er einmal, Alle und Jedes besonders
ausdrücken, will euch einmal einen Zettel schicken, daß ihr den habt einmal
für allemal und allweg dieselben grüßet." Blaurer blieb der Vater seiner
Gemeinde Eßlingen; nichts Wichtiges nahm man ohne Einholung seines
Rathes vor; die Prediger mußte er ihnen in der Regel schicken; in Zer-
würfnissen derselben trat er als gerechter Schiedsmann auf; für Kirche
und Schule legte er fortwährend Fürbitte ein. Eine treue Freundschaft
bewahrte er seinem ergebenen Hauswirth, dem Stadtschreiber und dessen
Familie. Wie oft kehrt in seinen Briefen an Machtolf dessen Kind „das
Agnesle" wieder, dem er erst Wagen oder Schlitten schicken will, daß es
zu seiner Hochzeit komme, und das später seinem Kind zur Taufe zünden
soll. Es ist ein schönes Zeichen für Blaurer, daß er die Kinder so liebte,
und diese ihm so anhänglich waren; der von allen Seiten in Anspruch
genommene Mann vergaß seine Eßlinger Kleinen nicht, und die Grüße an
das Agnesle, die zwei Bärbelen, das Bäßle, Dieterle, wiederholen sich
immer. Wie von Ulm, so nahm Ambrosius auch von Eßlingen für alle
seine Mühe kein Geschenk, nicht einmal für seine Auslagen eine Entschä-
digung an. Nur für seinen Gastwirth war er besorgt, daß ihm für seine
Verköstigung die Ausgaben ersetzt werden, und als er erfuhr, daß demselben nur 110 und nicht mindestens 200 fl. geworden seien, schrieb er ihm
sehr ungehalten: „Das kann ich wohl erkennen, die Kostung ist groß
gewesen und hat lang gewährt, nicht allein mit mir und dem Knecht, sondern mit viel andern zufälligen Dingen; wohlan, ich will ungespart sein,
ob ich mit der Zeit handeln möchte, daß euch Solches noch vergolten
würde; mich sollet ihr allweg als den Euren zu euren und der Euren
Diensten verpflichtet haben; wollte wahrlich euch von Herzen gern dienen,
wo mir möglich wäre; der reich Gott woll' es erstatten mit seinem väterlichen Segen." Der Eßlinger Rath sandte noch an den Konstanzer ein
besonderes Danksagungsschreiben, daß dieser ihnen den ehrsamen wohl-
gelehrten Meister Ambrosius ihren lieben Herrn und Vater eine Zeit lang
vergönnet, „wie denn derselbig uns und unserer Gemeind in die vierzig

Wochen mit göttlicher und wahrer heller evangelischer Schrift, mit ganz getreuem, möglichem und ungespartem Fleiß dermaßen unterwiesen und in unserem Gewissen ruhig gemacht, auch also einen ehrbaren, aufrechten, vor aller männiglich unstrafbaren Wandel geführt, daß wir sonder Zweifels wohl gespürt und vermerkt, in was grausamer Irrthum, so der allmächtige ewige Gott unserer Sünden halb, und daß wir ganz und gar von ihm abgewichen, fremden Göttern gedient, über uns verhängt, wir bis anher gesteckt und nunmehr durch die Gnad des Allmächtigen durch uns zugeschickten Werkzeug davon erlebigt und des hellen klaren Lichts göttlicher Wahrheit Wissens empfangen und sonsten, wie wir ihm gemäß gegen Gott dem Allmächtigen und unserem Nächsten erzeigen und halten sollen, unterrichtet: deß sagen wir zuvor dem Allmächtigen, unserem einigen Erlöser und Seligmacher, und nachfolgends eurer fürsichtigen ehrsamen Weisheit als unseren getreuen freundlichen lieben Nachbarn fleißigen und hohen Dank." Eßlingen blieb Blaurern vor allen auswärtigen Gemeinden, denen er diente, die Krone seines Ruhms.

4. Heimkehr und Verheirathung.

In den ersten Tagen Juli's trat Blaurer seine Heimfahrt an, zunächst über Ulm, wo er im Hause von Frecht abstieg. Da er die Gelegenheit der Kirchen nicht so gut, als er verhofft, gefunden hatte, ward er bestimmt, sich aufzuhalten. Er besprach sich mit Bürgermeister Besserer und den Predigern über Kirchen- und Schulwesen, Kirchengesang und Abendmahlsfragen und beruhigte das Volk, das wegen eines Fleischaufschlags gegenüber dem Rath meuterisch war. Manche sagten freilich, er sei nur dazu von Eßlingen gekommen, um das Volk zu dem zu drängen, was die reichen Junker beschlossen! Am 19. Juli reiste er nach Memmingen ab, wo er für den an Beinbruch kranken Prediger Schenk acht Wochen das Amt versah und Vieles zu ordnen fand. Mit tiefem Unwillen ward er gewahr, wie noch hie und da auf den Ortschaften Messe gelesen werde, auch auf der zur Stadt gehörigen Landschaft die Bilder noch in den Kirchen wären, und drang auf die Abschaffung von Beiden. Für die Prediger begehrte er bessere Besoldungen und Anlegung einer Bibliothek für sie. Die Zucht- und Kirchenpflege-Ordnung wünschte er schärfer. Endlich bat er noch, daß die Obrigkeit bei diesen gefährlichen Zeiten einen oder zwei Tage in der Woche verordnen solle, daß man zu bestimmten Stunden in der Kirche zusammenkäme, vereint Gott um Abwendung aller Gefahr der Christenheit anzurufen. Am 14. September kam er nach Isny, von wo aus er am 20. September an Machtolf schrieb: „Bleib ein kleines Zeitle hie, wie ich denn hoch gebeten bin worden. Weiß nicht, wann ich verrück; bin acht Wochen zu Memmingen gewesen, werde mich zu Lindau auch etliche Tage säumen; gedenke oft, ich komme nimmermehr heim; beschehe der gute Gotteswille in allen Dingen." Das kleine Zeitle dehnte sich abermals fast zu einem halben Jahre aus. Am 10. October schreibt er an den Eßlinger Rath: „Ich bin hier von viel Gutherzigen und zuvor von einem ehrbaren Rath hoch und bringlich erbeten worden, etliche Tage zu verharren und ihnen auch meinen Dienst in Verkündigung des reinen Gottesworts zu beweisen, welches ich nach mir verliehener Gnad mit Treuen gethan und mein Beiwesen, nachdem ich mancherlei Mängel befunden, jeßund in die vierte Woche erstreckt habe, auch u. A. das Gößenwerk, so noch täglich in dem Benedictinerkloster, in der Stadt Ringmauer gelegen, im Schwank geht, mit Gottes Wort angetastet und eine ehrsame Obrigkeit zur Abschaffung desselbigen ernstlich und bringlich vermahnt, sonderlich angesehen, daß sie jeßund viel Jahr Gottes Wort bei ihnen gehabt und die Schwere und Größe dieses Greuels nach aller Nothdurft erlernt, sich auch jetzt zu den Städten verpflichtet, die Solches und Anderes, so wider Gott und sein Wort ist, hin und ab gethan haben. Nun aber über all mein ernstliches Anhalten will die Sache nicht ab Statt gehen und liegt ihnen menschliche Furcht für und für im Weg, die denn der Obrigkeit von etlichen Böswilligen eingestoßen und viel greulicher, denn sie an ihr selbst ist, fürgebildet wird, auf Meinung, als sollte solch thätlich Handlung wider den ausgeschriebenen Landfrieden und große Fahrlichkeit deshalb von Herrn Wilhelm Truchsessen, welcher ihr Nachbar und des genannten Klosters Kastvogt ist, zu besorgen sein. Der werde die Bürger fahen, stechen, würgen, wo sie ihm vor der Stadt in die Hände kommen, auch seine Unterthanen nicht mehr Eier und Schmalz und dergl. in die Stadt tragen lassen. Und so denn solches Alles eine nichtige, vergebliche und allein von den Böswilligen und etlichen keinnußen Practicirern eingetriebene Furcht ist, und nichtsdestoweniger hie zu Jsny Jedermann begierig ist, gemeldeten Gößen= und Meßgreuel aus der Stadt zu fegen, habe ich gedacht, ein tauglich und bequem Mittel sein möge, der Obrigkeit hie das Herz zu stärken, so sie von andern ihren mitverwandten ehrbaren Städten, so dann alle auch dermaßen gehandelt, schriftlich vermahnt und unterrichtet würden, daß ihnen Solches zu thun christlicher obrigkeitlichen Schulden halber in allweg gebührte und dadurch der Landfrieden keineswegs gebrochen, sondern allein basjenige, so die Unsern in aller bis anher geübter Handlung auf etlichen gehaltenen Tagen ihnen haben vorbehalten, gehandelt würde." Außer den Eßlingern hatte Blaurer auch die von Ulm, Memmingen und Konstanz um solche ermuthigende Zuschriften an Jsny gebeten und sie erhalten. Allein die Obrigkeit ließ sich immer aufs Neue durch Wilhelm Truchseß einschüchtern, welcher dem Rath mit viel klugen, glatten Worten verhielt, mit solchen Neuerungen stille zu stehen; kr. Maj. würde diese Sachen bald all gutmachen und zurechtlegen. Blaurer schreibt an Machtolf: „Die frommen Leute bedauern mich von Herzen, bekennen, es seie die Wahrheit, wie ich sage, dürften aber nicht, so gar werden sie verführet. Nun bin ich vollends nicht zu verrücken, bis dieser Teufel auch Haar läßt." Mit dem Kastenvogt des Klosters „laichten" der neu eingesetzte Abt und der Stadtschreiber, obwohl dieser angesehen sein wollte, als ob er auch dem Handel wohl wolle. In der Stadt ging endlich die Sache vorwärts; am 21. December schreibt Ambrosius: „Hie zu Isny sind die Götzen aus den andern drei Kirchen geräumt, aber im Kloster stehen sie sammt der Meß noch ganz aufrecht. Es ist sonst eine überaus handliche gutherzige Gemeinde hier und sähe Weib und Mann gern, daß alle Greuel abgeschafft würden, ist man ganz übel zufrieden mit dem Stadtschreiber." Aber noch am 17. Januar muß Blaurer seufzen: „Hie steht es noch wie vor; weiß nicht, wie es sich schicken will. Alles Volk ist hitzig und sähe gern einen Fürgang; aber die Zunftmeister sind dermaßen durch den Stadtschreiber abgerichtet: ich meine, wenn Christus selbst käme und Todte auferweckte, es hälfe nichts. Sie meinen auch, man sollte nun gar nichts mehr davon predigen; es wird aber nichts daraus. Herr Wilhelm schreckt die Leute durch den Stadt=schreiber, daß sie wähnen, der Himmel hange voll Hallibarten. Ich bitte Gott, er wolle ein gnädiges Einsehen haben und die Sache, weil sie sein, selbst in die Hände nehmen. Blaurer sollte der Reformation im Kloster nicht mehr zum Durchbruch helfen. Gleichwohl war sein Aufenthalt in Isny ein reich gesegneter. Besonders wichtig ward derselbe durch die Bekanntschaft, welche Blaurer mit dem Rathsherrn Peter Buffler machte, in dessen Hause er wohnte. Er wußte diesen und seine Brüder zu einer reichen Stiftung zu Bildung junger Leute für den Predigerstand zu gewinnen. Die Stiftung kam 1534 durch einen Vertrag der Städte Isny, Konstanz, Lindau und Biberach zu Stande. Während Blaurers Aufenthalt in Isny gingen auch zwei kurze Schriftstücke von ihm in Druck, nemlich sein in Augsburg gedrucktes Gebet wider den Türken und dann Ein neu Gschicht, wie ein Knäblein bei Isone umb zwelff Jar wunderbarliche Gesicht gehabt und von mancherlei Tröwung der Straff Gottes darin geret habe. Durch Ambrosium Blaurer beschrieben. Was den auf einem einzigen fliegenden Blatt beschriebenen Vorfall betrifft, so schrieb Blaurer darüber den 17. Januar 1533 an Machtolf: „Es ist ein eilfjährig Knäblein, eine Meile Wegs von hinnen in einem Dorf in Herr Wilhelm Truchsessen Gebiet, das ist hie gewesen, wurde verzuckt und sagt wunderbarliche Dinge." Blaurer wollte an Besessenheit glauben, war aber ungehalten, daß seine Schilderung ohne sein Wissen gedruckt wurde, da er zwar für die Wahrhaftigkeit der Erzählung einstehen wollte, es aber für unpassend fand, daß solche Dinge unter das ohnedem nur allzu abergläubische Volk ausgebreitet werden. — Im Februar 1533 reiste Blaurer von Isny nach Lindau, wo zwar schon im Frühjahr 1529 Messe und Bilder abgeschafft waren, die Aebtissin sich aber im Besitz der Stiftskirche der Reformation entgegensetzte. Blaurer siegte zwar nicht über diesen, erst 1536 über=

wundenen Widerstand, doch wirkte er auch in Lindau ermuthigend und veranlaßte den Rath zu Einführung einer Zuchtordnung. Am 17. März bestieg er endlich das Schiff, um nach einer Abwesenheit von beinahe zwei Jahren in dem ersehnten Hafen der Heimath zu landen.

Manches hatte sich unterdessen in Konstanz nicht zum Besseren gewendet. Die Niederlage Zürichs, der Sieg der Altgläubigen in der Schweiz brachten Konstanz fortwährend große Verlegenheiten. Die schweizerische Tagsatzung hatte alle kirchlichen Einkünfte und Zehnten im Thurgau dem Bischof und Domkapitel zuerkannt; Konstanz hatte keine Mittel seine Prediger und die zurückgebliebenen Priester zu ernähren. Tägliche Rathssitzungen veranlaßten diese Verlegenheiten. Auch zu Hause fand Ambrosius wenig Muße. Erfreut wurde er erst durch den Besuch von M. Zell, welcher an einem Tage dreimal mit großem Beifall in Konstanz predigte, dann durch einen Besuch Bucers, der auf der Reise nach Zürich einige Tage im Blaurer'schen Haus rastete. Doch Ambrosius war mit dem Vorsatz von Eßlingen abgereist, sich einen eigenen Heerd zu gründen, obschon er sich ein dürres Holz nannte und meinte, es wolle nicht gehen, zu predigen und Kinder zu haben. Schon auf seiner langsamen Heimreise bot sich ihm wiederholt Gelegenheit, in einer der Reichsstädte eine Wahl zu treffen. Von Memmingen aus hatte er am 3. September 1532 an Machtolf geschrieben: „daß ich hie in einem Heirath stehe, kann ich euch nicht verhalten, mag doch gleich sobald nichts als etwas daraus werden. Wenn es Gottes Willen wäre, hielte ich's für ein besonderes großes Glück, denn es aller Ding ein ganz guter Heirat für mich wäre. Die Tochter ist mir gar gutwillig sammt der Mutter, es liegen aber andere Leute im Wege, die doch nicht mehr schaffen werden, denn Gott ihnen zuläßt. Dem sei es befohlen. Gerathet es, so habe ich doch eine gute selige Reise gehabt." Es handelte sich um eine Tochter des Apothekers in Memmingen; aber die Sache zerschlug sich aus folgendem, von Ambrosius selbst erzähltem Grunde: „Der Mangel ist allein am Vater. Die Mutter, Tochter und Geschwister sind gar gutwillig, der alte Mann aber ist ganz angefochten, sorgfältig und klommen, hat mich überaus lieb, aber in dieser Sache scheut er allein meinen Stand; daß ich also im Land umfahre; sagt, er würde nicht schlafen noch Ruhe mögen haben, so sehr würde er alltag fürchten, mir beschähe oder widerführe etwas. Wo ich fürohin daheim wollte bleiben, würde er sich eines Guten bedenken; sonst müßte ihm die Sach ein Abbruch seines Lebens sein. Aber dahin kann ich mich nicht begeben; muß mich Gott brauchen lassen, wozu er mich haben will." In Isny empfahl ihm Buffler die Tochter des Bürgermeisters Keller in Memmingen, doch wollte er einen Entschluß auf seine Heimkehr und den Rath seiner Geschwister Thomas und Margaretha ausgesetzt sein lassen. Diese empfahlen ihm Katharina Walter von Blibeck, welche im benachbarten Kloster Münsterlingen Nonne gewesen war. Wir besitzen noch das Lied, in welchem Ambrosius um sie freite:

Ein christlicher Bulbrieff an Fraw Cathrinen Walterin, damals Chorfrowen zu Münsterlingen.

1. Al zytlich gut uff erden
   Und was ghört zum lib,
   Mag nit verglichet werden
   Eim weibelichem Wib.

2. Für berle und all waren
   Lobt sy gar hoch der Wis,
   Er hat es selbs erfaren,
   Drum gibt er ir den pris.

3. Si dunckt in ein thürs kleinod
   Und fragt, wo man sy find,
   Daby er dann vermeinet,
   Das ir gantz wenig sind.

4. Nun hett ich eines funden
   An üch, o Jungfrow zart,
   O das mirs Got wöllt gunden,
   Wie glücklich wär min fart.

5. Ach Jungfrow laßt üch gfallen,
   Uff erd beger ich nit mer,
   Jr lieben mir ob allen
   In rechter Zucht und ehr.

6. All üwer wis und wandel,
   Gotsforcht und junger sin,
   Auch was sunst ghört zum handel,
   Macht, das ich üch geneigt bin.

7. Von Got sind ir gezieret
   Mit gaben mancherley,
   Min hertz üch stets hoffieret,
   Zu got thuts mangs schrey.

8. O Got, das glück wolst senden
   Mit heil on alle rüw
   Und iren willen wenden
   Zu mir in elich trüw.

9. Wer es von dir angsehen,
   O Got und Vatter min,
   Wis möcht mir bas bestehen,
   Du weist, wie blöd ich bin.

10. Ich ruff zu dir in stille,
    Gib gnad, das daby sey
    Vatter und mutter wille,
    So stat die sach gantz frey.

11. Ich bin nit werd einichs guten,
    Dinr gnad leb ich allein,
    Und wil mich gantz vermuten,
    Umsunst wölst mir gut seyn.

12. Min sinn und vyl gedencken
    Wirts als vergeblich sin,
    Dis gab mustu mir schencken,
    By dir stat all min gwün.

13. Din wort lert mich dir truwen,
    Uff dich verlassen mich,
    Daruff will ich stiff buwen,
    Min sorg wirff ich uff dich.

14. Willdu, so kansts wol fügen,
    Nichts mag dir widerston,
    Dins gunsts laß ich mich bnügen,
    Wils daby bliben lon.

15. Dir sey es gantz ergeben,
    Bis du der vatter min,
    Die sach und al min leben
    Laß dir befohlen sin.

16. Dem du das glück wirst gunnen,
    Dem wirds und auch sonst keim,
    Die sach hat er gewunnen,
    Die brut fürt er auch heim.

17. Schicks als nach diner güte,
    Laß uns sin dine Kind,
    Die jungfrow mir behüte,
    Das ich sy willig find.

18. Dis gschrey und vyl berglichen
    Für ich uß hertzensgrund,
    Von üch kann ich nit wichen,
    Ich wart einr guten stund.

19. Ach laßt mich das genießen,
    Mit trüwen ich üch mein,
    Kein bing sol mich verdrießen
    In ürem Dienst zethun.

20. Von jugent, gut, gstalt, ere
    Findt' ir wol ander man,
    Doch sind der stük noch mere,
    Da vyl ist glegen an.

21. Ein mann von großer Jugent
    Grat glich übel als wol,
    Zimliche Jar mit tugent
    Man nit ring achten sol.

22. Umb gut ists auch bald bschehen,
    Es ist alls farend hab
    Wie wir dann täglich sehend,
    Wen Got will, so nimpts ab.

23. Rich ist, wer hat Gots hulde
    Und sich benügen laht,
    Der hat kein tödtlich schulde,
    Im segen Gots er stat.

24. Auch ist schön lieblich gstalte
    Gantz itel, spricht der Wys,
    Glich wie der blum abfalte,
    Gar kurtz ist al ir priß.

25. Schön ist wer Fromkeit liebet,
    Hüpsch ist wer hüpschlich thut,
    Wenn man recht gotsforcht übet,
    Da grünt seel, lib und gut.

26. Das wöllen recht bedenken,
    O keusche jungfrow sin,
    Diß ticht wollt ich üch schenken,
    Laßt mich den üwren sin.

27. Des wöl der lieb Got walten
    Und selbs der mitler sin,
    Den wagen wöl er schalten,
    So far ich fröhlich hin.

Die Hochzeit erfolgte endlich nach wiederholten Zwischenfällen am 19. August 1533. Bucer hatte schon Ende Juli sein aus Messern bestehendes Geschenk übersandt; scherzend antwortete Blaurer: es möge darin keine schlimme Vorbedeutung liegen, als ob die scharfen Messer das Eheband durchschneiden sollten! Auch der Konstanzer Rath bezeugte seine Theilnahme: er schenkte der Braut zehn Goldgulden und dem Bräutigam ein Fuder rothen und ein Fuder weißen Wein und sechs Mutt Kernen zu einer Aussteuer. Drei Tage nachher schrieb der junge Ehemann an Machtholf: „Gott sei gelobt, der es doch zuletzt als gnädiglich geschickt hat, der verleih Gnad und Segen, damit mir dieser Stand an meinem schweren Amt nicht hinderlich sei, wie ich mich denn allein aus christlichem Grund darein begeben habe. Darum helfet mir ihn sammt den Euren getreulich bitten." Am 10. September kündigte Blaurer auch Bucer den geschlossenen Bund an und empfahl denselben seiner anhaltenden Fürbitte, da er wohl wisse, wie viel für die Kirchen daran gelegen sei, welche Frauen ihre Vorsteher hätten. Er fügt hinzu, daß er guter Hoffnung sei, an seiner Frau eine rechte Gehilfin gefunden zu haben, da sie Anstand, umgänglichen Sinn und eine über Erwarten große Frömmigkeit besitze. Und so ward denn auch diese Ehe eine überaus glückliche und zufriedene, obschon ihr das liebe Hauskreuz nicht fehlen sollte. Es klopfte nur zu bald an, indem auch Blaurern gleich Luthern die Mönchsheirath schwer verdacht wurde und die verläumderischen Zungen ihr Gift darüber ausgoßen. Bucer theilte seinem Freunde am 3. April 1534 mit: „Satan hat nichts Eiligeres zu thun, als deinen guten Namen wie den aller derer, die gleich dir im Weinberg Christi stehen, zu schwärzen. Zu Eßlingen ging von der Schwester deiner Frau das Gerücht aus, du habest vor deiner Hochzeit mit ihr Umgang gepflogen und Kinder mit ihr gezeugt. Dasselbe betheuerte auch auf's

Höchste der fromme heilige Herr Johann Boßheim." Blaurer antwortete, dieses Gerücht müßte ihn tief beugen, wenn nicht Christus auch ihn in dieser Beziehung selig gepriesen hätte, falls die Menschen allerlei Böses wider ihn um seines Namens willen sagten, so sie daran lögen. Er achte darum im Vertrauen auf sein gutes Gewissen diese schamlosen Lügen nicht, wie er denn auch nachgerade für dieselben habe hartschlägig werden müssen. Auch an Machtholf schrieb Blaurer über diese Verläumdungen ausführlicher: „Es langt an mich von anderen trefflichen Städten her glaublich an, wie ich bei euch zu Eßlingen nicht wenig verläumdet und beschreiet sein solle, als ob ich mit meiner lieben Hausfrauen vormals, ehe ich sie mir ehelich vereinbart, Unlauterkeit gepflogen und Kindlein bei ihr gezeugt habe, welches denn Vielen bei euch, Oberen und Unteren, ein großer Anstoß und eine Ursach sei der Verkleinerung aller meiner Lehre. Wo nun dem also, wäre es mir ein groß, trefflich und herzlich Leid, nicht so viel von meinen, sondern von des theuren heiligen Gottsworts willen, zu deß Dienst mich der Herr berufen und wider meinen Willen gezogen hat. Bitte euch demnach auf das Höchste, wollet von Gottes Ehre und seines trefflichen Evangeliums willen Solches, wo es sich immer begibt, mit Ernst und Treuen verantworten und meine Unschuld hierin, wie sie denn warlich an ihr selbst ist, darthun. Denn ich mit meinem Gott, vor deß Gericht wir alle erscheinen müssen, so hoch mir möglich bezeuge, daß mir Solches gegen meiner l. Hausfrauen, vor und ehe ich unsere Ehe öffentlich habe vor der Kirche bestätigen lassen, nie zu Sinn oder Muth gekommen ist, daß ich weder zu Ehr und noch viel minder zu Unehr mit ihr handeln sollte, und daß kein Mensch im ganzen Konstanz nie Ursache gehabt hat, Solches zu argwohnen. Sie ist auch solcher Sachen in ihrem Kloster zu Münsterlingen weder mit mir noch keinem Andern nie bezüchtigt worden, hat allweg ein gut Geschrei und unvermackelten Leumund gehabt. Sonst hätten mir meines lieben Vaters seligen Schwester und andere zwo meiner nahen Basen, die auch in diesem angezeigten Kloster sind, keineswegs mich mit ihr zu verheirn gerathen, sonderlich so ich doch wohl drei für eine gefunden hätte mit Ehren und Gut, auch Frömmigkeit und Anderem, das mich und Jeden an einer Hausfrauen freuen mag. Ja gewißlich sind Gott und sein Wort so theuer bei mir, daß wo ich Jemandem dergleichen Aergerniß gegeben hätte, oder mich mein Gott noch in dermaßen Schwachheit fallen ließe, daß ich mich also an seinem Namen vergriffe, wollte ich mich nimmermehr auf keiner Kanzel sehen lassen, ja ich würde ziehen, da mich kein Bekannter finden sollte, denn der Tod mir zu tausendmal weger wäre. Aber dem getreuen Gott sei Lob und Dank, der mich also noch mit seiner starken gewaltigen Hand erhalten hat, daß mich die Welt mit Wahrheit keines solchen Lasters beschuldigen mag. Weiß daneben wohl, daß Niemand zu fromm noch heilig ist, dem der Teufel durch die Seinen nicht unterstehen würde seinen Leumund zu beschwärzen, wie ich das auch gewohnt bin; ift Chrifto meinem Herrn felbft befchehen: wie follte es dann mir ergehen? Ihr wißt, was hochgefärbter Lügen wider mich ausgeftoßen find worden, als ich noch bei euch war, denn der Teufel meinem Amt trefflich feind ift, wie billig und ihm noththut nach Geftalt feines Fürnehmens, foll ihn aber, ob Gott will, nichts helfen. Ich will mit der Gnade und Hilfe meines l. Vaters im Himmel ein guter Geruch Chrifti fein allenthalben, obwohl etliche den Tod darob empfahen müffen. Wer kann dem thun? Chriftus ift felbft der Stein des Anftoßes und Fels der Aergerniffe, gefetzt als ein Zeichen zu Fall und Auferftehung Vieler in Ifrael. Was follten denn wir fein, feine armen und unwürdigen Diener? Noch dennoch, fo viel an uns, follen wir die uns aufgetragenen Lügen, wie Chriftus auch gethan hat, verantworten; derhalb ich auch euch alfo habe fchreiben und bitten wollen, um der Wahrheit willen mich getreulich hierin zu verantworten, wie denn zufammt meinem hohen Vertrauen auch chriftliche Pflicht und Billigkeit erfordert. Der Tag des Herrn foll es Alles offenbaren."

5. Berufung nach Württemberg.

Herzog Ulrich war nach fünfzehnjähriger Abwefenheit durch Philipp Landgrafen von Heffen in fein angeftammtes Fürftenthum wieder eingefetzt worden; da kam die vom Land längft erfehnte Reformation mit dem Landesherren. Der Sieg bei Laufen (13. Mai 1534) gab dem Land feinen rechtmäßigen Herrn, der Kirche ihren unfichtbaren König wieder. Groß war der Jubel in Württemberg, aufrichtig die Theilnahme aller Evangelifchen, namentlich auch der Schweiz. Ohne zu ahnen, wie nahe ihn felbft diefes Ereigniß berühre, hatte fich Ambrofius von Herzen des Sieges zu Laufen gefreut; in froher Hoffnung fchrieb er an Bullinger und an feinen Schwager Heinrich von Ulm (23. Mai): „Das gnadenreiche Evangelium Chrifti wird gar bald feinen feligen Schein glänzen laffen weiter denn bisher. Herzog Ulrich hat das Wort Gottes fehr lieb, begehrt daffelbe höchften Vermögens zu öffnen; die Fürften gehen in keine Meffe und laffen chriftlich predigen; die Pfaffen haben mit Gewalt gelogen, der Herzog habe in Stuttgart drei Aemter fingen und einen Kreuzgang halten müffen, auch zugefagt, fie beim alten Glauben zu laffen."

Wirklich war der Herzog mit dem Vorfatz auf feinen Thron zurückgekehrt, feinem Volke, „das von dem einigen Troft unferer Confcienzen, dem h. Wort Gottes gedrungen und gewaltigt ward," das längft erfehnte Gut zuzuwenden. Er war allem theologifchen Schulgezänke fehr abgeneigt und feiner perfönlichen Ueberzeugung nach mehr reformirt als lutherifch. Er war den Schweizern zur Dankbarkeit verpflichtet, denn bei ihnen hatte der vertriebene Fürft einft eine Zuflucht und auch den neuen Glauben gefunden. Den Predigten und dem vertrauten Umgang Oecolampads wurde die Umwandlung eines Saulus in einen Paulus zunächft zugefchrie-

ben, und auch der zuerst mißtrauische Zwingli hatte sich mit Ulrich in ein
aufrichtiges Freundschaftsverhältniß eingelassen. Aber auch mit den Lutheranern hatte der Herzog freundschaftliche Beziehungen angeknüpft; auf dem
Marburger Gespräch hatte ihm das Heldenartige des Auftretens Luthers
imponirt, während ihm die Dankesschuld gegen den Landgrafen von Hessen
aufmerksame Rücksicht gegen die Lutheraner zur Pflicht machen mußte.
Endlich stand der Herzog in freundlichem Verkehr mit den oberländischen
Städten, von denen Straßburg die mächtigste. Die vermittelnde Richtung
der Straßburger Theologen schien nicht nur auf die Sympathie des Fürsten
rechnen zu dürfen, sondern sich auch aus politischen Rücksichten zu empfehlen. Der Herzog durfte sich nicht durch Wahl eines streng lutherischen
Reformators die Schweiz und die oberländischen Städte entfremden; die
Berufung eines strengen Zwinglianers hätte Verlegenheiten bereiten müssen
rücksichtlich nicht nur des Kadaner, sondern auch des Wiener Vertrags,
welcher dem Herzog die Verpflichtung auferlegen sollte, „Sacramentirer,
Wiedertäufer und dergleichen unleidentliche Neuerungen nicht zuzulassen".
Die Straßburger erkannten auch sofort den ihnen durch die Umstände ein-
geräumten Vortheil und suchten ihn auszubeuten. Während aus dem
lutherischen Heerlager nur des Herzogs früherer Hofprediger Geyling einen
Schritt that, Johann Brenz zu empfehlen und dessen Bereitwilligkeit zu
versichern, während Bullinger, der Nachfolger Zwingli's, sich darauf
beschränkte, dem Fürsten zur Rückkehr Glück zu wünschen, traten die Straßburger Capito und Bucer mit bestimmten Vorschlägen hervor. Letzterer
schrieb an den Kanzler Knoder, er wolle der Gnade Christi verlustig sein,
wenn er nicht mit der Behauptung im Rechte sei, daß der ganze Streit
zwischen Lutheranern und Zwinglianern bloß in einem Wortgezänke bei
Uebereinstimmung in der Sache bestehe; darum bedürfe der Fürst Männer
von eben so viel Mäßigung als Bedächtigkeit. Als solche empfahlen die
Straßburger Simon Grynäus zu Basel und Ambrosius Blaurer; Ersterer
möge helfen die Universität in ein recht Wesen bringen, daraus Frömmigkeit und gute Sitten sammt rechten Künsten in das ganze Fürstenthum und
in Oberdeutschland kämen; Blaurer aber fürnemlich in Anschickung der Predigt, Sacramente und andern gottseligen Haushaltung in der Gemeinde
Gottes; doch daß sie eine Zeitlang beide mit gemeinem Rath handelten.
Von Blaurer rühmten sie: „er ist wahrlich ein solcher gelehrter, freundlicher, gütiger, tapferer und einsichtiger Mann, eines solchen gar ehrbaren,
gottseligen, holdseligen Wandels; so hat ihm Gott auch also besondere
Gnad, die Kirchen christlich anzurichten, verliehen, wie das in den Kirchen
zu Konstanz, Ulm, Eßlingen, Memmingen, Isny, Lindau, da er allenthalben hat christliche Ordnung entweder erstlich angerichtet oder merklich gebessert, gar herrlich erfunden ist, daß wir eigentlich wissen, so Eure Fürstl.
Gnaden ihn selbst hören und mit ihm handeln sollten, daß Sie selbst uns
das zeugen werden." Wirklich fanden diese Straßburger Vorschläge vor

dem Herzog und dem Landgrafen Gnade, freilich mit dem stillen Vorbehalt, auch daneben einen Lutheraner zu berufen. Hatten doch die Straßburger, was für ihre Halbheit bezeichnend ist, selbst die Unvorsichtigkeit begangen, Gottesfürchtige beider Theile zu empfehlen. Man wollte freilich auch keinen extremen Lutheraner und glaubte darum von Brenz Umgang nehmen zu sollen; man wählte neben Blaurer den Marburger Prediger und Professor Erhard Schnepf, der sich nach seiner Aeußerung auf dem Reichstage bezüglich der Straßburger Theologen: „Er wolle sie als Brüder anerkennen, wenn er dieses auch allein thun müßte," immerhin zu den gemäßigteren Lutheranern zählen ließ. Schnepf war ein Mann von frommem Lebenswandel und von zäher Beharrlichkeit, daß der Landgraf urtheilte, er verdiente ein Fürst zu sein. Seine Beredtsamkeit artete nicht selten in Geschwätzigkeit aus; damit verband er eine große Gewandtheit in den Formen, um sich bei den Vornehmen beliebt zu machen. In alle theologische und kirchliche Fragen der Zeit war er eingeweiht und mit den speciellen Verhältnissen des Württemberger Landes zum Mindesten so genau als Blaurer vertraut. Letzterer sagte von ihm: er sei von dem Herrn hochlich begabt mit Frommigkeit, Kunst, angenehmem Aussprechen und anderen Gaben. Für seinen Glauben, wohl auch nur für seine Ansichten, war er voll von manchmal blindem Eifer, weßwegen er für rechthaberisch, eigensinnig und hochmüthig galt; doch hatte er nicht die überlegene, scharf ausgeprägte Persönlichkeit eines Brenz, welch Letzterer übrigens einen großen Einfluß auf ihn übte.

Das an den Konstanzer Rath gerichtete Berufungsschreiben Blaurers wurde von Stuttgart aus auf Freitag nach Margarethe (Juli) 1534 erlassen. Der Herzog in der Absicht, die Ehre Gottes und seine, auch seiner Unterthanen und Zugewandten Seelen Seligkeit mit Verkündigung des reinen, puren und lauteren Worts Gottes, auch andern guten christlichen Ordnungen zu fördern und anzurichten, bat, ihm Blaurern ein Zeit lang zu vergunden und ihn zum Fürderlichsten allher zu schicken. Durch Schuld des Kanzlers, der wohl gleichzeitig den Lutheraner berufen wollte, verzog sich Blaurers Berufung um volle drei Wochen. Dieser zog, geleitet von herrlicher Rathsbotschaft, in den letzten Tagen Juli's in Stuttgart ein, wo bereits einen Tag zuvor Schnepf eingetroffen war. Ambrosius hatte von Freund Bucer ausführliche Verhaltbefehle erhalten. Dieser hatte ihn versichert, daß der Herzog Gottes Ehre suche und im Nachtmahlspunkt gemäßigt sei. In der Berufung von Schnepf solle er Gottes Schickung erkennen; er möge diesen an sein friedliches Bezeugen in Augsburg gemahnen, ihn auch über die Bucer'schen Unionsbestrebungen vermahnen. Zu diesem Zweck sandte Bucer alles Material der Nachtmahlsverhandlungen Bucers und Oecolampads. Für die Lehre vom Abendmahl solle einfach die Augsburger Confession als Norm vorgeschrieben werden. In den Kirchengebräuchen solle mindestens auf die Einfachheit der Einrichtungen des lutherischen Reutlingens gedrungen werden, nachdem nun einmal so Viele, besonders die Altgläubigen, nach der lutherischen Weise als dem geringeren Uebel schreien: ein Trug, der werth, dem Herzog enthüllt zu werden. Die Berufung von Brenz, die Schnepf vielleicht anrege, sei zu hintertreiben; Schnepfs eigenes Bleiben im Lande, das er zu wünschen scheine, wäre als Unrecht gegen Hessen zu bezeichnen. Dagegen sei auf der Beiziehung von Grynäus zu bestehen; auch könnte Frecht, Bucer, vielleicht auch Melanchthon, wenn er über Bucers Buch an Münster günstig geurtheilt, zu kurzer Berathung herbeigerufen werden. Bucer schloß seine Rathschläge mit den Worten: „Doch wozu so viele Vorschriften? Vom Geist des Herrn unterstützt wirst du selbst sehen, was Noth thut, und Alles recht ausrichten." Gleichwohl hielt sich Ambrosius streng an die Vorschriften seines Freundes; aber nicht Alles ging, wie erwartet ward.

Schnepf hatte unmittelbar nach seiner Ankunft in Stuttgart dem Herzog erklärt: „er könne nur dann mit Blaurern am Hause des Herrn bauen, wenn dieser mit ihm in der Lehre vom hl. Abendmahl einerlei Meinung hab". Das Gleiche erklärte er gegen Blaurer selbst, als dieser ihm seinen Antrittsbesuch machte. Bei der sofort (31. Juli) in Gegenwart des Herzogs erfolgten Besprechung bekannte Blaurer, im Abendmahl sei nicht bloß Brod oder Zeichen, sondern der Leib Christi. Schnepf forderte, er solle sich für die fleischliche, leibliche Gegenwart und den Genuß der Gottlosen aussprechen. Blaurer verweigerte dieses Ansinnen unter Berufung auf andere Lutheraner, die milder lehrten. Hierauf wandte sich Schnepf an den Herzog: Das habe er vorausgesagt, daß sie sich nicht vergleichen werden und folglich auch nicht des Herrn Haus mit einander bauen können. Der tief erschütterte Herzog behielt Blaurern bei sich zurück, der ihm auseinander setzte, wie nachtheilig es sein müßte, wenn in seinem Lande eine von der Lehre der benachbarten Reichsstädte abweichende Lehre gepredigt würde. Kaum in die Herberge zurückgekehrt, schrieb Ambrosius an den Herzog, daß ihn doch gar befremde, wie ihn Schnepf so gar grell ersucht habe, da doch auch seine Partei die sächsische Confession angenommen habe; Schnepf habe ihn auf eine viel gröbere und fleischlichere Weise und mehr, als je von ihrer Partei verlangt worden sei, angegangen, und dieß gegen allen Fug und christlichen Glimpf; er halte ja die Worte Christi für wahr, wie sie lauten, und daß Christus seinen Gläubigen wahrlich seinen Leib zu essen gebe zu einer Speise des ewigen Lebens, daß er in ihnen und sie in ihm ewiglich bleiben sollen; man solle es bei dem Einfachen bleiben lassen, nicht fürwitzig disputiren, noch weniger fleischliche Gedanken zulassen. Blaurer erbat sich besonderes Gehör, das gewährt wurde. Geduldig hörte der Herzog Blaurers lange Darstellung des Abendmahlstreites an; Blaurer deutete das Aeußerste an, wozu er sich verständigen könnte, und bat, so er mit Schnepf also übereinkäme, nemlich auf eine selbst zwischen Luther und Oecolampad vereinbarte Formel, so möchte der Herzog von Beiden die Vergleichsurkunde schriftlich aufsetzen lassen. Bei der am 2. August angeordneten zweiten Besprechung konnte Blaurer von Schnepf noch keine Milderung erlangen und griff somit nach der Marburger Formel, die Bucer ihm mit den Schriftstücken übersandt hatte und die er gerade bei sich trug. Nach Blaurers Meinung war sie von Bucer und Oecolampad angenommen worden; nach Bucers Erklärung war sie von den Lutheranern vorgeschlagen, von ihm angenommen, von Zwingli und Oecolampad aber als sophistisch, obwohl sonst nicht gerade unleidlich und schriftwidrig abgewiesen worden. Die Formel lautete: Ich glaub, daß aus Vermögen der Worte: das ist mein Leib, der Leib des Herrn wahrhaftiglich, d. i. substantive und essentialiter, nicht aber quantitative oder localiter, d. i. substanzlich und wesentlich, aber nicht in Maß der Größe oder Qualität oder Abmessung der Statt im Nachtmahl gegenwärtig sei und gegeben werde. Der Name Luthers, der diese Formel gut geheißen haben sollte, wirkte auf Schnepf. „Könnt ihr mir so viel nachgeben, rief er, so fordere ich weiter Nichts!" Blaurer entgegnete: Wir haben keine andere Meinung, ich bin deß unbeschwert, nur beschwert mich nicht, wie neulich, mit den Worten fleischlich und leiblich. Freudig sprang der Herzog auf und rief: „Ich will deß Zeuge sein. Das walte Gott. Es soll eine gute Stunde sein, dabei solls bleiben. Ich weiß Anschläg und Practica, die dadurch gewißlich sollen zu unnütz werden, so mein Land sich mit den Städten vergleichen mag." Ueberdieß erklärte er, daß durch diese Formel Blaurern keine Anerkennung der leiblichen Gegenwart zugemuthet werde, was auch Schnepf zugab. Darauf wurden die Handschriften gewechselt. Blaurer erklärte noch, er werde es nicht dulden, daß Schnepf oder ein Anderer sage, er sei einen Fingerbreit von seiner bisherigen Meinung abgewichen. Der Herzog selbst begehrte, Keiner solle sich eines Widerrufs des Anderen rühmen; sie sollen sagen, sie seien übereingekommen, deß wolle er Jedem Zeugniß geben.

Mit dieser Stuttgarter Concordienformel war außer Bucer kein Theologe recht zufrieden. Leo Jud schrieb an Blaurer: „Was bedarfs so scrupuloser Worte? Wie und in welcher Art? Gebe Gott, daß ihr nicht euren, sondern allein Gottes Ruhm sucht. Geschähe das, so bedürfte es nicht solches Kinderspiels. Wir wissen, wie der Leib Christi gegessen wird, nemlich im Glauben." Auch Bullingern, so wenig er an der Aufrichtigkeit der Gesinnungen Blaurers zweifelte, sagte die neue Concordienformel nicht zu; er nannte sie einen Synkretismus, den er seiner Kirche nicht empfehlen möchte, und schrieb seinem Vadian: „Ich vermisse darin Einfachheit und Klarheit und glaube, daß dadurch nur viel Streitigkeiten veranlaßt werden." Mit dieser Befürchtung hatte er nur allzusehr Recht. Zwar Luther selbst war mit der Formel zufrieden, falls sie ehrlich gemeint sei, „denn, setzte er hinzu, Viele nehmen daran Anstoß, daß sich Blaurer so gar verstreitet, niemals eine andere Ansicht gehabt zu haben, was man schwer glaublich findet. Doch halte ich es ihm im Interesse einer dauernden Eintracht zu gut. Denn von Herzen gern verzeihe ich allen früheren Feinden, wenn sie nur die rechte Ansicht haben." Aber die Lutheraner beuteten das Zugeständniß, mit welchem Blaurer bis zu den äußersten einem Zwinglianer möglichen Grenzen vorgerückt war, dahin aus, daß sie das Gerücht verbreiteten, Blaurer habe widerrufen und sei zu ihrer Partei übergegangen. Wie es scheint, war Schnepf selbst in seiner Ruhmsucht der Verbreitung dieses Geredes nicht fremd. Dieses Gerücht, das sich schnell in Schwaben und der Schweiz verbreitete und von allen Seiten Blaurern wieder zugetragen ward, brachte diesen in eine immer schwierigere Lage, während die Straßburger stets Schlimmeres von dem Eigensinn und der Gewaltthätigkeit Schnepfs gegenüber der sich möglichst accommodirenden Friedensliebe Blaurers befürchteten. Die Straßburger Prediger wandten sich an den Landgrafen zu Hessen mit bitteren Klagen über Schnepf, der sich nicht habe mögen genug sein lassen, daß Blaurer gemäß der Sächsischen Confession lehre, sondern ihn zu einem Sacramentstürmer habe stempeln wollen, „in dem dann wir alle wären verdammt und für Sacramentschänder erklärt; sollen sich denn die Leute nicht verwundern und die Einfältigen daran stoßen, so wir uns berühmen sind zu sein aller Sophisterei und Menschenfündlein, wollen in Allem bei dem einfältigen Wort Gottes bleiben, daß wir erst solche Worte von den Sophisten haben entlehnen müssen, die weder sie, die Sophisten selbst, noch Andere recht verstehen werden, was sie wollen?" Um diese Zeit schrieb Bucer auch an Melanchthon über das Verhältniß Blaurers zu Schnepf, das ihm wie das des Bibulus zu Cäsar erschien, und bat ihn, wie auch der Landgraf that, sich bei Schnepf wegen einer milderen Behandlung Blaurers zu verwenden. Unterdessen hatte Bucer alle Mühe, Blaurern zum Bleiben zu bewegen. Er schrieb ihm Brief auf Brief, beschwor ihn bei Allem, was ihm heilig sein könnte, auf seinem Posten auszuharren, gab ihm immer erneute Verhaltungsbefehle, vertröstete ihn auf die Rückkehr des im Bad abwesenden Jacob Truchseß, noch mehr auf die Ankunft Melanchthons und rief ihm zu: „Ich höre, in welcher Enge du dich befindest; Gott ist mächtig, dich ins Geraume herauszuführen. Er wirds auch thun. Ich bin gutes Muths, und das um so mehr, je ungerechter Jene handeln, je schwereres Kreuz wir tragen." Die Stimmung Blaurers wechselte sehr: bald dachte er an schleunigen Abzug, bald sah er wieder Alles in zu rosenfarbenem Lichte an. Besonders richtete ihn die Ankunft des Straßburger Städtemeisters Sturm auf, dessen Ueberredung doch nachträglich den Herzog bestimmte, die Pfarrer einfach auf die Augsburger Confession zu verpflichten. Auch Thomas Blaurer war Ende August und Sturm von Neuem seit Mitte September in Stuttgart gegenwärtig, um Blaurern zu stützen. Osiander, den Ambrosius fürchtete, wurde zwar berufen, daneben aber Melanchthon durch eigenen Boten herbeigerufen. Ebenso wurde schon im Herbst die Berufung des

Simon Grynäus in Basel zum Dienst der Tübinger Universität durchgesetzt. Wirklich war die Stellung Blaurers günstiger geworden: der Herzog behandelte ihn mit Liebe und Auszeichnung, rief ihn oft an seine Schlösser, und selbst Osiander, der dem Herzog im Voraus durch seine Lehre von der Beichte verdächtig war und im Herbst auf ganz kurze Zeit erschien, war recht verträglich.

Der Sturm wegen der Stuttgarter Concordienformel sollte sich nicht so schnell legen. Die Katholiken beuteten ihn mit Schadenfreude aus. Ein Ungenannter, unter dem Namen Katholikus, wahrscheinlich Eck selber, ließ eine Flugschrift drucken: „Ein widerruff Ambrosi Blaurers, den Artikel vom hochwürdigen Sakrament belangend." Dies bestimmte endlich Blaurern, dem Rath Bucers nachzugeben und mit einer öffentlichen Rechtfertigung hervorzutreten. Unter starker Beihilfe Bucers vollendete er im November die Arbeit und ließ sie im December unter württembergischem Wappen drucken, unter dem Titel: „Bericht Ambrosii Blaurer von dem Widerruf, so er bei dem Artikel des hochwürdigen Sakraments des Leibes und Bluts unseres Herrn Jesu Christi gethan soll haben; aus welchem aus Vergleichung streitender Meinungen bei dem hl. Nachtmahl des Herrn leichtlich von den unangefochtenen frommherzigen Christen vermerkt mag werden. Psalm 120. Herr, errette meine Seele von den Lügenmäulern und von den falschen Zungen." Umsonst hatte Blaurer für diese Schrift um eine „Kundschaft" des Herzogs wiederholt gebeten, da der Herzog zwar Blaurers Ehre überall vertreten, aber sich nicht zu tief in das „Gezänke" der Gelehrten einlassen wollte. Die Schrift ward von allen Seiten gut aufgenommen: Melanchthon fand Uebereinstimmung mit seinen und den lutherischen Ansichten, Brenz war zufrieden, wenn kein Betrug den zwinglischen Kirchenverderber und Bilderstürmer geleitet, Luther hielt nur die sorgfältigste Reinigung der Vergangenheit für verdächtig, und, was das Beste war, Schnepf schwieg.

6. Reformatorische Arbeit in Württemberg.

Nachdem sich die beiden Reformatoren in Betreff der Abendmahlslehre leidlich mit einander verglichen hatten, wurde Jedem derselben sein besonderer Wirkungskreis bestimmt, Blaurern „das Land ob der Staig", der Schweiz und den oberländischen Städten benachbart, mit dem Sitz in der Universitätsstadt Tübingen, Schnepfen das Unterland mit dem Sitz in der Residenzstadt Stuttgart. Auch diese Vertheilung fiel zu Ungunsten Blaurers aus: nicht blos erhielt Schnepf den ehrenvolleren und einflußreicheren Sitz in der Residenz, sondern für Blaurer mußte auch der Posten in Tübingen, wo er nicht bloß die Kirche seines Districts, sondern auch die Universität reformiren sollte, Schwierigkeiten und Verdrießlichkeiten aller Art mit sich bringen. Beide Reformatoren gingen frischweg an ihre Arbeit, ohne Instruction des Herzogs, ohne gegenseitige einläßliche Verständigung über gleichmäßige Durchführung des ihnen vertrauten Werkes, nur mit dem Versprechen, einander immer etwas zu weichen und nachzugeben. Der Herzog selbst führte Blaurern in sein neues Amt ein; er nahm ihn am 28. August mit nach Urach, wo lange Berathungen gepflogen wurden, Anfang Septembers nach Tübingen, in dessen Stiftskirche er bereits am 2. September die erste evangelische Predigt hielt. Seine Wohnung erhielt Blaurer auf dem Schloß bei dem Obervogt Ebeln von Harter, einem entschiedenen Zwinglianer, in dessen Familie er liebevolle Aufnahme fand.

Die Reformation sollte mit Einsetzung eines evangelischen Predigtamtes beginnen. Der Herzog hatte den Reformatoren befohlen, sich in jede einzelne Vogtei in Begleitung einiger weltlichen Räthe zu begeben und die Geistlichkeit der zur Vogtei gehörigen Orte vor sich zu rufen. Hier sollte mit derselben unter Mitwirkung des Vogts verhandelt und ihr eröffnet werden: es sei des Herzogs Fürnehmen und Wille (Gott zu Lob und Dankbarkeit), das heilig Gotteswort aufzurichten und das in seinem Land zu pflanzen und zu handhaben; darum sei sein Begehr, daß die Geistlichen von dem großen Irrthum und Unverstand der Meß, Ceremonien der Kirche und dgl. abstehen und das hl. Gotteswort predigen. Welcher das annehme, der habe einen gnädigen Herrn, aber welcher das nicht thun würde, so würde S. F. G. von der Hirten wegen seine Schäflein nicht verderben lassen. Antwort wurde im Allgemeinen sogleich verlangt, aber es gab auch viel Disputirens und Fragens. Unentschlossene erhielten Bedenkzeit, Widersetzliche Abschied, jedoch mit Anweisung von Nahrung und Unterhalt auf Lebenszeit. Nachdem erst in des Herzogs Beisein die Uracher Geistlichkeit ins Verhör genommen worden war, wurden auch in der Tübinger Vogtei die Priester vom Obervogt und von Blaurer auf das Rathhaus geladen und nach langem Fürhalten der Hauptpunkte des ungezweifelten christlichen Glaubens eine Antwort von ihnen begehrt, wie sie sich gedächten, fürohin hierin zu halten. Sieben derselben erzeigten sich willig, die zwölf Uebrigen erbaten sich Bedenkzeit. In Tübingen selbst mußte dem Stadtpfarrer und Professor der Theologie Dr. Gallus (Müller) die Kanzel verboten werden, der dann mit Gläubigern und Schuldnern abrechnete und sich reisefertig machte. Durch alle Vogteien gingen diese Verhöre; überall predigte zugleich Blaurer zweimal täglich. Wie mühsam diese Arbeit war, mögen wir einem Brief Blaurers an seinen Bruder Thomas vom 22. September 1534 entnehmen: „Zu allen übrigen Widerwärtigkeiten gesellt sich noch die Unlust eines beständigen Hinundherreisens, was mir überaus beschwerlich ist. Oft muß ich selbst in einer und derselben Stadt die Herberge wechseln. Täglich habe ich mit Priestern zu unterhandeln, den Sophisten Rede und Antwort zu stehen, Alle, die mich der Reihe nach angehen, zufrieden zu stellen. Im Vergleich zu diesen Geschäftsüberbürdungen sind alle meine früheren Arbeiten in den schwäbischen Städten nichts. Christus wird mich mit seinem Arm in einer Kürze erlösen, denn ich glaube nicht, daß ich solchen Eselslasten auf die Länge Stand halte. Ich empfehle dir meine Frau. O wie bin ich dreimal unglücklich, da ich weder mir noch euch angehöre. Möchte mich doch der Herr euch bald zurückgeben! Geschrieben zu Tübingen, wo mich unentwirrbare Streitigkeiten mit den Sophisten erwarten. Bittet Gott, daß er durch mich, ja daß ich durch ihn siege!" Da die Zahl der Hartnäckigen, welche entlassen werden mußten, ziemlich groß war, so bestand die Aufgabe der beiden Reformatoren zum Andern darin, daß sie für tüchtige Besetzung der erledigten Pfarrstellen Sorge trugen. Dieser Aufgabe war in der Eile schwer nachzukommen, da einerseits an evangelischen Predigern ein Mangel war, andererseits die für die Stellen ausgeworfenen Besoldungen meist so niedrig waren, daß sie für den bescheidenen Unterhalt einer einfachen Pfarrfamilie nicht ausreichen konnten. Diejenigen evangelischen Prediger, welche neben den alten noch im Besitz der Pfründen Stehenden angestellt wurden, erhielten vom Fürsten ein Wartgeld, in einem Gulden wöchentlich bestehend, so daß sie sich über bitteren Hunger beschwerten. Während Schnepf aus dem lutherischen Lager Geistliche berief, hatte Blaurer keine andere Wahl, als sie sich aus der Schweiz zu verschreiben. Blaurer klagte, wie er es mache, könne er es nicht recht machen; die Lutheraner klagten, daß er sie nicht berücksichtige und die von Schnepf Verworfenen in seinem Gebiet anstelle; die Schweizer, daß er sie verläugne! Weil die unterländische Geistlichkeit nicht selten eifrig gegen Sacramentirer und Zwinglianer auf der Kanzel donnerte, beschwerte sich Blaurer beim Herzog, und dieser rescribirte am 22. December 1534: „daß wir ein öffentlich Mandat ausgehen lassen sollten, daß Niemand den Andern des Glaubens halber schmitze oder schmähe, sondern ein Jeder ruhig und friedlich sei, sieht uns auch für gut und fruchtbar an, wollen das also fürderlich fürnehmen und in unserem Fürstenthum allenthalben, auch in allen Klöstern verkünden lassen."

In Tübingen wurde die Stadtpfarrstelle, weil mit einer theologischen Professur an der Universität verbunden, lange nicht besetzt. Unterdessen predigte in der St. Georgenkirche neben dem halbkatholischen Dr. Käuffelin Blaurer selbst, so oft er anwesend war. Diese Predigten des Superintendenten Blaurer in der allgemeinen Stadt- und zugleich Universitätskirche, zunächst wegen der Stadtgemeinde angeordnet, galten doch auch zugleich den Lehrern der Universität. Diese aber glaubten sich in ihrer Ehre verletzt und sagten: Wir sollen uns wie ein gemeines Dorf nur durch Vorpredigen zu der neuen Lehre bringen und bringen lassen und ohne alle gelehrte Gegenwehr das Feld räumen; das wäre uns allen nicht nur nach unserem Gewissen beschwerlich, sondern auch gegen dem ganzen Land und aller Welt spöttlich. Sie erbaten sich nun von dem Herzog eine ihnen von Blaurer oft angebotene gemeine öffentliche Disputation und dazu den Landsmann Melanchthon, der nicht bissig und neidisch, sondern sittig, freundlich und friedsam sei. Letztere Bitte ward zwar vom Herzog zu erfüllen gesucht; da aber Melanchthons Kommen sich verzögerte, mußten sie unterdessen an Blaurer und Grynäus sich begnügen lassen. Letzterer traf Anfang November in Stuttgart ein; er war, wie die Straßburger ihn schilderten, ein Mann der vielseitigsten Gelehrsamkeit und daneben bescheiden, leutselig, mild und friedfertig, „daß man jetzt der Zeit bei den Deutschen seines Gleichen nicht hat, so man will goldenen Verstand, die Sprachen, andere gute Künste, Philosophie, Mathematik, und was mehr der rechten gründlichen Künste sind und das Leben zusammenhalten." Mit Grynäus arbeitete Blaurer den Entwurf einer neuen Universitätsordnung aus und übergab ihn in Bebenhausen dem Herzog, welcher ihn zwar am 22. December 1534 billigte, aber zuvor das Gutachten der Professoren darüber einzuholen wünschte. Diese sandten eine eigene Deputation an den Herzog, um sich zu widersetzen und über Blaurer, der nur mit Trutz und Gewalt umherfahre, sich zu beschweren. Gleichwohl ward Ende Januars 1535 die „Reformation und neu Ordnung" der Universität durchgesetzt, Dank der entschlossenen Beharrlichkeit des Grynäus. Als Hauptmangel der bisherigen Einrichtung ward bezeichnet, daß die alten Sprachen, besonders die griechische und hebräische hintangesetzt, überhaupt die Künste etwas verdunkelt gewesen, die Philosophie nicht lauter und rein, sondern den Jungen unverständlich gelehrt worden sei. Diesem Uebel zu steuern, sollten von nun an in Tübingen drei Schulen bestehen: die trivialis, das Pädagogium, endlich die hohe Schule. Letztere sollte die Lectionen für die geben, welche Baccalaurei und Magistri werden wollten. Die beiden Bursen wurden vereinigt, da zwei Wege der Philosophie nichts taugten. Nach der Academie oder hohen Schule kommen die oberen Facultäten, die juridische, medizinische und theologische. In der juridischen Facultät sollten die sechs Lehrstühle bleiben, nur sollten von den dreien für das kanonische Recht zwei in Abgang decretirt und statt ihrer einer für das Lehenrecht und der andere für das moderne Recht und griechische Constitutionen errichtet werden, „daß den jungen angehenden Juristen auch der Weg aufgethan werde, den Ursprung und Brauch der Rechten weiter zu suchen, dann bis anher der Brauch gewest ist." Bei der medizinischen Facultät ward in den Lectionen nichts geändert, doch daß man in denselbigen der griechischen Sprache, so viel Dioscoridem, Hippocratem und Andere berühre, nicht in Vergeß stelle." Für die theologische Facultät endlich blieb es bei zwei Docenten, dem Einen für das alte, dem Anderen für das neue Testament. Auch der academische Senat sollte in seiner Verfassung bleiben, nur daß die beiden Reformatoren den Sitzungen desselben anwohnen sollten. Die augenblicklich aber am Tiefsten eingreifende Bestimmung war: „In allen Facultäten sollen diejenigen, die jetzt als Professores bestellt oder künftig angenommen werden, gelehrte, geschickte und chriſtliche Männer ſein; welche aber der rechten, wahren evangeliſchen Lehre zuwider ſeien und dieſe zu läſtern ſich unterſtehen, ſollen gänzlich abgeſchafft und geurlaubt ſein." Das Beſtreben, durch Beiziehung tüchtiger Lehrkräfte die Univerſität in Flor zu bringen, war aufrichtig: für die griechiſche Literatur wurde Melchior Volmar, für die römiſche Joachim Camerarius, für die juridiſche Sichard, Amantius und Bigot, für die mediziniſche Facultät Leonhard Fuchs gewonnen. Während aber alſo allen Facultäten durch Profeſſoren von Ruf aufgeholfen wurde, war die in damaliger Zeit wichtigſte theologiſche Facultät am Mangelhafteſten vertreten: neben dem halbkatholiſchen Käuffelin repräſentirte ſie nur Paul Phrygio, ein Mann, der ſeinen Poſten als Stadtpfarrer beſſer als den eines theologiſchen Docenten ausfüllte. Nach der neuen Ordnung ſollte für academiſche Bürger an jedem Sonntag oder Feſttag und Donnerſtag der Catechismus von einem theologiſchen Profeſſor geleſen werden. Dieſe Lection hatte Grynäus ſelbſt übernommen, aber es fand ſich Niemand ein, der dieſe Vorträge hören wollte, theilweiſe unter dem Vorwand, Grynäus ſei ein Zwinglianer. Grynäus, verdroſſen über dieſes Vorurtheil, nahm auf ſechs Wochen Urlaub, um nie mehr nach Tübingen zurückzukehren. Blaurer hatte allen Grund, über dieſe Flucht des dreimal Treuloſen untröſtlich zu ſein; durch Grynäus Wegzug war auch ſein Einfluß auf die Univerſität mehr als geſchwächt. Trotz der Berufung ſo ausgezeichneter Profeſſoren, ja mitunter gerade deswegen ging es mit der Univerſität nicht recht vorwärts, indem jene Celebritäten die Ueberordnung eines Mannes nicht ertragen wollten, den ſie in wiſſenſchaftlichen Leiſtungen tief unter ſich ſtellten, und dem in Betreff des Studienweſens alle Erfahrung fehlte. Gerade die von Blaurer Neuberufenen machten ihm am Meiſten zu ſchaffen: Sichard nannte ſich mit Selbſtgefühl gegen Blaurer, den bloßen Humaniſten, einen Juriſten; auch der Humaniſt Camerarius klagte, die Würde der Univerſität und der Wiſſenſchaft werde nicht geachtet. Blaurer war immer wieder der Gewaltthätige, der Biſſige, der Neidiſche und, wußte man ſonſt nichts, — der Zwinglianer. Er achtete den Corporationsgeiſt nicht, er ließ academiſche Grade und Disputationen in Abgang kommen, war ſelbſt nur der Magiſter, welcher um den Doctorgrad ſich nichts kümmerte! Blaurer ſelbſt drang darauf, Melanchthon zu Rathe zu ziehen; dieſer kam im September 1536, beſprach Alles freundlich mit Blaurer, hörte auch die Profeſſoren und brachte nach ihren Vorſchlägen eine neue Ordination vom 3. November zu Stand, die aber in allem Weſentlichen mit der Blaurerſchen harmonirte, ſo daß man ſich nicht verbergen konnte, daß die bisherigen Uebelſtände mehr in Perſönlichkeiten als in Einrichtungen ihren Grund haben. Die wichtigſte Neuerung, die nun ins Werk geſetzt werden ſollte, war die, der theologiſchen Facultät ein rechtes Haupt zu geben. Melanchthon hatte wiederholt Johannes Brenz vorgeſchlagen; ungern entſchloß ſich der Herzog zu dieſer die Zwinglianer in und außer

Land tief kränkenden Berufung; aber nachdem alles Dringen in Melanchthon, sich selbst der Universität zurückzugeben, fruchtlos geblieben war, wandte er sich nothgedrungen an Brenz, der selbst mehr gezwungen sich auf ein Jahr für Tübingen versagte, dieses aber nicht aushielt. Wie schwierig die Lage war, geht aus dem Rathschlag Melanchthons an ihn hervor: er möge mit der größten Mäßigung, ja mit ulyssischer Klugheit zu Werke gehen, Vieles durchsehen, Vieles toleriren, daß er nicht aus Uebel ärger mache. Hiemit war der Einfluß Blaurers und der zwinglischen Partei auf der Universität gebrochen, und die Verläumber glaubten sich nun Alles gegen Blaurer ungestraft erlaubt. Blaurern blieb nur der schmerzliche Trost zu sehen, daß es selbst einem Brenz eben so wenig gelang, über das eifersüchtige kleinliche Intriguenspiel der Männer der Wissenschaft Herr zu werden, obwohl Brenz neben der Gelehrsamkeit noch Eins vor Blaurer voraus hatte — daß ihn nicht der Fluch traf, welcher auf den Zwinglianern im Lande ruhte.

Je verschiedenartigere Elemente bei der Reformation des Landes zusammenwirkten, desto dringender zeigte sich das Bedürfniß einer allgemeinen Kirchenordnung. Auch in Betreff dieses Punktes war Blaurer von Bucer schon am 13. October 1534 instruirt worden, indem er ihm bezüglich der Ceremonien dreierlei vorschlug, daß man wenigstens die allzu abergläubischen Bilder entferne, bei der Feier des Abendmahls kein anderes Gewand als jenes leinene, genannt Chorrock, anwende, und die Elevation unterlasse; „so wird es in Hall, Heilbronn und Reutlingen auch gehalten. Der Herzog möchte zur gelegenen Stunde daran zu mahnen sein, daß er auch auf unsere Kirchen Rücksicht nehme. Ihr lieget dem Raum nach in der Mitte: wie wäre es, wenn ihr auch in den Ceremonien den Mittelweg einhieltet?" Blaurer selbst wünschte, daß von oben her Schritte zur Gleichförmigkeit geschehen möchten, aber Alles ging langsam und nicht nach Wunsch. Am 17. Februar 1535 schrieb Ambrosius an Bullinger: „In Stuttgart, Herrenberg und Kannstadt ist die päpstliche Messe ganz abgethan, nicht durch einen fürstlichen Befehl, sondern die Priester hatten ihre eigenen Gründe dazu. Da bei uns (in Tübingen) nicht die gleichen Umstände vorwalten, wird man hier auf das Aeußerste Widerstand leisten. Die Ceremonien beim Abendmahl wurden zu Stuttgart von Schnepf in einer Weise angeordnet, daß daran nicht viel auszusetzen ist. Die Elevation von Hostie und Kelch unterbleibt, auch haben die Administranten keine Meßgewänder an. Einige Psalmen werden gesungen, die Legenden verlesen, der englische Gruß und in terra angestimmt und Einiges in lateinischer, Anderes in deutscher Sprache gesprochen." In Tübingen las Dr. Käuffelin noch immer Messe. Erst am 7. März wurde sie von Blaurer mit allen übrigen bisher gewöhnlichen Kirchengebräuchen aufgehoben kraft eines besonderen herzoglichen Befehls. Am Palmsonntag, den 21. März, wurde das erste Abendmahl in Tübingen, in noch einfacherer Weise als in Stuttgart, namentlich ohne lateinische Gesänge gefeiert. Allein bei dem Fehlen einer Kirchenordnung war es unvermeidlich, daß sich nicht in den einzelnen Gemeinden verschiedene Kirchengebräuche bildeten, und diesen Umstand benützte der Blaurern sehr abgeneigte Kanzler mit den Räthen zu einer Beschwerde bei dem Herzog, in welcher vorgestellt wurde (10. April), daß bei den evangelischen Reichsständen und auch sonst außer Lands das Gemurmel sein solle und auch großes Mitleiden getragen werde, wie wenn zweierlei Secten in der Religionssache geprebigt und dem armen Volk vorgetragen würden, ob der Staig Zwingli, unter der Staig Luther; sie selbst wissen, daß Viele ob der Staig wünschen, die Ceremonien zu halten, welche Schnepf zu Stuttgart und in seiner Verwaltung aufgerichtet habe. Schnepf selbst, den sie zu sich berufen und befragt hätten, beklage den Uebelstand, und daß ob der Staig Zwinglis Meinung um sich greife; was sie auch daraus schließen, daß Blaurer viele Prädicanten aus der Eidgenossenschaft annehme. Sie bäten, ernstliches Einsehen zu haben und die Sachen dahin zu richten, daß einhellig geprebigt und gleichförmige Ceremonien in allen Orten des Fürstenthums angerichtet würden. Auf dieses hin wurde Blaurer zu Anfang Juni nach Stuttgart berufen, wo viele wichtige Fragen zur Verhandlung kamen in Betreff der Klöster, der Pfarreien und bürgerlicher und kirchlicher Censur; allein er sollte gleich zu Anfang erfahren, wie der Wind wehe. Er schreibt am 10. Juni an Thomas: „Schnepf hatte mich kaum gegrüßt, als er mich darüber zu Rede stellte, warum ich die von ihm aufgestellten Ceremonien nicht genau beobachte, und er hat genug Leute an der Hand, welche ihn, so gut sie nur können, mir zu entfremden suchen. Ich besänftige, so gut ich vermag, dulde und thue Alles, womit ich nur immer die Freundschaft unter uns zu erhalten hoffe. Der Herzog bewahrt mir, wie ich aus Allem abnehmen muß, standhaft die alte Gesinnung, wenn er gleich dadurch bei Vielen anstößt. Ich bitte Christum inständig, daß er mich stärke, nach seines Geistes Regel zu wandeln." Schnepf wußte die Kirchengesetzgebung immerhin mehr den Händen Blaurers zu entreißen und an sich zu bringen. Schon am 22. December 1534 hatte der Herzog an Blaurer geschrieben: „Eine Censur und Strafe zu Abstellung etlicher grober unchristlicher Laster, als Gotteslästerns, Ehebruchs, Zutrinkens, Wucherns, unehelichen Beisitzes u. s. w. anzurichten sind wir geneigt, wollen auch dieß durch Meister Erhart Schnepfen und andere christliche und der Ehrbarkeit liebende Männer begreifen und ausgehen lassen. Gemeine und wichtige Ehesachen werden jetzt allein durch M. Erharten und andere Zugeordnete ausgerichtet; aber was der schweren Händel sind, bleiben auf die künftige Ordnung beruhen. Dieselbige Ordnung wird euch diese Tage sammt dem Grynäo zu besichtigen und weiter zu berathschlagen zugeschickt, wie denn solche von M. Erharten zusammenbracht ist; die wollt auch desto bälder durchsehen und herabschicken, damit fürderlich den Leuten geholfen werden möge." Blaurer beschwerte sich namentlich über die Eheordnung, in welcher Schnepf solche Gesetze vorschreibe, die allzu abergläubisch seien, als daß sie sich mit dem vielfachen menschlichen Elend vertragen könnten. Auch mit der zu Anfang des Jahres 1536 erschienenen „Gemein Kirchenordnung," die übrigens nur eine Vorschrift „der Form und Weis' der Ceremonien" war, stimmte Blaurer nicht ganz überein. Sie war gleichfalls von Schnepf entworfen, Blaurern und Brenz zur Begutachtung übersandt, und die beiden Letzteren konnten in Betreff der Ceremonien unmöglich gleichen Schritts mit einander gehen. Ambrosius übersandte ein Exemplar derselben seinem Bruder Thomas (14. März 1536) mit dem Bemerken: „Mehreres darin wird auch dir wie mir ganz abergläubisch dünken, wie z. B. die Bestimmung, daß die Zahl der Communicanten Abends zuvor genau ermittelt werden soll, damit die Zahl der Hostien ihr entspreche; ferner daß im Kelch nichts übrig bleiben dürfe, sondern Alles ausgetrunken werden müsse, doch meine ich, wir müssen noch zufrieden sein, daß unzähliges Andere, was von Brenz hinzugeflickt war, wieder weggeschnitten wurde; aber ich behalte das aus Vorsicht für mich, obgleich du einen Theil davon auch jetzt noch darin findest."

Noch einen Sieg trug Blaurers Richtung in Württemberg davon: bezüglich der Bilder. Zwar war mit ihrer Ausräumung Schnepf gleichfalls Blaurern vorangeeilt. Schon im Frühjahr 1536 hatte der Herzog befohlen, die Bilder, welche man anbete, mit Vorwissen der Obrigkeit und des Predigtamts wegzuthun, während die unärgerlichen zu dulden wären; aber Alles kam darauf an, welche Bilder für ärgerlich erklärt wurden. In Stuttgart und Tübingen herrschten verschiedene Anschauungen, und es war natürlich, daß man an letzterem Ort viele Bilder ausräumte, welche in Stuttgart Gnade gefunden hätten; nur in der herzoglichen Hofkirche wurden alle Bilder entfernt. Der Unterschied des Oberlandes vom Unterlande trat noch greller hervor, seit Schnepf nach den Verhandlungen der Theologen in Schmalkalden über Bilder und Werth der historischen Bilder im Jahr 1537 sogar manche Bilder wieder aufstellen ließ. Schnepf, der als Haupturheber der halben Maßregel galt und im Gerücht der Leute beschuldigt wurde, „er habe eine Spaltung in der Kirche mit den Götzen gemacht und groß Aergerniß angerichtet," suchte sich über diesen Punkt zuerst mit Blaurer zu verständigen und als dieses nicht gelang, bei dem Herzog eine persönliche Besprechung oder aber ein Verhör vor der Universität zu erlangen; der Herzog aber ordnete an, daß sich die angesehensten Theologen seines Landes und einiger benachbarter Städte mit den Generalsuperintendenten zu einer verstärkten Synode vereinigen und vor einer herzoglichen Deputation die Frage beantworten: Ob Bilder und Altäre in den Kirchen zu dulden seien oder nicht? So kam es am 10. September 1537 in Urach zu einer einen ganzen Tag ausfüllenden Verhandlung, zu dem von Blaurer so genannten Götzentag. Zwei Tage nachher schrieb darüber Blaurer an Machtholf: „Ich kann euch in der Eil nicht verhalten, daß auf Sonntag nächst vor dato ein Götzentag hie zu Urach gehalten worden. Da hättet ihr Wunder gehört! Wir haben den ganzen Sonntag Morgens und Nachmittags Gespräch gehalten, aber uns nicht vergleichen mögen, also daß die Räthe letzlich begehrt, daß Jeder seine Meinung in Schrift vergreifen und aber alle anderen Umstände fallen lassen und allein schlecht und grad auf diese Frage Antwort stellen wollte: Ob unser gnädiger Fürst und Herr möge alle Bildnisse dieser Zeit aus den Kirchen räumen lassen? Welches also geschehen auf Montag, daß Jeder insonderheit seine Meinung den Räthen übergeben hat. Wird man hochgemeldt einem gnädigen Herren fürbringen; was denn seine Gnad weiter fürnehmen, wird sich in Kurzem wohl erscheinen. Es ist doch eine große Strafe und Plage über uns, daß wir so viel wichtiger Sachen auszurichten hätten und aber mit solchem Kindswerk umgehen, und daß die stummen Götzen ein solch Geschrei sollen machen. Der liebe Gott erbarme sich über uns, verleihe seiner hl. Gemeinde Fried, Liebe und Einigkeit!" Es war Blaurern viel wichtiger, daß die Herzen, als daß die Kirchen von aller Abgötterei und Unreinigkeit gesäubert werden; doch wollte er auch die unärgerlichen Bilder als ärgerliche Hindernisse des Worts aus den Kirchen entfernt haben. Noch im September entschied der Herzog gegen die Bilder; zu Anfang Octobers wurde der Befehl öffentlich bekannt gemacht und am 27. October wurde in Tübingen mit Entfernung der Altäre und der noch übrigen Christus- und Apostelbilder Ernst gemacht. Blaurer hatte gesiegt, aber die Nothwendigkeit, diesen Befehl im J. 1540 wiederholt einzuschärfen, beweist nicht bloß, daß der erstere Befehl nur theilweise vollzogen ward, sondern auch wie groß und mächtig bereits die Partei der Gegner des Zwinglianismus und Blaurers im Lande Württemberg war.

Mit besonderer Vorliebe arbeitete der alte Klosterbruder Ambrosius, die Reformation auch auf Klöster und Stifte auszudehnen. An Pellican, den er, falls er den Ruf an die Universität nicht annehme, als alten Nonnenbeichtvater zur Arbeit an den Klöstern erbitten wollte, schrieb er am 18. Februar 1535: „Du weißt, wie die Gewissen der Mönche und Nonnen angefochten sind; Niemand könnte ihnen besser zu Hülfe kommen als du. Es sind jetzt die klösterlichen Beichtväter abzusetzen, und es hält sehr schwer, die rechten Leute an ihre Stelle zu finden, da unter Zehn kaum Einer sich auf die Gemüthsverfassung dieser Nonnen und dreimal elenden Mönche versteht; wenn ich darin auch eingeweiht bin, so kann ich es nicht, da ich mit tausend anderen Geschäften in Anspruch genommen bin, so daß ich mit ihrer Lage das tiefste Mitleid trage. Wohlan, Mann Gottes, mache dich auf, eile herbei und leiste uns hilfreiche Hand. Das Kloster zu Pfullingen bedarf gerade solch einen Mann, wie du bist; wolltest du auch nur auf einen Monat dich dieser Arbeit unterziehen, so würde sich bis dahin schon Einer finden, der dich dauernd ersetzt. Wäre mir die Wahl vergönnt, so würde ich vor allen anderen Wirkungskreisen diesem den Vorzug geben, diese Menschenclasse, welche zwar für Gott aber mit Unverstand eifert und nur mit der größten Klugheit und Umsicht von ihrem gräßlichen Aberglauben abgebracht werden kann, zu trösten, zu ermahnen und zu gründen." Die dreizehn Klöster des Landes waren einerseits Sitze geistlicher Convente, andererseits die Parochieen oder wenigstens Betstätten für Gemeinden, oder versahen durch ihre Conventualen benachbarte Pfarreien. In letzterer Hinsicht zunächst hatte der Herzog für seine Unterthanen zu sorgen. Stellten die Klöster nicht von selbst evangelische Prediger auf, wozu sie nicht leicht bereit waren, so sandte er solche ab, sie eines Besseren zu belehren. Für den Convent aber wurde der Versuch einer gründlicheren und reineren wissenschaftlichen theologischen Bildung durch evangelische Docenten gemacht, die man Lesemeister nannte. Ein solcher ward schon im Januar 1535 nach Bebenhausen bestellt; im Februar wirkt als solcher in Hirschau Theodor Naysmann, in St. Georgen Meister Hans Spreter, in Blaubeuern erst Hans Schmölz von Memmingen, dann Peter Toussaint. Nachdem die Prediger und Lesemeister eine Zeitlang die Klosterbewohner belehrt hatten, versuchte man, sich gütlich mit diesen abzufinden. So wurde Blaurer mit dem Kirchheimer Obervogt Friedrich Thumb von Neuburg Anfang Junis 1535 in das Kloster Deckendorf abgeordnet: sie boten den Klosterbrüdern vierzig Gulden jährliches Leibgeding an und begehrten dagegen das Aufhören der Messe und päpstischer Ceremonien. Das Gleiche geschah in St. Georgen und Alpirsbach. Am Schwierigsten zeigte sich der Abt Lucas Götz in Herrenalb. Nachdem alle gütlichen Versuche erschöpft waren, sandte der Herzog seinen Hofmeister Balthasar von Gültlingen, die beiden Obervögte von Ebingen und Neuenbürg und Ambrosium Blaurer, begleitet von siebenzig Büchsenschützen des Neuenbürger Amts am 28. October 1535 in das Kloster, und jetzt erst lieferte der hartnäckige Abt die Schlüssel des Klosters aus, der Gewalt weichend. Auch Alpirsbach ließ nur gezwungen die Reformation in seine Mauern ein. Aehnlich wurden auch die Frauenklöster und Collegialstifte aufgehoben. Bei den Nonnenklöstern zog sich Blaurer besonders dadurch viele Feinde zu, daß er im Jahr 1537 auch die Nonnen in Ein Kloster sammeln wollte; doch ist nur die Versetzung der Pfullinger Nonnen nach Leonberg urkundlich bekannt. Auch eine eigene Klosterordnung wurde am 10. Juli 1535 schon, sicher unter Blaurers Einfluß erlassen.

Seit dem Frühjahr 1536 begann die in der Kirchenordnung vorgesehene Visitation. Das Collegium der Visitatoren bestand anfänglich aus den beiden Reformatoren und zwei weltlichen Mitgliedern, Jörg von Ow und Martin Nittel; sie sollten im Land herumreisen und sich mit eigenen Augen über den Stand der Kirchen unterrichten; außerdem gehörte in ihren Geschäftskreis die Aufsicht über Kirchendiener und Kirchengüter. Diese Visitationsreisen waren die Hauptbeschäftigung Blaurers in den beiden letzten Jahren seines Württemberger Aufenthalts. Sie waren überaus beschwerlich, wurden aber auch durch die stürmischen Zeitereignisse öfter unterbrochen, und ihre Beendigung schien sich Ambrosius schon längst als das Ende seiner Wirksamkeit im Herzogthum gestellt zu haben. Schon am 14. März 1536 schreibt er darüber an seinen Bruder Thomas: „Meine Frau brauch ich euch nicht erst zu empfehlen; sie rühmt in allen ihren Briefen eure Dienstwilligkeit; doch empfehle ich euch meine auch sonst genug empfohlene Wittwe. Sag der lieben Hausfrau, mich verlang so sehr zu ihr, daß ich doch einmal viel viel Ding mit ihr redete. Ich werd wohl halb vergessen, wo verzeicht, ehe ich komme; entbittet Gott treulich für mich. Ihr könnet euch leicht vorstellen, wie unbequem und unglücklich ich mich hier fühle. Ich lebe als ein Fremder. Stets neue Sorgen für die Kirchen nehmen mich in Anspruch. Vieles möchte ich ungeschehen, Anderes anders haben, und doch gelte ich Unschuldiger als der Schuldige für Alles. Die Kirchenvisitation, deren Beendigung mir vielleicht die Rückkehr zu euch gestattet, wird so oft ausgesetzt, daß sie wohl, wenn es so fortgeht, vor vollen zwei Jahren nicht zum Abschluß kommen dürfte. Unterdessen bin ich eures Anblicks und des Zusammenlebens mit euch und allen meinen Lieben, insbesondere mit meiner allerliebsten Frau beraubt, beraubt bin ich auch meiner Studien, beraubt auch aller der Dinge, welche dieses elende Leben erträglich machen und das Gefühl jener Leiden mildern könnten. Und was das Schlimmste ist, ich finde keine Gründe mich loszumachen, außer solchen, welche der Herzog gar nicht oder nur wenig gelten läßt. Doch sage ich dieses nur dir, denn ich möchte nicht, daß meine Frau von diesem Verzug erfahre; vielmehr soll sie durch die Hoffnung auf meine baldige Heimkehr aufrecht erhalten werden. Und vielleicht führt der Herr ja eine unerwartete Gelegenheit herbei, die mir die Rückkehr zu euch gestattet." Zwar wurde Ambrosius während seines Aufenthalts in Württemberg öfter durch Besuche der Seinigen erquickt; am 10. Juni 1535 bittet er seinen Bruder dafür Sorge zu tragen, daß seine Frau ihre Reise zu ihm beschleunige; er werde auch darum, daß er so lange ohne Frau sei, von Vielen angesehen; am 26. Juli ist sie bei ihm und er schreibt an Thomas, daß mit ihrer Ankunft neuer Muth und neue Geistesfrische ihm gekommen sei: „Gott sei Dank, der sie mir wiedergegeben und mit ihr ein so besonderes großes Geschenk. Er schaffe, daß ich diese herrliche Gabe in seiner Furcht lange und glücklich genieße." Aber am 6. Nov. 1535 schreibt er an Bürgermeister Hans Wellenberg: „Dieweil sich meine Sachen jetzund also schicken, daß ich in acht oder vierzehn Tagen abermal im Fürstenthum allenthalb die Kirchen besuchen und visitiren muß, hab ich für gut angesehen, meine liebe Hausfrauen hinauf wieder zu schicken zu dem Kind, dann sich mein Ausbleiben von Tübingen ein Woch oder zehn verziehen wird. Ist ihr die Zeit dennoch kürzer und ringer droben denn hienieden in meinem Abwesen." Auch Ambrosius selbst begab sich im Sommer 1537 zur Erholung nach Konstanz, von wo er am 9. oder 10. Juli wieder nach Württemberg reiste: aber welch ein großes Opfer er der Sache des Evangeliums brachte, verstehen wir, wenn wir daran erinnern, daß er während seiner Württemberger Mission zweimal Vater wurde; wie andererseits der gemüthliche Mann alle seine Arbeiten und Leiden doppelt schwer tragen mußte, da ihm der Hintergrund eines Familienlebens und Freundeskreises abging. Statt dessen war er auf seinen Reisen wie in Tübingen stets von eifersüchtigen Aufpassern umsponnen, weßwegen er von Bucer immer wieder zu dem aufgefordert wurde, was seinem Wesen das Unnatürlichste war — zu diplomatischer Klugheit und hofmännischer Verstellungskunst! Er selbst hatte das klare Bewußtsein es keiner Partei recht machen zu können; daß er dennoch im Handeln und Dulden ausharrte, um es Gott recht zu machen, verräth eine nicht genug zu bewundernde Selbstverläugnung, eine Treue, die über Vermögen thut, weil aus dem Vermögen, das Gott darreicht.

7. Der Abschied aus Württemberg.

Melanchthon hatte schon am 17. October 1536 von dem Gerücht geschrieben, daß Blaurer ganz zurücktreten wolle, und während seines Besuchs in Württemberg zu bemerken geglaubt, daß alle Stände die heftigste Abneigung hätten gegen Alle, welche im Verdacht der zwinglischen Ketzerei ständen. Am 27. October 1537 schrieb der Hebräer Hiltebrant von Tübingen aus an Blaurer, daß seine viele Feinde an der Universität fest überzeugt seien, daß Blaurer an seine Flucht denken müsse, seitdem sich einerseits die Gesinnung des Herzogs geändert habe, und andererseits Ambrosius als Urheber des (nicht vollzogenen) Befehls der Räumung der widerspenstigen Nonnenklöster betrachtet werde. Der Herzog, fügt er bei, beabsichtige die völlige Ausrottung des Zwinglianismus, den er unversichtig durch Blaurer habe Wurzeln fassen lassen; selbst auf Schnepf sei er sehr böse zu sprechen, daß er Blaurern viel zu viel nachgegeben habe, wie er auch dem Melanchthon heilig und theuer versprochen habe, selbst wenn er sein Leben daran setzen müßte, niemals das Heerlager des Lutherthums zu verlassen.

Blaurers Stellung hatte sich durch seinen Bruch mit den Bucer'schen Unionsbestrebungen wesentlich verschlimmert. Er war längst von dem Grundsatz abgestanden, mit dem er im Jahr 1532 die Schweinfurter Zugeständnisse Bucers begleitet hatte: man müsse mehr auf die Liebe sehen, als auf die Freiheit. Die schöne Mahnung, welche seine Schwester Margarethe Bucern einst mit auf den Weg gegeben hatte, „dem Frieden nichts von der Wahrheit zu opfern," war seither auch die Loosung von Ambrosius geworden, wie er mit ihr die Abneigung gegen das ewige Tagen und Conciliumhalten theilte, „wo man durch die Zungenfertigkeit überschüttet und überredet werde, und nütze zuletzt doch nichts". Ambrosius war des ewigen Marktens und Unterhandelns müde und ließ sich auch nicht bewegen, zum Abschluß der Wittenberger Concordie (21. Mai 1536) zu erscheinen, obschon Bucer ihn wiederholt beschwor und eine Erleichterung seiner Stellung in Württemberg davon hoffen wollte. Er sah voraus, was geschah, daß Bucer um jeden Preis Frieden schließen werde, selbst um den Preis der Aufopferung der schweizerischen und süddeutschen Abendmahlslehre. Namentlich verdroß Blaurern das Zugeständniß, daß auch die Unwürdigen (nur nicht die Gottlosen) den Leib Christi genössen. Selbst die persönliche Gegenwart Bucers, Melanchthons und Zwicks im September und October 1536 konnte Blaurern nicht zur Nachgiebigkeit bewegen. Er hatte schon am 29. Juni an Margarethe geschrieben: Alles könne man ja zuletzt selbst den Papisten zugestehen, wenn man so in künstlichen Worten mit der Wahrheit spiele; aber dahin komme man mit der Nachgiebigkeit gegen Menschenauctorität und maßlosem Friedenseifer! Unter Blaurers Beirath verschob auch Konstanz seine Beipflichtung bis zur evangelischen Bundes- und Gelehrten-Versammlung in Schmalkalden im Februar 1537, wo auch Blaurer wider Willen mit Schnepf im Gefolge seines Herzogs und zugleich im Auftrag von Konstanz erschien. Hier bildete sich vollends bei allen Lutheranern die Ueberzeugung aus, sie könnten Bucern ganz, nicht aber Blaurern zu den Ihrigen zählen. Dieser hatte es nur der besonderen Rücksicht Melanchthons zu danken, daß zuerst eine Besprechung über das Abendmahl umgangen wurde; als aber dennoch wider Melanchthons Willen Bugenhagen und Amsdorf eine Besprechung anordneten und bei derselben Osiander einen heftigen Ausfall auf Blaurer machte, trat Melanchthon begütigend dazwischen. Da Blaurer die Uebereinstimmung aller Uebrigen kannte, wollte er lieber Allgemeines vorbringen, als durch Widerspruch im Einzelnen reizen. Aber endlich sah er sich doch genöthigt, unumwunden dem Satz zu widersprechen, daß die Gottlosen den Leib Christi auch genießen, und unterschrieb nur bedingungsweise. In demselben Augenblick, in welchem Melanchthon von der streng lutherischen Abendmahlslehre sich emancipirte, in welchem Bucer mit vollen Segeln diesem Hafen der Ruhe zusteuerte, hatte Blaurer den Muth und die Kraft der Ueberzeugung, daß er sich selber treu blieb und von rechts und links als ein eigensinniger Friedensstörer sich ansehen ließ. Die völlige Isolirung Blaurers in Schmalkalden bot seinen Feinden wohl die stärkste Handhabe wider ihn beim Herzog. Blaurer selbst war auf Alles gefaßt und durfte doch nicht freiwillig zurücktreten. Am 11. Februar 1538 äußerte sich Ambrosius darüber aus Veranlassung einer Berufung nach Augsburg in folgender Weise an den Konstanzer Rath: „Ich bin aus viel scheinbarlichen Anzeigungen gewiß, daß mein Beruf in dieß Fürstenthum Württemberg ordentlich und aus Gott, auch anbisher, ihm sei Lob, nicht übel erschossen ist. Nun sind aber die Sachen noch dieser Zeit dermaßen geschaffen, daß vielleicht der Halbtheil und dennoch nicht gar dieses Fürstenthums visitiret und der Nothdurft nach versehen ist, und zudem die verordneten Visitierer also gesinnet, daß ich gänzlich zu vermuthen habe, wo ich nicht zugegen, daß manchem guten Pfarrer, so von mir aufgesetzt worden, das Examen zu schwer und er demnach abgestoßen würde, nicht ohne kleinen Anstoß seiner Unterthanen und Nachtheil des ganzen Handels. Denn etliche Leute dermaßen erbittert, von daß der Bilder und etlicher anderen Sachen halber nicht ihres Gefallens gehandelt worden, daß sie gedenken, wie sie alle Diejenigen schüpffen möchten, so ihrer Meinung nicht wollen zufallen, wie ich denn in augenscheinlicher Erfahrung habe. So würde auch der Artikel, das Nachtmahl belangend, viel gröber und fleischlicher müssen gelehrt und gehalten werden, denn es Luther selbst begehrt; so wunderseltsam stehen etlicher Leute Fürnehmen.... Wenn ich mich selbst und meinen zeitlichen Nutz suchte, wollte ich viel lieber zu Augsburg, denn in diesem Fürstenthum sein, dieweil mir dieses viel genießlicher, minder arbeitsam und fahrlich wäre, denn an dem Ort zu sein, da ich über so viel Müh und Arbeit, Fahr und Sorg auch an dem Zeitlichen Nachtheil leiden und das Meine, wie denn noch bisanher geschehen, einbüßen muß. Aber billig sollen wir uns, solches Alles hintangesetzt, dem gnädigen Gotteswillen ergeben und nach seinem Wohlgefallen gebrauchen lassen, auch mit Verlust Leibs und Lebens, geschweige des hinfälligen zeitlichen Guts. Er ist der Herr, wir seine nichtige Geschöpfe, welche er wie, wohin und wie lang ihm geliebt brauchen soll. Meines gn. Herrn Herzogs Ulrichs halber kann ich nicht wissen, ob es mit Gnab oder Ungnad seinethalb sein möchte: die Stunden sind ungleich. Es sollte sich wohl fügen, daß anrucks groß Ungnad vorhanden und aller Dank sammt der Belohnung ganz verloren wäre; wiewohl ich Leute weiß, die gern zustimmen würden, daß es mit Gnaden beschehe, nur daß ich aus dem Land käme. Darnach würden sie ihres Gefallens Einen zu ihnen ziehen und alle Ding nach ihrer Wohlmeinung wiederum anrichten, auch die Sachen dermaßen versehen, daß ich keinen Regreß wiederum haben möchte, und also viel guten geschickten Hirten und frommen Unterthanen zu kurz beschähe. In Summa, es stehen alle Ding auf diese Stunde also, daß wenn der Fürst gleich jetzt nicht mein begehrte und mich nur leiden möchte, ich meinen Abschied dießmal nicht wüßte gegen Gott zu verantworten, bis die Visitation zu Ende lauft."

Außer den Lutheranern zählte zu den Feinden Blaurers auch ein Theil des württembergischen Adels, welcher Schwenkfeld verwandt und ergeben war. Blaurer war schon vor seinem Eintritt in württembergische Dienste ein offener Gegner dieses schwärmerischen Mannes, der sich, wenngleich dem Katholicismus entfremdet, doch auch durch die lutherische Abendmahlslehre verletzt, keiner der bestehenden Kirchen anschloß, ja dem bestehenden Predigtamt Opposition machte. In einem Brief an Bullinger (2. Dec. 1533) hatte er ihn einen verschlagenen Fuchs genannt, welcher der Henne des Evangeliums, die ihre Küchlein unter ihre Flügel sammelt, wunderbarlich nachstelle, und um die gleiche Zeit schrieb er an Bucer: kein Lob und keine Verläumdung solle ihn aufhalten, da er entschlossen sei, zehnmal zu sterben, ehe er zugebe, daß die schreckliche Pest durch Vertuschen in den Kirchen Christi noch weiter schleiche; man könnte ja Alles ertragen, wenn er nur nicht Evangelium, Sacramente, die Kirche, die Mutter, ohne die man den Vater nicht habe, der Welt entrissen und eine platonische Republik von Kirche erträumt hätte, die höchstens im Himmel sei. Nach allen Seiten hin warnte Blaurer vor Schwenkfeld, und als dieser seine Freundschaft nachsuchte, wies Blaurer ihn ab: da er sich mit den Straßburgern nicht verglichen, könne er auch nicht mit ihm thun. Schwenkfeld sah in Bucer und Blaurer seine gefährlichsten Gegner, Verräther der Wahrheit. Als Blaurer nach Württemberg gezogen war, machte er aus seinen Gesinnungen gegen die Schwenkfeld'sche Secte keinen Hehl, und durch seine Vermittlung geschah es, daß der Herzog einen hauptsächlich auf Schwenkfeld berechneten Befehl gegen die Winkelprediger im Land erließ (15. April 1535). Gleichwohl wußte es der gewandte Schwenkfeld mit Hilfe des Erbmarschalls dahin zu bringen, daß am 28. Mai 1535 ein Religionsgespräch zwischen ihm und seinen Gegnern Bucer, Blaurer und Frecht auf dem Tübinger Schloß angeordnet wurde. Zwar Blaurer versprach sich davon nicht viel, da von so hohen Geistern, die sich in der Zertrennung gefallen, doch kein Friede zu erwarten sei, doch gab er nach auf Bucers und seines Bruders Thomas Zureden, welcher letztere ihm zurief: „Was nicht wider uns ist, ist für uns." Das Colloquium berührte alle Fragen, in Betreff derer Schwenkfeld zu Rede gestellt werden mußte, aber brachte keine einzige zum Austrag. Sei es die Rücksicht auf die württembergischen Räthe, die sicher mehr auf Seiten Schwenkfelds standen, sei es der Zauber der schnell für sich gewinnenden Persönlichkeit des Ritters, — genug, die oberländischen Theologen wollten nicht disputiren, sondern einerseits nur die früher über Schwenkfeld gefällten Urtheile entschuldigen, andererseits Bucern zulieb auch hier eine Concordia stiften, welche das Aufbrechen der klaffenden Wunde nicht verhindern konnte, aber verschieben sollte. Man verglich sich zu äußerem Frieden; Schwenkfeld solle den Dienst der Kirche nicht mehr lästern, dann wolle man ihn nicht mehr als Widersacher der Wahrheit angreifen! Die Concordie war eine rein äußerliche, darum auch nicht Stand haltend. Blaurer blieb im Streit mit Schwenkfeld; die Schwenkfeldianer aber wurden (nach Bucer) dem Herzog nur darum lieb, weil sie ihm die Kirchen rücksichtslos plündern halfen, und so war Bucer geneigt, in der Umstimmung des Herzogs gegen Blaurer einen besonderen Einfluß schwenkfeldischgesinnter Hofleute zu vermuthen.

Der nächste Anlaß, welcher bei dem Herzog den Ausschlag gab, ist unbekannt, blieb auch Blaurern selbst verborgen. Die Entlassung erfolgte zu Anfang Juni 1538 ohne alle Angabe der Gründe; sie war äußerlich in anständigen Formen abgefaßt, so daß Blaurer Bullingern schreiben konnte, er sei in guten Gnaden von seinem Fürsten entlassen worden: doch verrieth sich die Ungnade deutlich in der schmählich geringen Honorirung der vierjährigen Dienste; diese war doppelt schmutzig, je mühsamer Blaurer in dieser Zeit gearbeitet und gegen dreihundert Gulden von seinem Privatvermögen aufgewandt hatte, wiewohl dieser hierin nicht sowohl die Ungnade und den Zorn des Fürsten als dessen gewohntes Sparsystem erkennen wollte. Ungnädig war diese Entlassung ferner insofern, als der Herzog seinem treuen Diener jede Erklärung über den Anlaß versagte. Blaurer schrieb hierüber am 6. Novbr. 1538 an Machtholf: „Mein Sach gegen meinen gnädigen Herrn Herzog Ulrichen steht noch also: hab gar keine Antwort, hör auch nichts, daß mir zu hoffen seie, denn daß mir etlich böse Mäuler am Hof und sonst viel böser giftiger Wort nachspeien. Sei Alles Gott befohlen! der sei unser gnädiger Fürst und Herr und geb Gnad, daß wir ihm mit solchen Ernst und Treuen dienen, als wir etwa den armen, elenden, undankbaren Menschen dienen." Endlich zeigte sich des Herzogs Ungnade in der Verweigerung der Ausbezahlung der Pension, welche Blaurer als vormaliger Conventual von Alpirsbach anzusprechen hatte. Es war erst Herzog Christoph vorbehalten, dieses Unrecht gut zu machen, während Herzog Ulrich doch später sich Blaurern wieder genähert und namentlich im März 1547 seinen Kanzler Knoder nach Konstanz abgesandt hatte, damit er sich nach der Lage der bedrängten Stadt und nach Blaurern insbesondere erkundige.

Ambrosius, gestärkt durch ein reines Gewissen, nahm die Entlassung ungebrochenen Muthes auf. Er schwieg, obwohl er sich zur Verantwortung rüstete, falls sie nöthig würde, indem er ein Tagebuch seiner Erlebnisse in Württemberg zu schreiben anfing; aber nicht bloß gab er sich alle Mühe, den Unwillen und Zorn seiner Freunde zu beschwichtigen, sondern sprach sich auch fortwährend in ehrender Weise über den Herzog Ulrich aus. Die Zwinglische Partei erkannte in der ungnädigen Entlassung Blaurers einen sie Alle gleich treffenden Schlag. Der treue Bucer war über die dreimal verwünschte Barbarei tief entrüstet. An Margarethe schrieb er: „Wie sollte das schwere an deinem Bruder verübte Unrecht nicht uns allen tief zu Herzen gehen? Wenn du nur wüßtest, wie Jakob Sturm vor Zorn knirscht, so oft er an jene Wuth denkt, von welcher der Jäger besessen ist. Aber da wir gewiß sind, daß dein Bruder Christo treu diente, warum sollten wir nicht vielmehr eingedenk sein, daß seiner ein desto reicherer Lohn von Christo warte und seine dem Reiche Christi geleisteten Dienste um so sicherer seien, je mehr die Welt ihm dafür den gleichen Lohn bezahlt, welchen sie Christo selber bezahlte?" Calvin schrieb tiefbetrübt an Viret (14. Juni 1538): „Blaurer ist, so wie wir, aus dem Württembergischen um einer unbedeutenden Ursache willen und mit vieler Schmach vertrieben worden, und Sturm, der sonst so viel über den Herzog vermag, hat ihn nicht zu bewegen vermocht, daß er ihm das Zeugniß eines guten Diensteifers mitgegeben. Selbst seiner Besoldung hat er ihn gegen alle Menschlichkeit beraubt, was unter uns bleibt."

8. Heimkehr und Mission in Augsburg.

Neben der Demüthigung fehlte Blaurern nicht nur nicht der Trost eines unversehrten Gewissens, sondern auch nicht die dankbare Anerkennung der Städte und seiner Freunde. Die Städte wetteiferten, dem heimkehrenden Mann ihre Liebe und Dankbarkeit zu beweisen. Blaurers Abzug aus Württemberg hatte sich bis zum Juli 1538 hinausgezogen. Langsam zog er über die oberen Städte der Heimath zu. Am 26. Juli traf er in Isny ein und ließ sich durch die Bitten und die Noth der Gemeinde zu längerem Bleiben bestimmen. Während seines Aufenthalts stärkte er durch tägliche Predigten die Gemeinde. Am 26. August endlich kehrte er nach Konstanz zurück, wo bereits ein erneuter ehrenvoller Ruf nach Augsburg seiner wartete. Der treue Bonifaz Wolfhard lud Blaurern zu sich ein: wie einen Engel Gottes wolle er ihn halten. Doch Ambrosius bedurfte nach allen Arbeiten und Leiden im undankbaren Herzogthum zunächst Ruhe und Sammlung und hegte noch immer eine Abneigung gegen das uneinige, üppige Augsburg. Unter Berufung auf seine angegriffene Gesundheit, auf nahe Vaterfreuden, auf dringende Arbeiten in der Heimath lehnte er ab. Eine dritte bringliche Bitte richtete Augsburg im October an ihn, da meinte er, wiewohl es ihm ganz beschwerlich sei, nicht länger mit Fugen sich sträuben zu dürfen, doch verschob er sein Kommen auf das Frühjahr. Ein Geschwür verzögerte abermals seine Abreise. Am 18. Juni 1539 reiste er endlich von Konstanz ab und kam über Isny, Kempten und Memmingen am 27. Juni nach Augsburg, nachdem er „unter dem Geleit des Herrn und seiner Engel" einer Nachstellung auf dem Weg glücklich entronnen war. Er wohnte bei Wolfhard zu St. Anna und fing alsbald in der inmitten der Stadt gelegenen St. Morizkirche zu predigen an. Seine ersten Predigten handelten von der Buße und Rechtfertigung, wie seine Gegner behaupteten, „nicht allerding nach Art der Confession, denn die Buß fing er an vom Evangelio und der Gnaden oder der Lieb Gottes, fast wie die Antinomer, und zuletzt trieb er die Buß, welche doch die Mortification sein soll, also die Frucht einer wahren Buß, und gab also im Anfang zu verstehen, daß er mit den Wittenbergern nicht allerding eins wäre." Nachdem er etliche Predigten gehalten hatte, begaben sich die Bürgermeister in seine Wohnung, um ihm die Gründe seiner Berufung vorzutragen. Der erste Grund, der Unfriede mit dem Lutheraner Forster war durch dessen Wegzug auf die Universität Tübingen mittlerweile erledigt worden. Zweitens wünschte man einen Superattendenten; da aber Konstanz Blaurern wohl nicht ganz abtreten würde, so bäte man ihn, er wolle um einen gelehrten, ehrbaren und friedlichen Mann sehen, der dazu tauglich für und für bei ihnen bliebe, die Kirchen mit Treu versorgte und ein

Ansehen haben könnte, damit hieran kein Zwietracht und Spaltung in der Kirche entstände. Drittens möchte er mit den Prädicanten, die den gemeinen Pöbel wider Rath und Obrigkeit erregten, handeln, damit Solches hinfort unterbliebe. Viertens möchte er sorgen, daß die Pfarre zum h. Kreuz und die Kirche zu den Barfüßern gottesfürchtige Pfarrer erhalten. Endlich möge er fünftens ein Aufsehen haben, ob die Kirchen zu Augsburg noch in etwas mangelhaft, daß er Solches wolle ergänzen und erstatten. Blaurer versprach, Alles in Ueberlegung zu ziehen. Für Anstellung eines Superattendenten war er eben nicht, und machte darauf aufmerksam, daß gelehrte Leute in jetziger Zeit schwer zu bekommen seien; die Kirche zu Augsburg finde er übrigens in vielen Stücken ordentlicher angerichtet als die zu Konstanz. Gleichwohl machte er den Herren in Augsburg bald mehr Vorschläge, als ihnen lieb war. Ein Freund der Armen wollte er für diese besser gesorgt wissen. Das Spital, sagte er, wäre übel bestellt, die Schwachen und gar Kranken hätten wenig Labung und kräftige Speise; ebenso sollte man auf die Schulen mehr Bedacht nehmen, damit armer Leut Kinder zur Lernung erhalten möchten werden. Weil nun die Herren vorgaben, der Personen wären zu viel im Spital zu dessen geringem Einkommen, veranlaßte er, daß man in jeder der zwei Kirchen zwei oder drei Stöcke aufrichten sollte, den einen für die Armen im Spital, den andern für die armen Schüler. Aber das Volk war über diese Neuerung sehr unlustig, weil der gemeine Stock für die Armen dadurch zu kurz kam. Ganz abgewiesen wurden folgende vier Vorschläge Blaurers: 1) daß die Herren von Augsburg sollten unter ihren Schutz zu Bürgern aufnehmen, wer sich bei ihnen ansiedeln wollte; 2) daß sie das Pilgerhaus wieder aufrichten sollten und die um der Wahrheit willen Vertriebenen darein nehmen und beherbergen; 3) daß sie einen Bann aufrichten sollten, und der Bann sollte bei den Herren stehen, daß also, wenn eine Obrigkeit Einen in Bann erkennte, sollte er darin sein so lang, bis die Prediger denselben ledig bäten und wiederum heraus erkennten; 4) daß die Herren in ihren Dörfern auf dem Land den Pfaffen Eheweiber zulassen, die Meß abthun und die Götzen aus den Kirchen schaffen sollten. Durch eine Zuchtordnung, fürchtete man, würden die Reichen beeinträchtigt, weil die Armen sie verbannen würden, um sich in den Besitz ihrer Güter zu setzen; durch die Reformation der Dörfer, entgegnete man, würde mehr Neid, Haß und Feindschaft angeregt werden, da der Adel dadurch aufgereizt würde; die hinausgeschickten Prediger würden erhenkt und erschossen.

Blaurern hatte die Ahnung nicht getäuscht, daß Augsburg kein Ort sei, wo er viel ausrichten könne. Zwar das Volk verehrte, ja vergötterte ihn. Der Zudrang zu seinen Predigten und zu seiner Wohnung war sehr groß. Um den Armen zu helfen, entlehnte er selbst Geld; jedem Armen gab er einen halben Batzen, Andern half er durch Geldvorschüsse auf, noch Anderen, denen die Stadt verboten war, half er wieder herein. So wurde er in der That wie ein Heiliger verehrt, man prägte sein Bild in Silber und Gold in Gestalt von Joachimsthalern, beschenkte sich damit und trug es selbst zum Schmuck um den Hals. Um so erbitterter wurden gegen ihn die Reichen und die strengen Lutheraner. Die Letzteren fanden einen Anlaß zur Unzufriedenheit in einer seiner Predigten über das Nachtmahl, in welcher sich folgende Stelle fand: „Sofern ist der Leib gegenwärtig und wird von dir genossen, sofern du glaubest. Denn der Leib Christi steckt nicht im Brod, wie ein Pfenning im Apfel, sondern Brod und Wein sind Zeichen und Siegel des dargegebenen Leibs Christi am Kreuz. Gleichwie ein Marktstein im Acker; Wer denselbigen verrückt, dem ist in kaiserlichen Rechten das Leben verfallen; also Wer unwürdig isset von diesem Brod, der mußt ihm selber das Gericht. Darum so wird Brod und Wein der Leib Christi genannt um des Brauchs willen, damit der Glaube in uns gestärkt werde, denn der Leib Christi klebt noch hängt nicht am Brode, sondern sind soweit von einander als Himmel und Erde." Da diese Predigt viel Aufsehens erregt hatte, befragte Blaurer die Prediger in ihrem Convent um ihr und der Gemeinde Urtheil: die Gleichgesinnten stimmten natürlich der Predigt zu, aber Andere bemerkten, es wäre viel Gelds darum zu geben, daß solche Predigt in Augsburg nicht geschehen wäre. Blaurer erklärte sein Bedauern über den unvorsichtigen Ausdruck, mit dem er übrigens nicht Luthers, sondern des Papstes Meinung habe widerfechten wollen; seine Absicht sei nicht, gegen die Augsburger Confession etwas zu reden, ob ihm wohl etliche, aber untergeordnete Stücke darin nicht gefielen. In der folgenden Sonntagspredigt gab er auch vor der Gemeinde die Erklärung ab, daß er die Augsburger Confession halte und darum keineswegs gegen sie oder etliche Prediger geredet habe. Doch die Lutheraner waren nicht mehr zu beruhigen, sie klagten bei dem Bürgermeister Rehlinger, und dieser wagte bereits, wiewohl fruchtlos, einen Antrag auf Abschaffung Blaurers zu stellen. Desto dreister lästerten von nun an seine Feinde: man beschuldigte den strengen Zuchtprediger eines zu vertrauten Umgangs mit reichen Wittfrauen; man wollte nachzählen, daß Ambrosius während seines Wohnens zu St. Anna achthundert Reiche und Arme zu Gast gehabt habe; man warf ihm vor, er habe selbst als Superattendent in Augsburg bleiben wollen; endlich schrie man ihm nach, die geheimen Räthe hätten ihn einmal nach dem andern zum Abzug treiben müssen, so daß dieser mehr einer nächtlichen Flucht geglichen hätte. Wahr ist nur, daß Blaurer, der in Augsburg besonders gegen den Luxus und das Sittenverderben eiferte, wegen seines evangelischen Freimuths manche Anfeindungen zu erfahren hatte; aber er durfte gleichwohl in den Thränen und Seufzern, unter denen das Volk sich zu seinem Abschied herzudrängte, ein Zeichen dafür hinnehmen, daß er nicht umsonst unter ihnen gearbeitet habe. Wolfhard rühmte später, die Augsburger, so wunderbar zu seinen Predigten strömend, seien durch ihn mindestens kirchlicher und werkthätiger geworben; mit vielen Augsburgern blieb er in Verbindung; sie unterstützten den Verbannten, und der hart Verläumdete wurde nach dem Konstanzer Sturm abermals als Prediger nach Augsburg berufen.

Am 6. December reiste Blaurer von Augsburg ab und hielt sich in Kempten, Memmingen und Jsny noch eine Zeit lang auf, so daß er erst am 4. Februar 1540 in der ersehnten Vaterstadt wieder ankam. Seine Missionsreisen waren, mit Ausnahme eines kurzen Aufenthalts in Jsny im April 1544 und 1545, beendigt; Konstanz bedurfte dringender als je seine Anwesenheit; als ein Prophet stellt sich Ambrosius auf die Zinne seiner Vaterstadt, das nahe Verderben verkündigend, ohne es abwenden zu können!

Viertes Kapitel.

Letzte Jahre in Konstanz 1540—1548.
1. Der Schnitter Tod.

Wie mochte sich der heimkehrende Ambrosius nach dem lang entbehrten Glück des Familien- und Freundschaftslebens sehnen, mit welcher Freude die lang unterbrochene Arbeit in der Vaterstadt wieder aufnehmen! Doch die Sehnsucht sollte sich bald in Todtenklage, die freudige Arbeit in geduldiges Leiden verkehren. Ambrosius lebte zunächst wieder in Konstanz ganz seinem Beruf. Er half zur Herausgabe des Konstanzer Gesangbuchs vom Jahr 1540, das auch in Basel und vielen anderen Orten eingeführt wurde. Ohne irgend eine polemische Tendenz, welche damals in anderen protestantischen Liedersammlungen wenigstens den Papst nicht unangegriffen ließ, fern von jedem starren Dogmatismus, stehen hier fromme poetische Ergüsse, zum Theil von den Geistlichen der Stadt selbst gedichtet, zum Theil auch von Laien, wie von dem Bürgermeister Thomas Blaurer und seiner Schwester Margarethe. Von ihrem Bruder Ambrosius ist u. A. der Kirchengesang: „Freu dich mit Wonn fromme Christenheit," von Dr. Johann Zwick das Himmelfahrtslied: „An diesem Tag bedenken wir". Sehr eifrig war Ambrosius in der Seelsorge, besonders seit die Pest im October 1541 auch in Konstanz und zwar mit solcher Heftigkeit wüthete, daß sie in der letzten Woche genannten Monats dreizehn Erwachsene und eben so viele Kinder wegraffte. Am 5. November schrieb Blaurer an Bullinger: „Es grüßet dich meine Schwester Margarita, welche gegenwärtig das Amt einer Archidiakonissin in unserer Gemeinde versieht, so sehr setzt sie ihr Leben und Alles der Gefahr aus. Täglich besucht sie die öffentlichen Hospitäler, in welchen die von der Pest ergriffenen Knechte und Mägde gepflegt werden, mit starkem Muth, während sie im eigenen Haus ein von dieser Krankheit befallenes zehnjähriges Mädchen abwartet. Bitte Gott, daß er sie uns nicht entreiße, die unser einziger Trost ist." Mit dieser Schwester theilte der Bruder Ambrosius Alles, Freud und Leid; sie mit ihm auch das Berufsfeld; sie diente dem mutterlosen Haus des Thomas, sie zog Knaben und Mädchen in der Frömmigkeit und auf ihre Kosten zu Hause auf, sie stand an der Spitze eines Vereins christlicher Gattinnen und Jungfrauen, der weit und breit bekannt war durch die Hilfe, die er einheimischen und fremden Armen, Kranken und Verlassenen angedeihen ließ. Sie hatte neben diesen Arbeiten eine ausgebreitete Correspondenz, hatte noch im späteren Alter die lateinische Sprache erlernt, in welcher sie mit Leichtigkeit sich ausdrückte, und trug die Sorgen und Mühen ihrer Brüder auf priesterlichem Herzen. Am 9. Novbr. 1537 hatte ihr Ambrosius von Tübingen aus geschrieben: „Du bist mir lieber als Berge von Gold und Edelstein. Ohne dich ist mir die Welt eine Nacht." Ebenso schrieb er ihr von Hagenau aus am 4. Juli 1540: „Ich bitte dich, daß du die Sache der Kirche Christi dem himmlischen Vater in flehentlichen und gläubigen Gebeten anbefehlest, denn sie wird stark zwischen den Klippen und Stürmen menschlicher Gewalt und Weisheit umhergetrieben. Darum so rufe oft mit deiner h. Gemeinde, die du anheim hast, den Geber alles Friedens inbrünstig an, daß er diese Stürme stille und uns mit seinem festen, ewig dauernden Frieden bekräftige und stärke, damit die Pforten der Hölle nichts wider uns vermögen. Ich weiß, wie schwesterlich du für meine Frau und meine Kinder sorgst. Grüße dein ganzes Haus sammt allen deinen Kranken und Armen, durch deren Fürbitte bei dem Herrn ich unterstützt zu werden wünsche. Lebe wohl, beste, liebste Schwester, o mein Herz in dem Herrn. Thue, was du thust, geflissentlich. Nähre, tränke, besuche, sammle in den Hungrigen, Dürstenden, Kranken, Vertriebenen Christum, in der gewissen Zuversicht, daß dein Lohn bei ihm im Reiche seiner Herrlichkeit dir bereitet ist." Diese selten edle, gelehrte, menschenfreundliche Jungfrau Margaretha, die Perle genannt, sollte am 15. November 1541 ein Opfer ihres Liebeseifers werden. Tief erschüttert gab Ambrosius über den Tod der heißgeliebten Schwester dem gemeinschaftlichen Freunde Bullinger mit den Worten Kunde: „Unter denen, welche ein Opfer der Pest wurden, hat der Herr, der Geber des Lebens, auch unsere treffliche und in Wahrheit unserer Kirche getreueste Dienerin, meine leibliche Schwester Margaretha zum großen Leidwesen Aller vom Tode zum Leben hinübergeführt, zu der für sie freilich rechten, für uns aber ungünstigsten Zeit, was meine Seele zuweilen so sehr erschüttert, daß ich hier die heftigen Erregungen meines Herzens fühle und durchaus fürchte, es möchte dieser Tod eine schlimme Vorbedeutung für die ganze Stadt haben, was noch viel Gutgesinnte mit mir besorgen. Denn was sie betrifft, sind wir völlig gewiß, daß sie nicht todt ist, sondern den Tod mit dem glücklichsten Leben vertauscht hat; sie hat auch ihren letzten Athemzug unter heiligen Reden ausgehaucht, im Vertrauen, ihr Tod sei kein Sterben, so daß du gesagt hättest, sie sei sanft eingeschlummert und habe ihren Geist in die Hände des treuen Schöpfers übergeben. Uns aber ist ein so großer Trost und Segen entzogen, daß wir in unserer unbeschreiblichen Trauer mehr als die Hälfte unseres Lebens verloren zu haben stets schmerzlicher empfinden. Bitte für uns, daß es uns vergönnt werde, in ihren Fußstapfen Christo nachzufolgen." Groß war die Trauer in Konstanz und bei den auswärtigen Freunden der Blaurer'schen Familie. Die Verstorbene ward von Ambrosius, Thomas, Vögelin und, im Auftrag Bullingers, von Rud. Gualtherus in Liedern verherrlicht.

Doch hatte der Schnitter Tod an dieser vollen Garbe nicht genug; nicht nur forderte er auch von Thomas seine zweite Gattin nach kurzer Ehe und nur viertägigem Krankenlager, sondern am 23. October 1542 ward auch unserem Ambrosius sein theuerster Bluts= und Geistesfreund Dr. Johann Zwick auf Schweizer Boden zu Grabe getragen. Als im Herbst in Bischofszell die Pest furchtbar heftig ausbrach und den Pfarrer A. Köllin dort hinwegraffte, fühlte sich Zwick gedrungen, den verlassenen Kranken und Sterbenden den Trost des Gotteswortes zu bringen, und ward selbst ein Opfer seines Ernstes und seiner Treue. Ueber seinen Tod schrieb Ambrosius Folgendes: „Als Dr. Hans sechs Wochen zu Bischofszell mit unglaublich großem Fleiß und Ernst das Wort des Lebens geprediget, die Kranken und Sterbenden selbst täglich heimgesucht und mit herzlicher Treue und hitziger Liebe getröstet, sie in das rechte ewige Vaterland abgefertiget und also seinen wahren und durch die Liebe thätigen Glauben gewaltiglich mit Männigliches Kundschaft bezeugt: hat der liebe Gott und getreue Vater im Himmel an seiner großen Müh und Arbeit, so er denn jetzt und vormals viele Jahre in seinem Weingarten gehabt, ein gnädiges ganz väterliches Begnügen gehabt und ihn mitten in der Uebung christlicher Liebe (eben mit der Krankheit und mit derlei Tod des Fleisches), auch in solchem himmlischem Gnadentrost göttlich gestärkt, wie er vorhin oft an anderen Kranken und Sterbenden gesehen hatte, berufen und also von dieser argen Welt und allem Uebel gnädiglich erlösen und führen wollen in die wundersame selige Ruh aller seiner getreuen Diener und ihn hören lassen die freudenreiche Stimme: Ei du getreuer Knecht, dieweil du in dem Wenigen getreu gewesen bist, will ich dich über viel setzen, gehe herein in die Freud deines Herrn! Es hat aber unser gottgefälliger frommer Doctor Hans in diesem seinem letzten Abschied, nach dem Brauch der h. Erzväter, auch des Herrn Christi selbst vor seiner Himmelfahrt, viel Guts und göttlicher Benedeiung herzlich begehrt und gewünscht vielen sonderen Personen, zuvor aber unserer Kirche, auch mit vielen schönen Ermahnungen und Trostreden diejenigen, so bei ihm gewesen, angesprochen und also sein liebreiches Gemüth gegen Jedermann und aber nicht weniger sein vertrautes Herz und beständigen lebendigen Glauben auf Christum Jesum mit ganz unerschrockener Tapferkeit bewiesen und erzeigt, auch mit seinem Munde bis gar noch in den hintersten Athemzug bekannt, und als seine Zunge nicht mehr reden konnte, mit dem Finger über sich gedeutet, seine unverrückte steife Hoffnung in das himmlische Vaterland damit zu bezeugen und also seinen Geist dem Herrn Jesu befohlen. Gott sei hochgelobt in Ewigkeit, in dessen Kraft und

Stärke er einen solchen guten Kampf gekämpft, seinen Lauf vollendet, Treu und Glauben an seinem Herrn gehalten und die Krone der Gerechtigkeit seliglich von ihm empfangen hat." Auf die Nachricht von Zwicks Erkranken war Dr. Vögeli zu ihm geeilt, ihm wo möglich Hilfe zu bringen. Das war ihm zwar versagt, aber der Arzt kam mit großem Frohlocken zurück, sagte, er habe erst recht sterben gelernt, legte sich auch an der Krankheit nieder, dankte Gott um seine Gnade, daß er ihn ein Stück der Seligkeit habe sehen lassen, und ist also getrost und mit Freuden gestorben. Blaurer war durch den Verlust des treuen Amtsbruders so tief erschüttert, daß er an Bullinger schrieb: „Der Verlust Zwicks hat mich so hart getroffen, daß ich des Lebens überdrüssig mich sehr sehne, aus dieses Fleisches Banden und der Befleckung der Welt möglichst bald erlöst zu werden." Seinem unvergeßlichen Freunde setzte er ein Denkmal in der Vorrede, mit welcher er einen Theil des schriftlichen Nachlasses Zwicks, nemlich „Christenlichen, ganz tröstlichen underricht, wie man sich zu ainem säligen sterben bereiten solle," im J. 1545 drucken ließ. Aus derselben sind obige Worte über den Tod Zwicks entlehnt; es möge hier noch das Bild folgen, in welchem er den Freund und zugleich sich selbst trefflich zeichnet: „Seine Lehr und Predigt war ganz rund und gesund, hell und klar, ordentlich und verständlich abgetheilt, einfältig, weit von aller unnützer, spitziger oder zänkischer Dinge Vorgebung, sondern zunächst gerichtet auf die Besserung; seine Vermahnung war dringlich, sein Strafen ernsthaft, seine Warnung getreu, sein Trost süß und ganz liebreich, und dieß nicht allein auf der Kanzel, sondern täglich und ohne alles Aufhören gegen sondere Personen, denen er zu allen Guten lieblich und seelisch berathen und geholfen gewesen ist. Ganz kostfrei und mild war er gegen den armen Dürftigen, gastfrei den Fremden, Waislosen und Elenden, mitleidig mit den Kranken und Allen, so mit mancherlei Anfechtungen Leibs oder der Seele beladen waren. Sonderlich aber hat ers doch mehr als gut und getreulich mit der armen unerzogenen Jugend gemeint, der er viele Jahre mit Predigen und der Zucht nicht ohne großen trefflichen Nutzen ist vorgestanden. Ach, wie mit unglaublichem Fleiß und mehr denn väterlicher Treue und Sorge hat er sich ihrer angenommen? Wie mancherlei mit viel Nutz und ungesparter Arbeit versucht? Auch viel anderer verständiger Leute hier und anderswo fleißig Rath gepflogen, wie doch dieses irrig, wild, ungezähmt Alter mit bester Weise und Ordnung in Lehr, Zucht und aller Gottseligkeit aufgebracht und zu einem tröstlichen Vorrath auf künftigen Mangel erhalten würde. Also daß er, wiewohl er dem Fleische nach mit Kindern nicht begabt, doch ein fruchtbarer Oelbaum gewesen ist in dem Haus des Herrn, dem er in sein Reich viel fromme liebe Kinder geboren hat." Wenn Blaurer ferner die große Uneigennützigkeit seines Amtsbruders hervorhebt, so gilt das in gleicher Weise von ihm selbst: beide hatten im Kirchendienst ihr Vermögen aufgezehrt, so daß sie nach dreizehnjähriger Anstellung, während der sie weder

Lohn gefordert noch erhalten hatten, sich endlich im Jahre 1538 genöthigt gesehen hatten, eine gemeinschaftliche Bitte um Auswerfung einer Besoldung an den Rath zu richten. Sie sagten: „Wir haben, Aergerniß und allen Argwohn der Eigennützigkeit zu verhüten, keiner Besoldung nie begehrt, auch etwa die angebotene nicht haben annehmen wollen, und uns doch dabei nicht allein im Predigtamt, sondern auch in andern euren Diensten und Handlungen, auch hin und wieder Reisen so gutwillig und dermaßen erzeigt, daß Niemand spüren mögen, ob wir um Sold Solches gethan, sondern uns aller Ding als von Gott in dieß Amt gesetzt gehalten haben. Nicht daß Besoldung nehmen unser, auch Gottes halber unziemlich gewesen, sondern damit unsere Lehr und Predigt bei Männiglichen, sonderlich aber bei den Böswilligen desto ansehnlicher und bei dem Frommherzigen desto baulicher wäre, so beide Theile sähen, daß wir nicht uns selbst und das Unsere, sondern allein gottgefälligen Fürgang des gnadenreichen und von Neuem herglänzenden Evangelii und Wohlfahrt gemeiner Kirchen hie zu Konstanz in diesem Allem gemeint und gesucht haben. Ja auch zu dem, daß wir keinen zeitlichen Genuß von unserem Amt gehabt, haben wir auch nicht geringen Schaden von dessen wegen erdulden müssen, und ist uns nicht kleiner Kost aufgelaufen mit vertriebenen waislosen Predigern und andern frommen Christen, deren anfangs viel verjagt worden, jetzund mit andern armen heimischen und fremden Leuten, sonderlich in der verschienen klemmen und theuren Zeit, da wir für andere Leute um Hilf und Trost täglich angesucht worden, denn man anfangs meinen wollte, wir sollten Jedermann helfen und genug geben. Nun wären wir aber wohl nochmals, wo es immer in unserm Vermögen, erbötig und von Herzen geneigt, solches alles fürohin wie bis anher zu beharren, wollten auch nichts Lieberes, denn daß wir also mit unserem Dienst im Wort und zeitlichem Vermögen Männiglichem unsere Gutthätigkeit und Hilf beweisen und für und für leisten möchten; dieweil wir aber nicht durch unnütz, leichtfertig und üppig Schwenden oder überflüssige Kostlichkeit unseres Haushaltes und anderer Sachen, sondern allein durch erlittene Kosten und Ausgab jetztangeregter Ursach halber in Schulden geronnen und Minderung unseres Hauptguts dermaßen gerathen, daß nichts Gewisseres zu erwarten, denn, so wir also noch etliche Jahre dergestalt wie bis anher hausen sollten, daß wir und unsere Erben in verderblichen Schaden, das Niemand billig begehren mag, wachsen und andern Leuten zum Erbarmen kommen müssen: so ist demnach unser Begehr, daß ihr in stattlicher Erwägung aller jetzt eingebrachten Ursachen, und daß wir, wo uns nicht Liebe unseres Vaterlands hie behielte, an etlich anderen Orten, so wir uns mit Dienst dahin begeben wollten, wohl viel höhere und reichlichere Besoldung, denn wir an euch begehren, haben möchten, uns günstiglich und väterlich bedenken wollen ꝛc." Die Art, wie sofort diese Bitte erfüllt wurde, ist unbekannt; im Jahr 1547 bestand die Besoldung Blaurers aus jährlich 75 Pfund, 12 Mutt Korn, ein Malter Haber und ein Juder Wein.

Gleichwohl erkannte Blaurer dankbar an, was ihm trotz dieser Verluste geblieben war. Am 21. November 1542 schrieb er an Bullinger: Wir haben hier fromme Menschen, deren Umgang den Ekel dieses Lebens erleichtert. Keiner kann mit Elias klagen, er sei allein übrig gelassen, da bei so Vielen hin und her der Geist Gottes lebendig sich regt, obwohl auch ihre Zahl immer kleiner wird!

2. Konstanzer Sturm.

Eine tiefe Wunde hatte der Tod der Schwester und des Amtsbruders unserem Ambrosius geschlagen, und doch wünschte er den Hingeschiedenen von Herzen Glück, „denn (schreibt er an Bullinger am 25. Nov. 1542) ich sehe, daß alles Menschliche sich zu kläglichem Untergang neigt; nirgends sieht man auch nur den dünnsten Hoffnungsstrahl, daß es mit dem Christenthum und mit dem ganzen Erdkreis soll besser werden; darum laß uns getrost aus der Welt entfliegen, den Brüdern folgen." Ein tiefes Mißbehagen nagte an ihm. Immer prophetischer sah er den Untergang des Evangeliums, insbesondere das drohende Unheil seiner Vaterstadt voraus. Die Verstimmung war nicht krankhaft, denn er war zumeist mit sich selbst unzufrieden und schüttete seine Klagen über sich in das Herz seines Freundes Bullinger aus. Er bat ihn am 28. Februar 1542, daß er für ihn, den elenden Sünder, bitte, damit er doch endlich sich selber ganz entrissen werde: „O ich dreimal Unglücklicher, der ich täglich mit meinem Fleisch so kämpfen muß, daß ich noch gar den Muth verliere, wenn ich sehe, daß ich so weit entfernt bin von dem Geist und Fleiß und Eifer, der meiner Berufung würdig. Bitte mit mir, lieber Bruder, den himmlischen Vater, daß die brennende Liebe seines Sohnes mein laues Herz mit seinen Flammen entzünde, damit ich in seinem Haus eine glühende und strahlende Leuchte werden kann." Das Leben sei ihm besonders entleidet, seit er merke, daß er in Bezähmung seines Fleisches so wenig vorwärts komme. Dazu die Noth an allen Enden, daß man rufen müsse: komm, Herr Jesu, erlöse uns von dem Uebel! Und doch hatte er daneben, wie er am 17. März an Bullinger schrieb, der ihm die übergroße Demuth verwies, auch wieder die gewisse Zuversicht, von Gott als sein Kind geliebt zu werden. Aber „bitte, daß ich in der Demuth bleibe!" Schon längere Zeit füllte Heimweh seine Brust. Am 14. März 1536 schrieb er an Thomas: „O Leben, ewiges Leben, wann wirst du uns in so vielen Beziehungen Unglückliche aufnehmen, wann diesem Leben, das der leibhaftige Tod ist, ein Ende machen?" An Bullinger schrieb er am 30. Januar 1543: Sobald als möglich sterben, ist mein höchster Gedanke!

Daneben kaufte er die Zeit aus, um noch zu dieser Zeit zu retten, was sich retten ließe. Die schweren Heimsuchungen durch die Pest, in welcher die Prediger ihre Stadt Konstanz wohlverdiente Gottesgerichte und wenn sie nicht Buße thäte, Vorboten noch schwererer Strafen erkennen ließen, hatten wirklich nicht verfehlt, den erkalteten Eifer besonders der Obrigkeit wieder zu wecken. So wurde jetzt auch ein vor zwei Jahren einfach zu den Acten gelegtes Gutachten Blaurers über eine Reformation der Stadt und der Kirche wieder hervorgesucht. Am 23. December 1543 schreibt er an Bullinger: „Möchte doch unser Magistrat auf eine solche Einrichtung denken, in welcher die geistliche und weltliche Zuchtordnung also dem Herrn wohlgefielen, daß er seinen Zorn von uns abkehrte. Unser Rath hat jetzt wenigstens den Anfang gemacht, indem er uns Kirchendienern die schöne aber überaus schwere Aufgabe stellte, wir möchten, da wir täglich an seiner Verwaltung so viel auszusetzen hätten, ihm eine solche dem Wort Gottes entsprechende Regel aufzeichnen, bei deren Befolgung er sicher sein dürfte, den Segen Gottes reichlich zu empfangen und seinem drohenden Strafgericht zu entrinnen. Du siehst jedoch, wie schwierig diese Aufgabe ist, nicht nur, weil sie so umfassend ist, sondern auch weil sich Vieles aus dem Wort Gottes nicht beantworten läßt. Dazu kommt, daß Unzähliges zu behandeln wäre, was dem geistlichen Amt ganz ferne liegt, so daß wir uns dieser Aufgabe entheben zu sollen glaubten; da sie aber uns hierüber, abgesehen von unserem Kirchenamte, wie auch andere gute Männer hören wollen, so konnten und durften wir das Ansinnen nicht schlechthin von der Hand weisen. Sie begehren von uns zu vernehmen, wie ein Regiment im Geistlichen und Zeitlichen angerichtet werden möge und solle, daß es Gottes Wort ähnlich und demnach ihm dermaßen gefällig sei, daß er, wo dem gelebt, von deßwegen seinen Zorn und vorgenommene Strafe nachlassen werde; wollen demnach, daß wir eine ganze Reformation stellen, wie alle Dinge in kirchlichen und politischen Sachen gehalten sollen werden, denn sie gedenken sich dermaßen in Gottes Willen zu richten, daß sie auch andern Obrigkeiten ein gut, besserlich, christlich Exempel seien." Ambrosius erbat sich Bullingers Rath und Hilfe. Dieser war über das Ansinnen des Konstanzer Raths hoch erfreut, denn, schrieb er, „das erst heiße sich zum Herrn bekehren und sein Joch auf sich nehmen, das erst heiße ich aus dem Babylon endloser Verwirrung zurückkehren zu dem Jerusalem seligen Friedens und himmlischer Ordnung. Könnte ich doch, so gut ich wollte, hierin euren frommen Bestrebungen zu Hilfe kommen. Dazu bedarf es des Geistes eines Moses, David, Ezechiel, Paulus und gleicher Männer; aber Gott wird ihn euch auch nicht versagen, nachdem er euch diese Arbeit auferlegt hat." Bullinger theilte nun seine Vorschläge ausführlich mit, ebenso Bucer. Doch vergeblich: im Sommer 1544 erklärte der Rath die Undurchführbarkeit dieser Plane. Die politischen Ereignisse brachen jetzt so überwältigend über Konstanz herein, daß es zu spät war, an eine Reformation im Großen und Ganzen zu denken. Ambrosius dachte mit Andern an einen Anschluß seiner Vaterstadt an die Schweiz und verhan=

delte darüber mit Bullinger. Wirklich verwendete sich auch Zürich im August 1545 bei den Eidgenossen für Konstanz, welches, wenn österreichisch geworden, ein bedenklicher Nachbar für sie werden könne; aber die katholischen Kantone wollten Konstanz nicht helfen. Vergeblich waren auch die Bemühungen von Thomas Blaurer auf dem evangelischen Convent in Frankfurt im December 1545. Als der Kaiser zu Anfang 1546 gegen die Evangelischen in den Niederlanden wüthete und die Reformation von Köln bedrohte, schrieb Ambrosius am 15. März an Bullinger: „Dabei man wohl siehet, was der Kaiser im Sinn hat und daß er das Unglück mit Köln wird ansehen; das ist am gelegensten, da hat er sein Land zum Rücken und an der Hand. Also ist zu besorgen, wir werden einen gar blutigen Sommer haben." Diese Prophezeihung sah Blaurer bestätigt durch Zeichen am Himmel: ein Komet, Stern, einer immer größer als der andere, blutfarbig, 16 Kriegsknechte, theils mit weißem Schweizerkreuz, theils mit burgundischem Landsknechtkreuz in den Lüften, vor dem Luzerner Rath eidlich erhärtet! Bald darauf brach der Schmalkaldische Krieg aus. Ambrosius ermunterte seine Vaterstadt zu Gottvertrauen, zu ernstem Beten und strenger Zucht, denn es sei jetzt nicht Tanzwetter. Unter den großen Rüstungen zur Gegenwehr ging seine Hoffnung anfänglich hoch; er schrieb am 3. Juli 1546 an Bullinger: „In Summa, wir werden Leute genug haben. Es soll, hoff ich, den Pfaffen der Brei recht gesalzen werden, und der Hagel, den sie lang gesotten haben, sie selber treffen. Wolle Gott der bübischen Mörderei bald ein Ende machen." „Selbst in Italien sind bedeutende Leute unsere Kundschafter, die dem Papst gern ein Feuer in Italien anzündeten; denn es ist ihm Niemand hold, dem Teufelskopf." Bei den ersten Erfolgen an der Ehrenberger Clause, welche vom 9. bis 10. Juli durch Schertlin und Mancell erstürmt wurde, schrieb er am 15. Juli: „Der Krieg hat mit Gott einen guten Anfang. Gott wolle, daß er ohne Blut zergang, und des Herrn Schrecken die Feinde verjage. Die Unsern schreiben von Ulm, unsäglich Volk lauf von allentbalben zu; daher zu sorgen, wir werden mehr Leute, denn gut sei, und minder Vertrauen haben." Beim Blick auf den ewigen Zank und Zwist zwischen dem Kurfürsten, dem Landgrafen und Schertlin ging ihm freilich Alles viel, viel zu langsam; es that ihm im Herzen wehe, solch unmäßige Kosten tragen und doch nichts ausrichten. Doch schwang er immer wieder die Fahne des Vertrauens. „Es schickt sich, schrieb er am 10. September an Bullinger, nach menschlichem Ansehen liederlich auf unserer Seite; aber ich glaub, Gott wölls also haben, damit wir den Sieg ihm zu danken haben." Zwei Tage darauf: „Ich bin wohl und hoch getröstet, Gott sei auf unserer Seite, werde uns aber dennoch übel drob leiden, aber nicht zu Schanden werden lassen. Es muß erarmet sein. Der gottlos schändlich Mörder und Gottesböswicht zu Rom kann, hoff' ich, kein Glück haben und wird Andere mit sich unglückhaftig machen. Gott stürz und erwürg ihn bald." Am 10.

September: „Wir sind wahrlich verrathen und verkauft. O des Dings geht viel vor; man warnt, schreit, schreibt genug hin und wieder, aber wahrlich, wahrlich, wenn ich nicht das Spiel auf die wunderbarlich Hand Gottes setzte und das Vertrauen allein auf ihn richtete, müßte ich und noch mancher Biedermann allen menschlichen Handlungen nach, so geübt werden, ganz und gar daran zweifeln. Ihr könnet nicht glauben, wie liederlich es zugeht, und ist doch gemeinlich Jedermann wohl getröstet auf Gott, der wird sich doch gewißlich erbarmen und uns vor diesem Feinde nicht lassen zu Schanden werden. Die Liederlichkeit wird sich selbst strafen; denn wir an dem Verlust des größten Guts selbst schuldig sind, und soll man Narren mit Kolben laufen."

Anders mußte freilich Blaurer die Sache ansehen, als am 24. November der Kurfürst und der Landgraf ihr Heer von dem oberländischen trennten, und damit das Schicksal des Kriegs entschieden ward. Blaurer jammert jetzt über die erschrockenliche Schwachheit des Landgrafen, der ganz verzaglich Frieden suche. „Ach Gott, wie wahr ist: setz dein Vertrauen nicht auf Fürsten; es ist nichts mit dem Menschenkind, das Herz wanket so gar wie Wasser." Am 8. December 1546 schreibt er an Bullinger: „Ach mein lieber Herr und Bruder, wie stehen die Sachen so gar gefärlich. Es sitzen warlich wir und viel Städt in einem großen Fahr und ist die Fährlichkeit groß. Gott hat uns ja wohl sehen lassen, daß man zu viel Vertrauen in Fürsten und große Macht gesetzt; darum man auch nichts ausgerichtet, sondern sich in noch größere Fährlichkeit gesteckt hat. Wiewohl ich mich jetzt in diesem Fall viel mehr Guts zu der getreuen Hilf und gewaltigen Hand Gottes versehen kann, denn es fahrt an den Leuten das Wammes ganz eng zu werden und wird mehr Ernst gespürt dann bis anher. Wann man dann spürt, wie Alles mit kaiserlicher Hilfe verloren sei, wird man sich der lieben Gottes Hilf desto mehr getrösten und ihn mit Ernst und Besserung des Lebens anrufen." Wenige Tage nachher: „Bin mir selber wohl getröst und ungezweifelt, der Herr werde uns doch endlich nicht lassen und nach Erduldung seiner Züchtigung wiederum lassen sein gnadenreich Angesicht leuchten zu allem Guten. Es sind vor langem und wohl beschuldete Sachen. Der rechte Ernst zur Besserung will ohne schweres Kreuz und Anfechtung nicht in uns." Aber eine schlimmere Nachricht folgte immer der anderen. Die Städte und Stände in Schwaben, im Elsaß und am Rhein, von Ulm und Straßburg an bis nach Frankfurt, suchten die Gnade des Kaisers; Ulm beugte sich sogar trotz seiner Festungswerke, noch ehe es belagert war. Als Ambrosius vollends den Württembergischen Vertrag las, schrieb er am 22. Januar 1547, er hätte wohl darob mögen Blut schwitzen und gar zu Wasser werden, daß wir so verzweifelt und verzagt handeln. Er war entschieden gegen eine Ergebung an den Kaiser, der keiner einzigen Stadt die Religion schriftlich garantirte; denn, sagte er, alle Fährlichkeit wolle er gern helfen bestehen um der Wahrheit und Gerechtigkeit willen, aber Fried und Ruhe mit der Ungerechtigkeit wisse er nicht zu tragen; der Welt Frieden wider Gott möge und wolle er nicht. Am 24. Januar schreibt er: „Ich bin meines Theils, dem Herrn sei Lob und Preis in Ewigkeit, wohl getröstet. Er hat mich nunmehr lang genug mit großer Kommlichkeit und viel seiner Gutthaten leben lassen, mich oft meinen Feinden aus dem Rachen gezogen; wann, wie und wo er will, gescheh sein gnädiger allerbester Wille an mir. Ich weiß doch, daß ich dies angefochtene elende Leben an ewige Ruh und himmlische Sicherheit vertauschen werde und von allem Uebel seliglich erlösen. Aber gemeine Sach und daß es Alles elendiglich zugeht, beide auf der Feinde und unserer Seite, sie alles Frevel, die Unsern alls verzagt sind, das thut mir billig weh." Am 26. Januar: „Wir warten noch also, wie weiter mit uns gehandelt oder was fürgenommen werde. Unsere Pfaffen und ihr Anhang treiben groß Pochen und Stolz. Ich hoff, der lieb treu Gott laß uns doch nicht in diese Schande gerathen, daß wir diese Greuel wiederum einlassen müssen. Denn dies ein gewiß Anzeigen wäre jenes grimmen Zornes und gewissen eilenden Verderbens. Es wäre noch eine Handvoll tapferer frommer Leute bei uns, daneben viel schwacher, und die inconstantia vulgarium ingeniorum macht mich furchtsam. Hoff aber und trau dem barmherzigen Vater im Himmel, komm es zu Fall, er werde seinen Geist stark und kräftig in Allen machen, daß wir Alles dran binden. Ach wie könnt uns baß gehen und wie selige Leute wären wir, daß unser Blut unser Bekenntniß besiegelte! Wie oft denke ich an die Stadt (bei Eusebius 8, 10.), da sich Jedermann verbrennen ließ. O daß wir auch einen solchen Muth und Eifer hätten! Wohlan, ich verseh mich alles Guts zu Gott: wird die Noth groß, so wird seine Hilf und Beistand noch größer." Am 2. Februar: „Ach lieber Bruder, wie sehen wir die großen Werke und erschrecklichen grausamen Urtheile Gottes in dieser Sache! Wie hart ist er über unsere Undankbarkeit erzürnt! Er will uns warlich den rechten Ernst lernen fürwenden und uns sehen lassen, wie gar es vor ihm kein Scherz ist, sich wollen seines Worts rühmen und daneben sich demselbigen als gar ungleichförmig erzeigen. Betet, betet und flehet für uns mit Fleiß. Ihr möget wohl gedenken, was fromme verständige Leute und gottselige Herzen bei uns für ein eng Hemd anhaben, dieweil wir aller menschlichen Hilf halb als ganz bloß stehen und uns großer Dinge zu befaren haben, daß übel zu besorgen, der mehr Theil werde zu schwach sein und den nächsten Tod fliehen wollen, ob man gleich, wie gewißlich geschehen wird, einen grausameren leiden müssen. Wir wollen mit Gottes Gnad und so viel er Geist verleiht, schreien, vermahnen, warnen, stärken, trösten, so baß wir mögen. Hoff noch immer zu dem lieben Gott, er werde die Sache bei uns auf einen leidlichen Weg schicken und uns nicht lassen zu Schanden werden." Am 26. Mai: „Daß du uns zur Standhaftigkeit ermahnst, ist von dir wohlgethan. Wir werden bestehen, so lange man uns nicht jagt; darnach ist Gott bekannt, wie es gehen wird. Aber du kennst den wetterwindischen Sinn der Menge, zumal wenn zeitlich Gut in Gefahr steht. Täglich hört man viele Drohungen ausstoßen: wir werden nicht allein uns des Kaisers erwehren und also Herren für uns selbst ohne einen Oberen sein, was den Unsrigen gar nie in den Sinn kam." Am 13. October: „Es ist, wie Ihr schreibt, allein auf Gott zu sehen. Thäten wir das, so wäre uns geholfen. Ach, ach, wie herrliche fürstliche Leute und großmächtigste Könige und Kaiser wären wir, könnten wir uns diesem obersten Herrn recht vertraulich und gelassen darstellen trotz aller Welt und ihren Fürsten, wie bald sollten sie den Kopf an uns zerstoßen und den Spieß an uns brechen! Ach, mein Gott, mehr uns den Glauben!"

Am 22. October entschloß sich endlich das von aller Hilfe verlassene Konstanz, die Unterwerfung unter den Kaiser vom Rath zu begehren, nur die augsburgische Confession dürfe dabei so wenig als die Reichsfreiheit geopfert werden. Selbst Ambrosius sah kein anderes Mittel mehr und schrieb am 11. November: „Daß euch leid ist, daß wir des Kaisers Gnad suchen müssen, trauen wir euch ganz wohl. Aber wie hat man ihm anders können thun? Wir konnten nicht mit Zehntausend dem Widerstand thun, der mit Zwanzigtausenden anrückt. Müssen wir auch etwas zeitlichen Schaden leiden, so haben wirs ja auch wohl beschuldet; möchten wir allein bei dem rechten Hauptgut bleiben, hätten wirs nicht übel geschaffet." Am 26. December: „Unsere Sachen stehen noch immer also inn. Gott wolle sich unser erbarmen und Alles gut machen. Dessen bedörfen wir wohl, dieweil so gar kein Trost noch Zuschreiben nirgendsher, auch nicht auf solchem Weg, die ohne Ungnade des Kaisers sein möchte. Aber er allein ist stark genug, so er will; so er nicht will, mag nichts helfen. Er verleihe wahre Besserung, und daß wir uns zu ihm von Herzen bekehren und auf ihn vertraut seien; aber das Fleisch ist schwach. Im weiten Meer schwimmen ohne Ruder und Schiff und nirgends kein Land sehen ist grausam und dem Fleisch erschrecklich. So ist das mobile vulgus wunderbarlich und abenteurig; aber doch wird der liebe treue Vater im Himmel die Seinen nicht verlassen." Besorgt schrieb Bullinger an Myconius im Februar: „Die Konstanzer hoffen immer noch auf Milde vom Kaiser; o, daß es ihnen besser gehe, als ich fürchte."

Am 19. April 1548 endlich sandte Konstanz den Reichsvogt und Altbürgermeister Thomas Blaurer nebst dem Zunftmeister Peter Lobhart und Hieronymus Hürus des großen Raths an den dem Reichstag zu Augsburg anwohnenden Kaiser. Aber dieser ließ die Gesandten gar nicht vor, sondern übertrug die Unterhandlungen seinem Minister Granvella, Bischof von Arras, welcher von den Konstanzern forderte, sie sollten sich dem Kaiser auf Gnade und Ungnade ergeben, alle Bündnisse, die sie wider ihn geschlossen, namentlich das Schmalkaldsche aufsagen, Allem gehorchen, was der Kaiser von nun an in geistlichen und weltlichen Sachen ordne, einen

Stadthauptmann, den der Kaiser in die Stadt setzen werde, annehmen, den Bischof und das Stift wieder einlassen und das Ihre ihnen wieder zurückgeben und endlich etliche tausend Gulden zahlen. Die Konstanzer Bürgerschaft verwarf diese Bedingungen, und die Stadt erließ am 13. Juli eine neue Bittschrift an den Kaiser: Man solle sie nicht zwingen, etwas wider ihr Gewissen zu thun; das Geld und vier Stücke Geschütze wollten sie gern abliefern, nur möge man sie bei ihrer Reichsfreiheit und bis zur Entscheidung eines Concils bei ihrer Religion belassen. Im kaiserlichen Rath erregte diese Hartnäckigkeit die größte Erbitterung. Während die Gesandten noch in Augsburg hingehalten wurden, rüstete man Krieg gegen Konstanz. An demselben 6. August, an dem die Konstanzer Abgeordneten die Reichsacht gegen Konstanz am Augsburger Rathhaus angeschlagen lasen, überfiel der spanische Oberst Alphons de Vives von Tuttlingen her mit 3000 Mann die Stadt, in welcher man eben mit Tagesanbruch zum Gottesdienst läutete. Ein blutiges Handgemenge entspann sich; mit großem Verlust wurden die Spanier zurückgeschlagen. Konstanz dankte Gott für die Errettung, und obwohl man darin nur den Anfang des Endes sah, war doch „der Mehrtheil der Bürger gesinnet, die Stadt solle ihr Kirchhof sein, und sie wollten in ihrem Vaterland ihr Leben lassen, wie es je Gott der Herr schicke. Und hatten keine andere Ergötzlichkeit, denn daß einen Jeden freute, daß doch sein Weib und Kind und das Liebste, so er gehabt, dem Feind entnommen war." Aber der andauernde Wachdienst mit schmalem Brod machte doch allmählig das Volk mürbe; man schmähte gegen den Rath und die Prediger und verlangte Friedensschluß. Am 8. August kamen die drei Gesandten aus Augsburg mit der Nachricht heim, daß keine Hoffnung auf Ruhe sei, ehe an der Stadt Rache geübt worden. Thomas Blaurer wurde mit Schmähungen empfangen, des Reichsvogts und Statthalteramtes entsetzt und am 18. August das in der Stephanskirche verlesene Interim angenommen. Am 11. October endlich ward mit einer Mehrheit von 50 Stimmen die Unterwerfung unter den Schutz Oesterreichs beschlossen. Erbleichend rief Thomas mit gen Himmel gewandten Augen aus: „So erbarme sich Gott, daß ich in Augsburg nicht anders gehandelt hab, als was ihr mir befahlt." So wurde Konstanz aus einer freien Reichsstadt eine österreichische Besitzung.

Am 24. August verließ Ambrosius Konstanz, um bei seiner Schwester, „einem gar treuen Weib," wie Bullinger sie nennt, der Wittwe Heinrichs von Ulm auf dem thurgauischen Schloß Grießenberg eine Zufluchtsstätte zu suchen. Er war in Konstanz nicht mehr sicher; am 23. August hatte er an Bullinger geschrieben: „Ich steh in großer Fahr, denn man besorgt der Kaiser werde im Bericht etliche Personen vorbehalten und begehren. So hat der von Arras zu meinem l. Bruder zu Augsburg gesagt, K. M. wisse, daß er und ich am Meisten an Allem schuldig, darum wir auch, so es dazu komme, für Andere müßten herhalten und gestraft werden. So stehe ich seit vor vielen Jahren in des Königs Ferdinandi Blutbuch, hat seine Handschrift darum gesehen. Noch beschwerte es mich Alles nichts, wenn man aufrecht blieben wäre; aber dieweil man das Interim und die Pfaffen wiederum annehmen will, gedenk ich mich auch an mein Gewahrsam zu thun, dann ich in Solchem nicht sein will." Vier Tage darauf schreibt er von Grießenberg: „Bei dieser plötzlichen Umkehrung aller Dinge bei uns, da ich auch selbst meines Lebens nicht mehr sicher war, und sogar einige Bürger mich bedrohten, zog ich mich auf den Rath meiner besten Freunde und mit Wissen unseres Raths nach Grießenberg zurück, um bei meiner trefflichen Schwester vorerst abzuwarten, welchen weiteren Wink mir der Herr gibt. Auch meine Amtsbrüder billigten diesen Entschluß und die Frommen drangen mich dazu, obgleich ich nicht schied, als ob ich nicht mehr zurückkehrte, sondern nur als ob ich in Geschäften bei meiner Schwester einen Besuch abstatten wollte. Ich achte, daß ich morgen oder Mittwoch wiederum mich nach Konstanz thun werde, bis wiederum ein Strudel sich erzeigen wollte, wiewohl ich lieber, nach dem mich die Sachen ansehen, gar hier bleiben wollte, dieweil ich einmal nicht da sein will, so die Pfaffen hineinziehen und das Interim muß gepracticirt werden. Meine Kinder, wills Gott, sollen in dieser Sodomo nicht auferzogen werden. Gott behüt alle Frommen. Ich bin wahrlich in ganz großer Fahr zu Konstanz, denn ich hab auch von den Meinen großen Aufsatz in der Stadt, da ich michs nie versehen hätte, deren Etliche mir den Tod drohen; darum bittet mit Ernst und Treu für mich, daß ich nach Gottes Willen bleibe und weiche wie sichs gebührt. Ach daß er noch hätte bei Tag mit Gnaden in diese Sach gesehen, daß wir der Pfaffen und des Interims absein möchten, wie selige Leute wären wir! Wohlan, ihm sind alle Dinge möglich, dem seid zeitlich und ewig sammt den euren all befohlen!" Damals wurde Ambrosius an der Rückkehr in die Stadt, die er nicht mehr betreten sollte, durch ein heftiges Erkranken, das ihn mehrere Tage ins Bett sprach, verhindert. Um so besorgter war er für seinen Bruder, den er gleichfalls dringend zum Rückzug mahnte. Er weiß nicht Worte genug für seinen Schmerz zu finden: „O drei und viermal unglückliches unbeständiges Konstanz, das du bis zum Himmel erhöhet warst und jetzt in die Hölle hinabgestürzt bist. O Vater im Himmel, willst du ewiglich Zorn halten? Gedenkst du nicht mehr deiner Barmherzigkeit, oder ist deine Erbarmung von deinem Zorne gehalten? Sollen ewig unsere, ja deine Feinde sagen: wo ist ihr Gott? Gib uns nicht zum Spott den Feinden. Gieße deinen Zorn auf die Völker, welche dich nicht kennen, auf die Königreiche, die dich nicht anrufen. Wir haben gesündigt mit unsern Vätern; aber gedenke nicht unserer vergangenen Missethat. Hilf, Herr des Heils, um Christi willen, daß er wahrhaft unser Heiland sei, gekommen, des Teufels Werke zu zerstören!"

Mehr und mehr schwand auch der letzte Hoffnungsschimmer. Auf die durch Zürichs Vermittlung erfolgte Fürsprache der Eidgenossen bei Karl V.

hatte dieser sie gebeten, sich dieser Mühe zu entladen und die von Konstanz als des Reichs erklärte Aechter, die um ihrer beharrlichen Rebellion willen alle Straf wohl verdient hätten, zu halten. Der österreichische Befehlshaber zu Bregenz, Nicolaus Freiherr von Pollweiler erhielt Befehl, die Reichsacht zu vollziehen. Am 13. October wurde der letzte evangelische Gottesdienst in tiefer Trauer in der Stadt gefeiert; darauf wanderten abermals viele Einwohner aus, darunter die Prediger, welche in der protestantischen Schweiz Aufnahme und Anstellung fanden. Am 14. Oktober rückten 2000 Oesterreicher ein; ein von Bregenz mitgebrachter Priester eröffnete am folgenden Morgen in der Stephanskirche den zwanzig Jahre lang ausgesetzten katholischen Gottesdienst wieder. Unmittelbar nach demselben erfolgte die Huldigung. Der Eid wurde der Bürgerschaft vorgelesen; „der gefiel Etlichen so wohl, daß ihnen die Thränen über die Backen abliefen; hätten gewollt, der Wein wäre wieder im Faß, aber es war schon verküchlet, denn sie waren in den Kliberen und mußten hie unten tanzen, was sie auf der Brüggen pfiffen." Tief ergriffen schrieb Bullinger an Ambrosius: „So ist denn also das unglückliche Konstanz von der Wahrheit zur Lüge, von Christus zum Antichrist zurückgekehrt zur tiefsten Schmach der sonst so preiswürdigen Stadt. Ich weiß gar wohl, lieber Bruder, wie tief dieses schmerzt, da dein Herz so voll Liebe ist zum Herrn und zum Vaterland. Gefallen und verwelkt ist dein Ehrenkranz, doch bei den wahrhaft Frommen nicht, und gewiß ist ihre Zahl durch ganz Schwaben hin noch größer, als wir meinen. Einst glaubte ja Elias auch, er sei allein noch übrig als Verehrer des wahren Gottes, und doch vernahm er von dem Herrn: Ich habe mir noch Siebentausend übrig gelassen, die ihre Kniee nicht gebeugt haben vor Baal. Warum sollten wir nicht heute auch dasselbe hoffen? Ist auch in unserer verdorbenen Zeit ihre Zahl vielleicht kleiner, so steht doch fest, daß unsere Arbeit im Herrn keine vergebliche ist. Mögen Unzählige abtrünnig werden, so bleibt doch jenes johanneische Wort wahr: Sie sind von uns ausgegangen, aber sie sind nicht aus uns, sonst wären sie bei uns geblieben."

Fünftes Kapitel.

Der Lebensabend. 1548—1564.

1. Der Flüchtling.

Mit trübem Blick, doch ohne Anfangs alle Hoffnung aufzugeben, sah Ambrosius der Verbannte nach der alten Heimath, nach dem theuren Acker Gottes, den er oft mit Seufzen bestellt hatte, und über welchen sich nun eine wahre Sündfluth ergossen hatte. Noch am 20. October hatte er an Bullinger geschrieben: „Höre doch nicht auf, zu dem zu beten, der die Todten auferweckt und ruft dem, das nichts ist, daß er den Ruhm seines Namens gegen jene mehr als gottlosen Feinde rette. Zuweilen wenigstens hoffe ich, daß es Großes ist, was Gott mit seiner kleinen Heerde noch vollbringen wird." Aber wie traurig ist das Bild, das er schon am folgenden Tag seinem Freunde von den Zuständen der Heimath entwirft: „Es steht zu Konstanz immer je länger je ärger mit aller Leichtfertigkeit im Fressen, Saufen, Spielen, Gottläſtern, Hurerei, Tanz, in welche Laster und Leichtfertigkeit ein großer Theil der Bürger auch gerathen und kommt täglich Alles zu nichts anders, denn man Alles erstatten wollte, was bis anher durch gute Zuchtordnung versäumt worden. Dem lieben Gott im höchsten Himmel sei es geklagt. Viel Domherrn und Pfaffen sind in der Stadt gewesen, ihre Häuser und Höfe zu besichtigen. Ich weiß von vornehmen Anderen inne, daß sie alle übel zufrieden, daß die Stadt königisch. Etliche Andere innen sagen, da die von Konstanz den Pfaffen weiter nicht haben wissen zu leid zu thun, seien sie königisch geworden, haben ihnen selbst und den Pfaffen einen Schlag über den Rücken gemacht, der sie zu beiden Theilen nicht freuen werde." Ambrosius ertrug allen Verlust leicht; hatte er doch seine Bibliothek und den kostbaren Schatz der Freundesbriefe noch zu rechter Zeit aus Konstanz herausgezogen; auch hatte er Freunde von bewährter Treue. Nicht nur rühmt er, daß sich seine Schwester ganz willig gegen ihm, auch seiner Frau und seinen Kindern mit der That erzeige, sich auch ganz freundlich und schwesterlich entbiete, also zu unterschlöſſen allweg und als lang, bis der liebe Gott ihn zu einem Andern haben wolle, sondern auch der treue Freund Bullinger stellte den Brüdern Blaurer sofort sein Haus, Vermögen und ganzen Einfluß in der herzlichsten Weise zu Verfügung, und setzte hinzu: „Möchte ich euch doch in der Verbannung trösten, euch in irgend etwas behilflich sein können. Ich wünschte von dir zu hören, was du vorhast. Du hast deine Gaben vom Herrn empfangen und wirst sie den Kirchen des gemeinschaftlichen Herrn nicht vorenthalten. Wie wäre es, wenn ich mich mit einigen frommen Männern der Berner Kirche besprächte? Bis jetzt habe ich mit Ausnahme Hallers Niemanden davon geredet." Ambrosius antwortete am 27. Oct. ausweichend: „Ich würde Alles leichter tragen, was geschah, obschon das Schwerste geschah, wenn nur nicht bereits in der ganzen Stadt die Gottlosigkeit zu herrschen anfinge, und die, welche kurz zuvor als keusche Jungfrau Christo verlobt war, zur öffentlichen Hure herabgesunken wäre. Ach, wie groß, wie furchtbar groß ist der Sturz jenes Hauses, das nicht recht auf dem Felsen erbaut war. Ach, wie wich von der Tochter Zion all ihr Schmuck, um, wie ich sehr fürchte, niemals wiederzukehren. Wenn du uns deinen Rath, deine Hilfe und alle Dienste eines christlichen Bruders und treuen Freundes anbietest, so zweifeln wir nicht, daß dieses aus treuem Herzen kommt, und zählen dieses dein besonderes Wohlwollen gegen uns billig zu unserem reichsten Besitz. Da du nun zu wissen begehrst, was ich vorhabe, so versichere ich dich als mein anderes Ich, daß ich bis zur Stunde noch gar keinen Plan habe, sondern dem Herrn, dessen ich bin, Alles anheimstelle und in Ergebung erwarte, wie er über mich verfügen wird. Doch möchte ich, wenn es nach meinem Wunsche geht, den Winter hier zubringen. Die Gaben, welche du mit mehr Freundschaft als Wahrheit mir zuschreibst, sind keineswegs so groß, als du glauben möchtest. Ich selbst, der ich mich genauer kenne, weiß nur zu gut, über wie wenig ich zu verfügen habe, zumal jetzt, wo ich 56 Jahre hinter mir habe und meine Kraft schwereren Arbeiten nicht mehr gewachsen ist. Kann ich mit meinem Dienst am Wort noch Nutzen schaffen, so würde ich es vorziehen, einer kleinen unbedeutenden Gemeinde als einer großen und ansehnlichen meine Dienste zu widmen." Wirklich wurde Blaurer am 10. November als Kirchenvorstand nach Bern berufen. Aber Blaurer, erst unschlüssig, lehnte am Ende ab und hielt seine Mängel entgegen: „1. daß ich weder solche Kunst noch Verstand und andere Geschicklichkeit bei mir weiß, die dann zu dieser trefflichen ganz weitläufigen Verwaltung dieses Amts, wo es der Gebühr nach versehen soll werden, von hohen Nöthen sind, und ist bei mir warlich nicht zu finden, das die Frommen von Bern vielleicht aus Einbildung des Halleri oder Anderer bei mir suchen. Das schreibe ich nicht, wie oft geschieht, aus Demüthigkeit, daß ich ringer von mir selbst halte, denn ich im Grund begabt sei: denn ich weiß wohl, daß Jeder sein vom Herrn empfangen Pfund erkennen soll, ja auch muß, dann wie wollt er sonst damit wuchern und viel gewinnen? sondern daß ich mich in der Wahrheit selbst dermaßen erkenne und zu solchem vortrefflichen Dienst billig viel zu gering in Ansehen meiner Kleinfüge schätze und achten soll; 2. bin ich zu dem, daß ich die Sprach nicht hab, und aber dieses Volk sonderlich viel darauf hat, daß ein Prediger landlich rede, gar nicht wohl bestellt in eine große Kommun; 3. habe ich jetzt ein solch Alter erlebt, daß ich von Tag zu Tag an Gedächtniß und an Freudigkeit und anderen Kräften Leibs und Gemüths je mehr und mehr Abnahme zu gewarten und gar keine Zunahme oder Besserung zu hoffen habe. Müßte deßhalb hinter solcher großer Arbeit und vielfältiger Müh, Sorg und Unruh gar bald erliegen." Als Bullinger und die Berner trotz dieser Gegengründe auf ihrer Bitte bestanden, gab Ambrosius an den Ersteren am Neujahrstag 1549 den Hauptgrund seiner Weigerung zu erkennen: „Sonderlich habt ihr mich erst mit dem noch viel härter abgeschreckt, so ihr mir schreibet, daß ich auch die Disputation (1528) nicht allein unterschreiben, sondern auch schwören müsse, das mich doch gar fremd und ungereimt bedünkt. Denn es doch ein gar fahrlich, sorglich und unformlich Ding ist, zu einem solchen Ding mit dem Eid sich verpflichten, es wäre denn, daß man wollte Einen verpflichten, daß er schwören sollte, dem Gotteswort und Bibel gemäß zu lehren, wiewohl meines Bedenkens Solches auch nicht von Nöthen, dieweil doch die Obrigkeit ohn das Gewalt hat, jeden Prediger zu beurlauben, wenn er den Sachen oder dem Gotteswort nicht gemäß prediget. Ich kann und weiß solchen Eid nicht zu thun, wann ich gleich aller Dinge wohl zufrieden und mir Alles (das doch nicht ist) bekannt wäre, geschweige, dieweil ich in Etlichem noch nicht als gar vergewißt bin." Das war das Hauptbedenken, aus welchem Blaurer den ehrenvollen Ruf zur Vorstandschaft der Berner Kirche ablehnte, weil er, im Gegensatz zu dem in Bern nach dem Buccerismus wieder herrschend gewordenen Zwinglianismus, den specifischen Werth des Nachtmahls, durch das wir „in die Gemeinsame Christi und seiner Güter kommen", entschieden vertheidigte und die Beeidigung auf die Berner Disputationsartikel, die in Bern gefordert und nachher selbst dem charakterfesten Musculus abgewonnen wurde, als gegen sein Gewissen gehend bezeichnete.

Noch immer hatte Ambrosius nicht alle Hoffnung auf eine bessere Wendung in Konstanz ganz aufgegeben. Allein die Zuchtlosigkeit erreichte dort einen solchen Grad, daß selbst die Commissarien, welche die Zuchtordnung umgestoßen, ein Mißfallen ob solchem ärgerlichen Wesen hatten und um Sendung eines Predigers baten, der die alte wahre christliche Kirche wieder einpflanze. Man sandte einen Doctor Veltlin, der öffentlich sagte, es werde zu Konstanz nicht recht thun, man werde denn Menschenköpfe so wohlfeil haben als Kalbsköpfe, deren einer zwei oder drei Kreuzer gelte. Blaurer schreibt über diesen seltsamen Pfaffen an Bullinger am 5. Mai 1549: „Jetzt kommen mir Briefe, darin mir Wunder angezeigt werden von dem Doctor Veltlin, wie grausam er mich schmähe und lästere in den Predigten und in den Häusern. Muß trachten, wie ich mich nach Nothdurft dennoch purgire bei den Frommen. Er sagt, ich habe nie Keinem weder in Württemberg noch sonst wollen Red und Antwort geben, sei allweg geflohen. Er habe mich auf dem Reichstag zu Hagenau gesucht, da habe man mich verstoßen und gesagt, ich sei hinweg. Er wisse, wie ich mich zu Tübingen gehalten habe; mein Weib habe ich sitzen lassen zu Konstanz und ich viel Buberei getrieben mit hübschen Mädlein in Württemberg. Deß wolle er mich überziehen. Man solle mich fragen, was ich im Wirthshaus zum Wolf in Tübingen mit einem Mädlein im obern Stüblein gehandelt habe. Wie ich das Sacrament geschändet habe, also wolle er mich auch schänden, daß die von Konstanz sagen müßten: sie sollten mich mit glühenden Zangen zerrissen haben." Als der Lügenpfaff am 23. April 1551 gestorben war, theilte es Ambrosius Bullingern mit den Worten mit: „Hab ich auch einen Feind weniger auf Erden denn vor. Gott woll, daß er eine gute Fahrt hab thun; ich möchte es ihm nun gar wohl gönnen."

Doch der Aufenthalt im Thurgau ward Blaurern je länger je mehr gefährlich. König Ferdinand hatte im Sommer 1549 geradezu die Ausweisung aus dem Thurgau verlangt, und so nahm Ambrosius, der Niemandem Verlegenheit bereiten wollte, im gleichen Sommer das Anerbieten des Pfarrers Kaufmann an, sein Haus in Winterthur zu beziehen. Am 28. October 1549 hielt er seinen Umzug mit Frau und Kindern „bei höchst unfreundlichem Wetter, was aber das Volk für ein gutes Zeichen hält, wenn man bei einem Umzug vom Himmel nicht begünstiget werde." Der erste Winter, den Ambrosius von 1549 auf 50 mit seiner Familie in Winterthur zubrachte, ging glücklich vorüber. Er schrieb an seine Nichte zu Kempten: „Wir sind sonst hier fest und gesund und hoffen, es sei auch so zu Kempten. Zwar hat der Winter manche Beschwerden mit sich gebracht, aber das soll uns nicht zu viel bekümmern, denn es in dieser trübseligen Zeit viel viel frommeren und besseren Leuten denn wir sind noch viel kümmerlicher geht. Wir haben noch dem lieben Vater großen trefflichen Dank zu sagen, daß wir noch Most und Brod, Dach und Gemach um und um haben und zu der Nothdurft, so wissen wir, daß unser bleiblich Weilen nicht hier, sondern unser recht Vaterland dort im Himmel und ewig ist." Mit den Winterthurer Predigern trat Ambrosius in die innigsten Beziehungen, predigte für sie je und je, nahm sich der Armen und Nothleidenden nach Kräften an und erwarb sich allgemeine Liebe und Achtung. Freilich ward dadurch die Eifersucht des alten Pfarrers Matthias Hirschgarter erweckt, und als der Flüchtling sich herausnahm, für die Winterthurer Pfarrer „Artikel über die Kirche" zu schreiben, sie an ihr Kirchenamt und dessen Pflichten zu mahnen, beschwerte sich Hirschgarter darob bei Bullinger. Auch sonst war Blaurer vielfach in Anspruch genommen, indem er das Thurgau mit Predigern versah und im vielseitigsten Briefwechsel mit seinen einstigen Gemeinden und der ganzen Kirche verbunden blieb, so daß Bibliander am 9. Januar 1551 an ihn schreiben konnte:

Obwohl ohne Kirche sorgst du für alle Kirchen. Zwischen Kempten, wo der Bruder Thomas mit seiner Familie lebte, und Winterthur war fleißige Verbindung, Brief- und Geschenkeaustausch. Oefter rühmte es Ambrosius, daß ihm Gott die Verbannung freundlich gemacht habe. Freilich brachte dem zärtlich liebenden Vater auch das Jahr 1551 eine schwere Glaubensprobe. Ambrosius, welcher sein erstes ihm am 31. Januar 1535 geborenes Kind Agta und sein letztgeborenes Hans Thomas (geb. 20. August 1542) frühe wieder verloren hatte, erfreute sich noch des Besitzes eines Sohnes und einer Tochter. Diese, Katharina, ward ihm nach den noch erhaltenen Konstanzer Taufbüchern am 29. Juli 1537, sein Sohn Gervicus am 15. December 1538 geboren. Die hoffnungsvolle Tochter sollten die Eltern im Schmuck der ersten Jugendzeit verlieren: am 23. Januar 1551 ward sie zu Grabe getragen. Ambrosius schrieb an Bullinger: „Die Mutter und ich, obschon wir das Fleisch nicht ausgezogen haben, dem es bitter wehe thut, halten gleichwohl in schuldiger Ehrfurcht dem Willen des Herrn und grundgütigen Vaters stille und danken ihm, daß unser Kind bis zum letzten Athemzug so seliglich in dem Bekenntniß seines Namens ausharrte und aus allen Gefahren erlöst ist." Am Schluß des Briefes setzte er hinzu: „Ich hoffe, wolle mich bald aus dem Staub machen und allen Feinden sammt allem anderen Uebel seliglich entrinnen." Todesgedanken beschäftigten ihn oft, wie er auch am 9. Februar 1551 seinen Bullinger bat, er möge seiner Frau, wenn sie zur Wittwe werde, mit Trost zur Seite stehen und sie mit der Hoffnung baldiger ewiger Seligkeit aufrichten. Wirklich wurde er von seinem alten schlimmen Gast, dem Wechselfieber, aufs Neue heimgesucht und an den Rand des Grabes gebracht; doch erholte sich seine bei aller Schwächlichkeit zähe Natur wieder, und es erwachte aufs Neue in ihm der Wunsch nach einem „kleinfügigen Kirchle", das er in ordentlichem Beruf zu versehen hätte.

2. Der Pfarrer in Biel.

In Biel war seit 1550 der frühere Konstanzer Prediger Jakob Fünkle angestellt, nachdem er nach der Konstanzer Katastrophe kurze Zeit zu Tegermylen im Thurgau das Predigtamt versehen hatte. Fünkle war ein treu ergebener Schüler und Freund unseres Ambrosius und konnte sich keinen lieberen Amtsbruder als ihn wünschen, dessen Amtsgenosse er in Konstanz seit 1542 gewesen war. Durch seine Vermittlung bat die Kirche zu Biel Blaurern wiederholt, daß er zu ihnen komme, und dieser trat im August 1551 von der deutschen Kirche hinweg in den Dienst der Schweizer Kirchen. Schon im Herbst 1550, dann wieder im Februar oder März 1551 war Blaurer in dem kleinen Jura-Städtchen Basler Bisthums gewesen, um dort Streitigkeiten zwischen dem Pfarrer Michael Schlatter und seinem „Herzkind" Fünkle zu schlichten. Nachdem Schlatter weggezogen war, wurde Blaurer ersucht, dessen Stelle einzunehmen, und reiste am 29. August über Zürich dahin ab, wo er am 31. August glücklich ankam. Am 29. October schrieb er an Bullinger: „Ich befinde mich hier mit den Meinigen wohl, so daß, wenn es einmal dem Herrn gut dünkte, mich von meinen besten Freunden loszureißen, ich nirgends lieber sein möchte als hier. Denn, wie billig, strecke ich mich nach der Decke und weiß es dem Erzhirten Christus zu Dank, daß er mir, seinem Veteranen, eine solche Last auflegen wollte, welche ich mit der Unterstützung seiner Hand auf meinen schwachen Schultern tragen zu können glaube."

Daß Blaurer den Dienst an einer kleineren Gemeinde angenommen habe, erregte große Verwunderung, denn bereits hatte man die Hoffnung aufgegeben, daß er sich überhaupt noch zur Uebernahme eines Kirchenamts vermögen lasse. Rasch auf einander folgten darum auch jetzt Berufungen zu größeren Wirkungskreisen, erst von Winterthur, was er schon mit Rücksicht auf die Eifersucht des alten Pfarrherrn und auf die Warnungen Bullingers ausschlug; dann nach Augsburg und Memmingen, Neuenburg und Straßburg, in welch letzterer Stadt er Hedios Stelle einnehmen sollte; dann im Jahre 1553 zu der durch Miconii Tod erledigten und nach Blaurers Weigerung mit Simon Sulzer besetzten Baseler Predigerstelle, endlich im Jahr 1557 zu einer theologischen Professur, welche Otto Heinrich, Kurfürst der Pfalz, ihm antrug und die dann dem Pierre Boquir übertragen wurde. Ambrosius hätte es für ein Unrecht gehalten, seine ihm so lieb gewordene Gemeinde zu Biel zu verlassen, während er sich andererseits nicht mehr die nöthige Elasticität und Frische des Geistes zutraute, um sich in ein neues Amt hineinzuarbeiten. Mit besonderem Dank erkannte er es an, in Biel an Fünkle, „dem Stab seines Alters," einen Amtsbruder zu haben, mit welchem er in Einträchtigkeit zusammenwirken konnte. Blaurer rühmte die Bieler Gemeinde, die Bequemlichkeit seiner Lage und bat Gott, sein kleinfügig Wässern auf des Herrn Pflanzung zu vielfältiger ihm angenehmer Frucht aller Gottseligkeit dienen zu lassen. Doch lag auch jetzt, namentlich wenn Fünkle abwesend war, eine große Arbeitslast auf ihm. Am 1. März 1558 schrieb er an Bullinger, er habe in seinem Alter jeden Tag in der Woche und am Sonntag zwei bis dreimal zu predigen. Eifrig thätig war er für Annahme der Zürich=Genf'schen Nachtmahlsvereinigung. Im Jahr 1552 führte er deutsche Psalmen ein. Ebenso setzte er nach dem Muster von Konstanz und in Uebereinstimmung mit Neuenburg und Genf, aber auch unter dem Tadel von Zürich und Bern, welche darin eine Versuchung zur Heuchelei fanden, eine Zuchtordnung durch. Daneben lief ein sehr ausgebreiteter Briefwechsel her. In einem Brief an seinen Bruder Thomas vom 18. Jan. 1557 beschwert er sich über die durch seine Correspondenz noch vermehrte Geschäftslast und erwähnt nicht weniger als achtzehn Briefe, die er noch am gleichen Tage zu schreiben habe. Am Fleißigsten tauschte er mit Bullinger Briefe; beide Freunde schrieben einander eigentliche Tagbücher, Zeitungsnachrichten in lateinischer, Herzensergüsse in deutscher Sprache. So gut überhaupt von einem Ersatz in solchem Fall geredet werden kann, war ihm Zürich an die Stelle von Konstanz getreten; er pries die Stadt drei, vier und tausendmal glücklich, daß sie durch Lehre und Leben so vieler unvergleichlicher Gottesmänner erleuchtet sei; aber, setzte er warnend hinzu: möge der Herr dir gnädiger als Konstanz geben, daß du nicht zum Himmel erhoben in die Hölle gestoßen werdest, weil du die Zeit deiner Heimsuchung nicht erkannt! In Bern hatte er an Musculus und Haller, in Basel an Sulzer und Borrhaus innige Freunde. Aber durch die Lage Biels und durch Uebereinstimmung der Ueberzeugung kam er auch mit der französischen reformirten Schweiz und ihren Häuptern in eine nicht minder innige Beziehung. Mit Calvin, Beza, Farel, Viret wechselte er die freundschaftlichsten Briefe. Große Freude und Erfrischung gewährten ihm während seines Aufenthalts in Biel wiederholte Besuche Calvins, mit welchem er seit 1551 in Briefwechsel getreten war. Im März 1552 scheint Calvin auf seiner Reise durch die deutschen Kantone, welche er um ihre Verwendung beim französischen Könige für dessen protestantische Unterthanen anging, zum ersten Mal Blaurern persönlich kennen gelernt zu haben. Im Jahr 1555 wiederholte Calvin seinen Besuch in Biel, endlich machte er auf der Heimreise von Frankfurt den Umweg über Biel, wo er am 6. October 1556 bei Blaurer abstieg. Calvin ward Blaurern der „unvergleichliche Theologe", in welchem er das Streben seiner eigenen Arbeiten realisirt fand. Blaurer ward ein eifriger Verfechter des Consensus und beklagte den reizbaren Magen so mancher Geister, welche Calvins Erklärungen des Consensus nicht zu vertragen vermögen. Auch Calvins Prädestinationslehre, von Thomas in Versen verherrlicht, fand den Beifall unseres Ambrosius, wie er auch in der Frage der Kirchenzucht die Antwort der Diener der Genfer Kirche an die Neuchateler unterschrieb.

Auch Ambrosius hatte von Biel aus mehrmals Reisen nach Zürich, Basel, Winterthur, Grießenberg und Gyrsperg gemacht. Bei seiner Reise nach Winterthur im Jahr 1553 besuchte er auch den Thurgau und predigte zu Rickenbach, wozu gegen zweihundert Personen aus Konstanz sich einfanden, um mit ihrem alten Hirten am Pfingstfeste das Abendmahl zu feiern. Seinen Rückweg nahm er über Basel, wo er neben andern Geschäften sich Saiten für seine Zither kaufte, mit welcher er sich das Heimweh nach der alten Konstanzer, die Sehnsucht nach der oberen Heimath linderte.

Schon im Jahr 1555 hatte Blaurer im Gefühl der Abnahme seiner Kräfte an einen Rückzug vom Amte gedacht. Namentlich fühlte er eine sich stets steigernde Schwäche des Gedächtnisses und der Augenkraft. Auch war er mit Biel nicht mehr ganz zufrieden; am 13. August 1558 schrieb er an Bullinger: „was die Obrigkeit und ihre Thätigkeit betrifft, so geht es täglich immer schlechter, in Biel und anderswo". Nachdem er einen

Nachfolger gefunden, mit dem sein Amt gut versehen wäre, entschloß er sich dasselbe abzugeben und siedelte am 2. September 1559 nach Winterthur über als „in den ersehnten Hafen seines Alters".

3. Der Feierabend.

In der ersten Zeit seines Aufenthalts in Winterthur finden wir Blaurern mit dem Ordnen seiner Bücher, zumeist seiner kostbaren Briefschätze emsig beschäftigt, über einer thatenreichen Vergangenheit und einer hoffnungsseligen Zukunft die Trauer über die Gegenwart vergessend. Er bat Bullingern, Gott zu bitten, daß er den Rest seiner Tage kurz sein lasse. Am Liebsten erging er sich in Erinnerungen an alte Tage, alte Freunde, unter denen Bucer wieder die erste Stelle einnahm. So schreibt er an seinen treuen Freund Hubertus in Straßburg am 9. Nov. 1560: „Einst war Sachsen, Hessen, waren die anderen Fürsten mild und liebreich gegen etliche Städte, welche die Augsburger Confession nicht so ganz annahmen. Selbst Luther, so ungünstig er den Unsern war, verheimlichte vielfach den Widerspruch, um die Kirche nicht in Verwirrung zu stürzen; Melanchthon ohnehin pflegte alle von Wittenberg nach Schwaben heimkehrende Jünglinge zu ermahnen, keine Wirren im Abendmahle zu machen. Die neueren Theologen aber suchen, selbst den weltlichen Arm anrufend, solch herrische Herrschaft, daß sie gleich mit Anathema sich auf Jeden stürzen, der nur ein wenig von ihnen abweicht. Wie süß ist dagegen die Erinnerung an das erste Pflanzen der neuen Kirche, an unsere Verhandlungen, an den Eifer der Obrigkeiten und der Fürsten! Da war größere Lauterkeit und Liebe der Prediger, Einmüthigkeit und Willigkeit des Volks. Um es in Ein Wort zu fassen, es war eine Fröhlichkeit und Munterkeit der ganzen Welt, die in unglaublicher Freude gleichsam der Frühlingssonne sich zustreckte. Das Alles ist jetzt mit Einem Schlag zergangen und ausgelöscht; wohin man sich wendet, ist Alles aufgelöst, zerfahren, kalt, häßlich, unglückselig."

Doch machte die Gegenwart noch immer ihre Ansprüche an den Mann, der selber wirken wollte, so lang es Tag für ihn war, und im December 1561 noch rühmen durfte, er sei so gesund wie vor zwanzig Jahren. Gegen Ende des Jahrs 1561 trug ihm die Winterthurer Gemeinde einstimmig den Wunsch vor, er möge eine erledigte Predigerstelle in der Stadt annehmen. Blaurer glaubte auch jetzt dieses Anerbieten nicht annehmen zu dürfen aus demselben Grunde wie früher, nemlich in Rücksicht auf den alten Hirschgarter, „weil er wisse, welch ein Schaden für die Gemeinden sei, wenn ihre Prediger nicht in Eintracht zusammenwirken." Blaurer erklärte, er wolle gern Jedem zugreifen, wo er könne, und ihrer aller Helfer und Helfershelfer sein, deß er sich gar nicht schäme, aber den Stand annehmen könne er nicht; wenn ein Anderer den Stand, Namen und Besoldung habe, wollte er ihm gern allweg, so oft die Predigt an ihn komme, eine Predigt, zwei oder drei abnehmen; aber des Standes wolle er nicht, denn er wolle den guten alten Mann nicht dermaßen betrüben. Dagegen glaubte Ambrosius den Wünschen seiner Schwester und seiner Neffen nicht widerstehen zu dürfen, als diese im Verein mit den Gemeindegenossen in ihn drangen, er möge auf einige Zeit die im Thurgau gelegene, von Winterthur nicht weit entfernte Pfarrei Leutmerken versehen, bis Diethelm, der Sohn des Thomas, von seinen Reisen zurückkäme, denn diesem Neffen hatte Frau Barbara von Ulm, der das Patronatsrecht zukam, die Pfarrei zugedacht. Ambrosius entschloß sich zur Amtsverweserei, bis sein Neffe die Stelle anträte, ohne jedoch seinen Wohnsitz in Winterthur aufzugeben. Dieser Entschluß ward ihm durch die Hoffnung erleichtert, an seinem Sohn Gerwik, der am Schluß seiner Studienzeit stand, bald einen Gehilfen zu bekommen, den der erfahrene Vater ins geistliche Amt einführen könnte. So wurde nur wenig Hausrath nach Leutmerken genommen und im Herbst 1562 siedelte Blaurer ohne seine Frau, die in Winterthur blieb, dahin über.

Zuvor aber ward der alte Mann noch zu einer Reise ins schwäbische Oberland und die Pfalz veranlaßt. Traurig schreibt er über seine Rückreise an Bullinger (17. Septbr. 1562): „Ich sah zu Ulm, Biberach und in den anderen Städten, in welchen ich vor dreißig Jahren das Evangelium verkündigen durfte, nichts, was mich erfreuen konnte, dagegen Unzähliges, was meine Seele tief betrübte. So groß ist die Verschlimmerung aller Verhältnisse, so groß der Abfall von der reinen alten Frömmigkeit, sowohl von Seiten der Prediger, als der Obrigkeit und des Volks. Kaum konnte ich noch leise Spuren des früheren Zustands gewahr werden; so sehr ist alles durch den Sauerteig des Papsthums oder anderer fremden Lehren verderbt." Und am 1. October schreibt er abermals: „Du verwunderst dich, daß ich dir nach meiner Rückkehr aus dem Palatinat über den Stand dieser Kirchen nichts geschrieben habe. Aber ich habe auf dieser ganzen Reise nicht eine einzige Kirche besucht, keinen einzigen Geistlichen begrüßt, da ich trotz aller Nachfragen keinen meiner früheren Bekannten mehr auffinden konnte. Die Vorsteher der Schwäbischen Kirchen aber sind theils Meßpriester, theils stehen sie so steif und fest zu den nach ihrem Sinn verdrehten Worten der heiligen Augsburger Confession, daß sie selbst eine zufällige Begegnung eines Andersdenkenden für eine böse Vorbedeutung halten, so daß ich es vorzog, Niemanden zu grüßen. Auch aus dem Beamtenstand und dem Volk sah ich Keinen, der mich kannte, wie ich selbst Niemanden erkannte; ich schien mir gleichsam in eine neue Welt versetzt, so sehr hatte sich das Aussehen der Dinge und Personen gewandelt." Als unbekannter Geist ging Ambrosius über das Grab seiner Mannesarbeit dahin. Die Worte fehlen ihm, zu sagen, was hiebei in seiner Seele vorging.

Gebrochenen Herzens zog Ambrosius in Leutmerken auf; aber schon im folgenden Winter überfielen ihn Zeichen des herannahenden höheren

Alters. Geschwollene Füße zwangen ihn zu einem fast fünfmonatlichen Bleiben daselbst und machten ihm die ersehnte Uebersiedelung nach Winterthur lange unmöglich. Sein Sohn Gerwic predigte für ihn. Aber kaum zu Anfang Mai's in Winterthur angelangt, kehrt er am 4. Mai 1563 dahin zurück, um bis in den October hinein abermals dort zu bleiben, Ehefragen zu lösen und eine Zuchtordnung aufzurichten. Den Winter brachte er in Winterthur zu, kehrte aber im Sommer 1564 wieder nach Leutmerken mit seiner Familie, bis er Anfangs September sich ganz in den Ruhestand zurückzog. Auch auf diesem Pfarramt sollte er noch eine schmerzliche Erfahrung machen, die sein Biograph Mangolt also erzählt:„ Weil Ambrosius zu Leutmerken großen Zugang hatte aus andern umliegenden Kirchen und dadurch anderer Kirchen Zugang abnahm, verdroß es die Prediger und Pfarrer derselbigen Kirchen und richteten selbst eine Practican, daß auf Lichtmeß des Jahrs 1564 ab dem Tag zu Baden eine Botschaft der Frauen von Grießenberg zugeschickt ward, nemlich ihr Schwager Gorius von Ulm, im Namen der sieben Orte ihr zu sagen, daß sie ihre Pfarre Leutmerken mit einem anderen Prediger versehen wolle, denn Ambrosius Blaurer ihr Bruder, der sie eine Zeit lang versehen hätte, sei ihnen nicht gelegen, denn er ein vertriebener Mann, kein Mannrecht von Konstanz, hab sie in all ihren Unfall gebracht. Und sei nicht nur ein schlechter Prediger wie Andere, habe allenthalben viel Unrath gesäet. Derhalben ihnen unleiblich sei, daß er in ihrer Obrigkeit predige. Und sie hätten wohl Ursache, anders mit ihm zu handeln. Aber dennoch aus Ursachen, und daß sie der Freundschaft verschonen, und daß er Gorius von Ulm sein Schwager ein Mann sei, der dem Lande wohl anstehe, haben sie es also bei diesem bleiben lassen. Als ihm nun Solches durch seine Schwester angezeigt ward, stand er hinfort mit dem Predigen still, und ward die Kirche durch andere Prediger versehen. Darnach warb er durch Mittelspersonen an die von Zürich, ob ihm doch das Land damit verboten wäre. Da wußten die, so auf dem Tag zu Baden Legaten gewesen waren, von dieser Botschaft kein Wort, waren auch dabei nicht gesessen, da man den Boten im Namen der sieben Orte hat abgesandt. Also ward es nachmals kundlich, daß solches Alles durch einen einigen Mann war gehandelt worden. Damit zog Ambrosius wieder gen Winterthur.

Noch ein halbes Jahr sollte Ambrosius vergönnt sein, in der Stille des großen Sabbaths zu warten, nach welchem seine lebenssatte, mit dem ewigen Leben versiegelte Seele sich sehnte. Zum Neujahrstag 1564 hatte er Bullingern und den Seinigen viel angenehmer glücklicher Jahre von dem gewünscht, der uns gesendet hat, das angeneme Jahr zu verkündigen; für sich erbat er sich ein gutes Sterben. Dem Greise zur Seite stand eine bis in den Tod unverändert geliebte Gattin, in deren treuer Liebe Ambrosius stets ein besonderes Gnadengeschenk Gottes erkannte. Zwar redet er in seinen Briefen verhältnißmäßig wenig von ihr, aber wo es geschieht, mit einer

Liebe und Anerkennung, die uns nicht daran zweifeln lassen, daß seine Ehe eine durchaus glückliche und friedliche war. Von den vier Kindern, mit welchen diese Ehe gesegnet war, überlebte den Vater nur der einzige Gerwic, geboren am 15. December 1538 zu Konstanz. Dieser, zuerst bei Fünkle in Tegerwylen und Biel, dann in Basel und Lausanne und schließlich in Straßburg im Hause des treuen väterlichen Freundes Hubert gebildet, war den Eltern stets ein Sorgenkind gewesen. In vielen Briefen ermahnte der Vater den Sohn zur Arbeit, Sparsamkeit und ernstem Lebenswandel. Wie ernst es der Vater mit seiner Erziehung nahm, mögen folgende Auszüge aus den Briefen an den Sohn andeuten. Am 18. Januar 1550: „Lieber Gerwic, wir alle wünschen und begehren dir von Gott ein gut glückhaft gnädig Jahr durch unsern liebsten neugeborenen Heiland Christum Jesum; der woll dich auch aller Dinge verneuern und dir ein gutes frommes gehorsames gottesfürchtiges Herz und Gemüth verleihen, damit du dich von Jugend auf unter sein süß Joch ergebest und all die Zeit, Jahr und Tag auf Erden wohl anlegest zu seinem ewigen Lob und Preis und als endlich selig werdest. Siehe, daß du immerdaren das Beste thuest, dich wohl und züchtig, gehorsam, gutwillig haltest und fleißig lernest, damit du Gott und den Menschen zu Gutem gefallen mögest. Gewöhne dich daran, daß du herzlich an Gott denkest und allewege dafür habest und glaubest, wie denn wahr ist, daß er dich an allen Enden und Orten sehe, damit du desto geschickter und ehrerbietiger vor seinem Angesicht wandlest und nichts thuest, darum du dir fürchten müßtest, so wirst du allweg ein fröhlich und glückhaft Leben haben auf Erden." Am 27. April 1551: „Wenn du uns, deinen Eltern fehlen solltest, so würden wir Gott ernstlich bitten, daß er dir deine jungen Tage kürze, ehe du im Bösen erstarkest." Des Vaters höchster Wunsch war, daß sein einziges Kind sich für den Dienst des Evangeliums bestimme, so wenig er Gerwic wider seine Neigung eben zu diesem Berufe zwingen wollte. Als der Sohn, welcher bisher mehr vielerlei als viel gelernt hatte, sich entschiedener im Jahr 1558 für die Theologie aussprach, war der Vater hoch erfreut: „dreimal, viermal glücklich bin ich, wenn ich sterbend weiß, daß du nicht bloß in mein Vermögen, sondern auch in meinen Beruf eintrittst, so daß ich unter zwiefachem Namen fortlebe, in dir auf Erden und selbst als Eintretender in den Himmel." Aber bald schrieb Gerwic wieder, daß ihm das Amt eines Predigers zu hoch für seine Kräfte dünke; er hörte zwischen hinein juristische Vorlesungen; im März 1562 wollte er plötzlich die Universität verlassen. Der Vater schrieb ihm ernst, daß er ihm dieses verbiete, da er dringend wünschen müsse, daß er sich vorher mehr im Predigen geübt habe: „Thu um aller Liebe willen das Best und leid dich. Ich wollt herzlich gern aus viel Ursachen, daß du etwas wohlgeübt herkommest und das Böse d. h. die größten Schwierigkeiten überwunden habest. Wohlan, thu unserem Vertrauen nach das Best und folg, das wirst du gegen Gott und uns genießen." Im Juni

1562 kehrte Gerwic endlich in das Elternhaus nach vollendeten Studien zurück, aber noch immer zweifelnd, ob das Predigtamt sein rechter Beruf sei. Conrad Hubert suchte den Vater mit der Hoffnung zu beruhigen, daß sich mit der Zeit Alles machen werde. Gerwic predigte für den kranken Vater in Leutmerken, „mehr fleißig als glücklich," urtheilte der Vater. Es ging nicht. In gefaßter Ergebung schrieb dieser an Hubert am 22. Juni 1564: „Unser Gerwic ist schon im sechsten Monat bei unserem trefflichen Vetter Schär in Oberhausen (als Hofmeister), da er hier nichts zu thun hatte. In der That konnte er trotz seines guten Willens die Schwierigkeiten des Predigens und überhaupt des geistlichen Amts, zu dem er bestimmt war, nicht überwinden. Als ich dieses gewahr wurde, wollte ich nicht eifriger in ihn dringen, daß er vergebliche Anstrengungen mache, denn ich erkannte, daß er zu einem andern Beruf bestimmt sei, zumeist weil er überhaupt für keine Studien Sinn hatte, indem es ihm nicht sowohl an Gaben als an Beharrlichkeit schon von Kindheit an fehlte, wie er denn niemals mehr als das streng Aufgegebene leistete und erst wenige Tage vor seiner Abreise von hier mir und seiner Mutter eingestand: Er wisse wohl, wie Einem um das Herz wäre, der nicht gern läse und studirte, nemlich daß einem Solchen Stunden und Weil zu lang wären." Auch nach des Vaters Tod ermannte sich Gerwic nicht: er lebte nachher müßig in der Stadt und in unglücklicher Ehe; 1579 kaufte er in Gemeinschaft mit der Familie in Grießenberg zur Beschäftigung ein kleines Landgut in der Nähe des Thomasschen Gyrsperg, und die Mutter, von Alter und Krankheit gebeugt, erlebte noch den Schmerz, sich mit ihrem einzigen Sohn nicht vertragen zu können!

Um so freundlicher ließ sich unserem Ambrosius der Feierabend an durch die Nähe seines Bruders Thomas und dessen Familie, mit welcher Briefe und Besuche fortwährend gewechselt, Freud und Leid treulich getheilt wurden. Beide Brüder waren Ein Herz und Eine Seele, obwohl ihre natürlichen Anlagen und demgemäß ihr äußerer Lebensberuf sehr verschieden waren. Beide ergänzten sich, während sie in Konstanz, der Eine auf der Kanzel, der Andere auf dem Rathhaus die Reformation durchfochten. Die St. Galler Stadtbibliothek hat mehrere Papierstreifen aufbewahrt, auf welchen Thomas während einer Rathssitzung die Fürbitte seines Bruders Ambrosius zum glücklichen Ausgang einer wichtigen Abstimmung begehrte. War Ambrosius auf seinen Missionsreisen oder Thomas als Abgeordneter des Raths auf Reichs- oder Kirchentagen abwesend, so entspann sich nicht nur ein fleißiger Briefwechsel zwischen den Brüdern, sondern der Eine übernahm auch die Stelle des Hausvaters für den Andern. Die Ereignisse des Jahrs 1548 trennten zwar das Brüderpaar dem Raume nach, ohne daß es ihm wieder gelingen sollte, anders als auf kurze Besuche wieder zusammenzukommen; aber dennoch trug Einer des Andern Last redlich mit, ohne daß jemals auch nur ein Schatten der Verstimmung oder

Entfremdung zwischen beide Brüder getreten wäre. Rührend sprach sich hierüber Thomas an seinen Neffen Gerwic nach dem Tode seines Bruders aus (1. Januar 1565): „Kaum könnte ich den Heimgang deines Vaters und meines Bruders, der mir der Liebste und Theuerste auf Erden war, mit Gelassenheit ertragen, wüßte ich nicht, daß sein Glück und seine Seligkeit größer ist als unser Verlust und als der Schmerz, welcher sich bei der Erinnerung an unseren brieflichen Verkehr und an das übrige Zusammenleben, in welchem wir auch bei räumlicher Trennung standen, meiner bemächtigt. Denn beraubt bin ich des großen Glücks, das mir aus dem Zuspruch des Mannes ward, der sich wie Wenige darauf verstand, die bekümmerten Gemüther aufzurichten und zu trösten. Zu diesem Genuß gesellte sich die Ausdauer und Vertraulichkeit, mit welcher er gewohnt war, Alles mit mir zu theilen, was vom Ausland oder aus der Schweiz ihm durch seine Freunde mitgetheilt war. Meinem noch übrigen Lebensweg soll jedoch nicht fehlen ein Erbe des theuren Manns, welches ich mir durch Wiederholung der Ermunterungen, Lehren und Vorbilder aneigne, mit denen er mich so oft und so lang unterstützt und ergötzt hat, ohne jemals die Liebe zu verlassen, mit welcher er mich und die Meinigen beglückte und erheiterte. Nie werde ich vergessen, was ich dem Vater an seinem geliebten Sohn schuldig bin oder an der Gattin, deren Treue und Liebe die Beschwerden seines Lebens und seiner ganzen Pilgerfahrt linderte. Ich bin entschlossen zu leisten, was die Treue des Seligen von mir fordert, und bitte dich, dies der frommen Wittwe zu wissen zu thun." Viele Briefe an seine Schwägerin zeugen, wie innig Ambrosius mit der ganzen Familie seines Bruders verbunden war, und wie er sie auf priesterlichem Herzen trug. Einmal schreibt er ihr: „Thu dich wohl nach Gott um, dieweil du allein bei ihm liegst, und hab immerdar einen guten Schwätzplatz mit ihm in der Stille und verleih mir dann auch ein gutes Wort gegen ihm und lug, vergiß mich nicht!" Als sie am Fieber krank lag, schrieb er ihr (22. Februar 1561) u. A.: „Mittlerzeit verleihe der Herr beständige, unverdrossene, geduldige Langmüthigkeit und langmüthige Geduld unter dem Werk seiner Hände, mit dem er euch zu glimpfigem Gehorsam seines väterlichen besten Willens üben und zu schönen, lauter güldenen, mit bestem Edelgestein gezierten Ehrengeschirrlein in der Werkstatt des Kreuzes und seines h. Geistes schmücken will. Es ist doch um ein Kleines zu thun und der kurze Charfreitag bald vorüber, auf den der Sommer lang, ja ewig freudenreich Ostertag im Reiche der Himmel folgen wird. O der glückhaften seligen Stunde, und wie tapfer und männlich sollen wir der mit aufgerichteter Hoffnung erwarten, dieweil sich doch dieses unser beständig Heil alle Augenblicke nähert und das Ende all unsers Jammers schon vorhanden, der uns allergnädigste Richter an der Thüre ist. Darum laßt uns, wie der lieb Apostel uns vermahnet, dem Hauptmann unseres Glaubens unverzagt nachziehen, der uns erstlich zu ihm an das Kreuz, aber gleich darnach mit ihm gen Himmel zieht. Ach bittet treulich und herzlich für uns alle, für mich aber sonderlich, daß ich mich je länger je mehr ringere." Als Ambrosius etwas bessere Nachrichten über das Befinden seiner Schwägerin erhielt, schrieb er an Thomas (17. Mai): Der herzlieben Schwester Lucia wünschen wir von Herzen des viertägigen Fiebers Abgang mit gar seligem gnadereichem Zugang vieltausendtägiger Gesundheit an Seel und Leib. Ich glaube, wenn sie die Luft änderte und zu uns käme, es sollte bald besser um sie werden. Es wäre so fein, wenn ihr gleich mit einander kämet. Das würde der hochzeitlich freudenreiche Tag. Ach, wie sollte es uns doch freuen; drum seid auf das Allerfreundlichste und Treulichste geladen." Eine fromme Heiterkeit und dankbare Zufriedenheit durchweht alle Briefe des Ambrosius an seine Verwandte. Thomas rühmte (1. Juli 1562), die Briefe seines Bruders hätten immer etwas Göttliches; das Vergnügen, sie zu lesen, gehöre zu den himmlischen, unsterblichen Gaben. Möge hier zum Schluß ein wahrhaft classisch geschriebener, mit keinem Datum versehener Brief stehen, den Ambrosius an sein schwer angefochtenes vielliebes Bäschen Barbara Blaurer zu St. Peter in Konstanz schrieb: „Mein sonder lieb Bäslein. Dein Geschrift hab ich mit christlichem brüderlichen Mitleiden gelesen, bitt Gott von ganzen Begierden meines Herzens, wölle dich nach der Fülle seiner Gnad und Barmherzigkeit seines Trosts wiederum empfinden lassen und dichs sehen lassen, wie ers so inniglich herzlich und väterlich gegen dir meint, der festen getrosten Hoffnung, er werde das ängstig Mordgeschrei deines Gemüths, auch mein und ander frommer Leut Bitt bald erhören. Harr, wart, leid dich, halt still, gewiß sollst du erfahren die Wunder Gottes, wie seine Hand nicht allein mächtig ist in die Höll zu stoßen, sondern auch wieder herauszuziehen wider und über dein und aller Menschen Vermuthen. Nicht möglich ists, daß der treu mild gnädig Gott und Vater in die Harr sich verbergen werde dem Herzen, das nach ihm und seinem trostreichen Angesicht als schmerzlich sehnet und Durst hat. Den Durst, so er selbst in dir nach seinem Wohlgefallen angezündet, wird er selbst mit ihm selbst wiederum löschen. O mein geliebtes Bäslein! Es sind eitel gulden Anfechtungen, die uns mit der Zeit süß lieblich Frucht, d. i. Erkenntniß unser selbst und Gottes Gnaden bringen werden. Selig sind alle die, so Gott der Herr also heimsucht. Er nennt selig hie in Zeit, selig, so euch die Menschen hassen und fluchen und alles Uebel wider euch reden werden, spricht unser Herr; noch viel seliger, so uns nicht allein all andere Menschen, sondern auch unser eigen Blut und Fleisch sammt all unserem Vermögen uns verfolget, will uns nichts Guts an unserem Gott empfinden lassen. Denn gleichwie in anderem äußerlichen Verfolgen nach Blut und Fleisch warlich keine Süßigkeit, sondern Angst und Noth ist dermaßen, daß der ganze Mensch oft darob erbebt und nicht weiß, wo er daran ist: also noch viel mehr, so wir unserem eigenen Hausfeind zu Theil werden, daß er sich nicht sehen lassen kann, muß groß Jammer und Noth sein, noch dennoch ist der Herr der treu gütig Gott an der Hand, sieht dem Kampf zu, läßt uns hart umgetrieben und auch zerzauset werden und aber nicht gar darniederliegen, wie heftig wir auch angefochten sind. Darum ist die Seligkeit auch außerhalb des Empfindens; es vomet auch das Wort Gottes bewahrt und behalten außerhalb des Trosts und Süßigkeit hie in Zeit, daß gleichwohl wahr bleibt: Selig sind die, so das Wort Gottes hören und behalten; ja viel sicherer und baß wird es behalten in der Schwachheit Bluts und Fleischs, und so wir des großen Sturms daneben inne werden, denn so es uns ohne die Säure wohl ausging und süß wäre. Es gilt hie nicht des süßen, sondern des sauren Senfs; das Fleisch muß mit Feuer d. i. mit der Trübseligkeit gesalzen werden, sonst erstinkt es in der Fülle und wird zunichte. Dort sollen wir erst verklärt und in ein neu Herz und Haut gestoßen werden; mittlerzeit müssen wir uns drucken und schmiegen und benügen lassen, daß uns Gott also reit mit den Sporen seiner Züchtigung, daß wir nicht fallen in die Stricke dieser Welt und nicht Mithafften sind der Gottlosen, so dem Herrn entgegen sind und wandeln nach ihren Gelüsten. Mein Bäslein hab Gedult. Das Empfinden der Armuth des Gemüths und Herzens, ja der Armuth Gottes, als du schreibst, ist warlich groß Reichthum vor ihm, der auch seinen geliebten Sohn ein wenig hat mangeln lassen an Gott, aber nachmals wiederum mit Ehren und Schmuck gekrönet. Wer Trost hat nach dem Fleisch in allen Creaturen und Gottes mangelt, ist zu viel arm, ob er seine Armuth gleich nicht empfindet und sich reich bedünkt. Der nicht Freud, Trost und Ergötzlichkeit hat in den Creaturen und Gott allein hat, der ist über all König und Kaiser reich und herrlich, ob er gleich seines Reichthums d. i. Gottes auch nicht empfindet. Hab ich einen verborgenen Schatz im Haus, der mir aber mit der Zeit werden soll, so bin ich reich in der Wahrheit, wiewohl ichs jetzund nicht weiß noch empfind; also ist allen angefochtenen Kindern Gottes. Die haben den verborgenen Schatz der Gnaden und Reichthum Gottes bei ihnen; er will ihnen wohl, derhalben sie reich sind, wiewohl sie es dieser Zeit nicht merken noch verstehen in der Noth. Darum sei unerschrocken in der Hartseligkeit; Gedult ist uns Noth, sagt Paulus, wirf die Hoffnung nicht ab dir; den Tag Christi wirst du gewißlich sehen und mit Freuden erleben. Deß halt dich steif."

4. Die Sabbatglocke.

Noch am 3. Mai 1564 konnte Ambrosius scherzend schreiben: „Es steht wohl um mich und meine Hausmutter, denn daß wir beide heißer sind. Ist ein kleiner Schaden, dieweil wir nicht singen müssen. Sie hält sich warlich ganz wohl, stille und eingezogen. Wir leben sonst wohl und kabet die Salome immer alles Guts." Aber im Spätsommer des Jahrs 1564 forderte eine pestartige Seuche in Winterthur viele Opfer, und es nahte sich die Zeit, welche sich Ambrosius schon zwei Jahre früher, als er siebenzig Jahre alt wurde, als das Ziel seiner Wallfahrt ahnungsvoll gesteckt hatte. Am 21. October schrieb er an seinen Bruder: „Was uns hier anbetrifft, so handelt der barmherzige Vater viel nachsichtiger mit uns, als wir verdient hätten; sein Engel erschlägt in der Woche höchstens zwei bis drei Erwachsene, außer den Kindern. Wir bitten euch aber, um unsertwillen ohne Sorgen zu sein, da der Schöpfer unseres Lebens uns schon mit langem Leben gesättiget und uns sein Heil mit so vielen herrlichen Proben gezeigt hat, daß wir von der um sich greifenden Pest nichts zu fürchten haben. Denn siehst du auf die Natur: was ist, ich bitte dich, naturgemäßer, als daß Greise sterben? Was aber naturgemäß ist, soll billig als ein Glück betrachtet werden. Wenn wir aber vollends unsere Augen auf jenes Erbe richten, das im Himmel unser wartet, so müssen wir den Tod als den größten Gewinn ansehen, da er uns so schnell zu Erben einsetzt. So laß uns dem Vater der Barmherzigkeit durch Jesum Christum für dieses doppelte Geschenk Dank sagen, daß er uns in solcher Langmuth mit diesem Leben sättigte und des himmlischen Lebens uns verlangend, ja mit dem Siegel des Geistes seines Christus uns gewiß machte. Wenn ihr uns darum, wie ich weiß, lieb habet, so wünschet uns aus vollem Herzen Glück, wenn ihr höret, daß wir die Fremde dieser Erde mit der himmlischen Heimath vertauscht haben, um dort ewig selig zu sein, wie denn ja auch ihr in nicht allzu langem Zwischenraum uns dahin nachfolgen werdet, um dort von Angesicht zu Angesicht in aller Klarheit zu schauen, was wir jetzt nur durch einen Spiegel in einem dunklen Wort sehen, und in ewiger Freude das zu genießen, was kein Auge gesehen, kein Ohr gehört hat, und was in keines Menschen Brust gedrungen ist. Du wirst die Bitten nicht vergessen, welche ich dir schon früher des Oefteren in Betreff meiner theuren Gattin und meines Sohnes vorgetragen habe für den Fall, daß es dem Herrn gefiele, daß ich sie auf Erden zurücklasse."

Wenige Wochen nachher sollte Blaurers Sehnsucht gestillt werden. Gregor Mangolt erzählt über seine letzten Lebensumstände Folgendes: „Im Jahr 1564, als jetzt das Ziel der zwei Jahre, so er ihm vormals zum Ziel seines Lebens gestellt hatte, nunmehr hin war, und Heinrich Bullinger auf Samstag den 16. September mit der Pestilenz angegriffen zu Bett lag, und ich ihn am Montag den 18. September in seiner Krankheit besah, zeigte ich ihm an, was ich Meister Ambrosius von seinetwegen entbieten sollte, denn ich Botschaft zu ihm hatte. Da befahl er mir ihm zu schreiben, daß sie zwei jetzt die ältesten Kirchendiener seien, und so ihn Gott jetzt in diesem Lager hinnehmen werde, deß er sich versehe (wohl aber möglich sei, daß er wieder aufkommen und mehr Sorg und Arbeit tragen müsse), so soll er wissen, daß er ihm bald nachfahren werde. Und dieweil er vielleicht fürchtet, ich würde es lau ausrichten, so befahl er mirs nochmals. Also schrieb ichs ihm mit Fleiß, wie er mir befohlen hatte. Und Solches nahm er von mir auf, gleich wie der Priester Eli die Prophetic Samuels aufnahm und schrieb mir, daß Gottes Will bald an ihm erstattet und erfüllt solle werden. Darnach am Mittwoch den 29. Nov. welcher Zeit die Pestilenz zu Winterthur einbrach, stieß ihn eine Krankheit an. Ob es eine innere Pestilenz gewesen sei oder Anderes, mag man nicht wissen, gewiß aber ist es, daß er an all seinem Leib keine Anzeigung des Prestens gehabt hat. Jedoch so ist ihn eine solche Mundbürre angekommen (wie er dem obgemeldeten seinem guten Freund und Bruder schrieb am 30. November), deren Niemand mochte helfen, doch hoffte er dennoch, es werde in kurzen Tagen so gut, daß er mir über acht Tage auf mein Schreiben nach Nothdurft antworten könne. Aber seine Sachen ärgerten sich von Tag zu Tag, doch enthielt er sich, wie er mochte, in einem Sessel, daß er sich nicht ins Bett legte bis Mittwoch den 6. December; da legte er sich in einen Karren, darin er auch desselbigen Tags verschied. Bald nachdem er sich gelegt, kam zu ihm, nicht ohne sondere Schickung Gottes, seines Bruders Sohn, Prediger zu Leutmerken, Herr Augustin Blaurer; der sprach ihm zu einer Seite des Bettes tröstlich zu aus Gottes Wort. Zur andern Seite stund Herr Augustins Schwester, Jungfrau Cudlin, die ihm allzeit von Herzen lieb gewesen war, deren Hand hielt er zwischen seinen beiden Händen bis in sein End. Als nun die Mundbürre nicht nachgelassen und er in großem Durst lag, da begehrt er von seiner Hausfrau eine Mandelmilch, die trank er und sagte: O mein Herr Jesu Christe, das mocht dir in deinem großen Durst nicht verlangen, sondern wurdest getränkt mit Gallen und Essig. Als er aber bald darnach ohn Ach und Weh verschied und entschlief, ward er ehrlich bestattet und zu Grabe getragen durch die obersten Räthe und ehrlich bestattet. Gott verleihe uns allen ein gleich seliges End. Amen. — Von dieses Mannes End und Absterben schreibt mir obgemeldete Jungfrau also: Ich hätt kein größer Freud, denn auch bald hin nach zu fahren, darauf mich nimmermehr muß sorgen. Wir haben so große Wunder gesehen in solchem Lager und Krankheit des lieben Herren selig, daß ich von Herzen wünsch, daß es viele Leut wüßten, wie mit großer Geduld und Sanftmuth ohne all Wehtag oder Leibes Schmerzen solches zugegangen, davon ich viel sagen möcht, kanns jetzt nicht schreiben, nicht begreifen der Zeit, auch Leids und Unmuths halber. — Ueber daß aber dieser Mann in seinem Leben Viele zu Christo gebracht hat durch seine Predigten und christliche Sendbriefe, hat er zuletzt, als er nicht mehr predigte, einen jungen gelehrten Juden vom jüdischen zum christlichen Glauben gebracht, welcher zu Winterthur nachmals auf sein Bekenntniß getauft ist worden auf Sonntag den 11. März 1564. Sein Name ist Aaron Ulrich Levita."

In einem Alter von 72 Jahren, 8 Monaten und 3 Tagen läutete dem müden Streiter seines Herrn die Sabbatsglocke. Im Frieden neigte er sein von den Dornen der Zeit nicht mehr als von den Rosen der Ewigkeit umfränztes Haupt zum Schlummer nieder: er hatte gewirkt, so lang es Tag für ihn gewesen war. Noch am Todestag schrieb Augustin Blaurer an seinen Vater Thomas: „Ueber den selten friedsamen und seligen Heimgang des Oheims aus diesem sterblichen zum unsterblichen Leben will ich ein anderes Mal ausführlicher schreiben. Kaum könnte man es glauben, wenn man es nicht mit Augen gesehen hat, wie dein bei Gott und Menschen in Gnaden stehender Bruder nach der Verheißung Christi den Tod nicht schmeckte noch sah, nachdem er während der zwölf Tage seiner Krankheit zwar die Schwäche des menschlichen Fleisches, aber keine Schmerzen erduldet hatte. Ich rechne es mir zu einem besonderen Glück, daß ich Zeuge eines solch beneidenswerthen Endes sein durfte, in welchem Tod und Leben zusammenfallen. An seinem Sterbebett stand rechts unsere Schwester Hanna, links ich, ihn der göttlichen Gnade und Allmacht befehlend, unter deren Schirm jetzt seine Seele selig lebt, bis auch sein Körper bei der Auferweckung Aller wieder lebendig gemacht wird, damit er an Leib und Seele sich ewiglich mit uns freue." Tiefe Trauer erregte Blaurers Tod bei den Freunden in der Nähe und Ferne; Bullinger schrieb an Fabricius: „Unser lieber Ambrosius ist am 6. Dezember heimgegangen; mithin ist Niemand mehr übrig von meinen Bekannten, der länger im Dienst der Kirche stände, als einzig Farel. Was bleibt also übrig, als daß auch ich alsbald mein Ränzchen schnüre." Beza schrieb an Bullinger: „So ist denn auch unser Blaurer von uns abgeschieden. Selig er, der schon das genießet, auf was wir hoffen."

Ambrosius gehört nicht zu den bedeutendsten, aber unbedingt zu den liebreichsten und liebenswürdigsten Vätern der evangelischen Kirche. Er war eine mehr receptive als productive, mehr practische als theoretische Natur, mehr ein Johannis- als ein Paulusjünger. In der Mitte zwischen Lutheranern und Zwinglianern stehend, hat er bis zum Ende die Fahne der Union aufrecht erhalten; rechts und links scheel angesehen, hat er unverwandt vorwärts geschaut, rechts und links liebend ohne zu liebäugeln, strafend ohne zu verdammen. Er hat wenig drucken lassen, und doch ward auch dieses Wenige vom Papst in die erste Klasse verbotener Bücher gereiht: aber er hat viel gewirkt und noch mehr geduldet. Nicht ein Grabdenkmal wollen wir unseren Vätern setzen, sondern einen Ahnensaal bauen, darin Lebensbilder uns entgegentreten, uns gemahnend, welches Geistes Kinder wir sind, zu welchen Vätern wir versammelt werden sollen. So rufe das Bild eines Blaurer unserer streitenden Kirche das an der triumphirenden erfüllte Wort zu: „Selig sind die Friedfertigen, denn sie werden Gottes Kinder heißen!